丛书主编——何怀宏

正义诸概念

Concepts of Justice

D.D. 拉斐尔 - 著

亓光 - 译

江西人民出版社

图书在版编目（CIP）数据

正义诸概念 /（英）D.D. 拉斐尔著；亓光译 . — 南昌：江西人民出版社，2019.7
（西方正义理论译丛 / 何怀宏主编）
ISBN 978-7-210-11002-6

Ⅰ . ①正… Ⅱ . ① D… ②亓… Ⅲ . ①正义—研究 Ⅳ . ① B82

中国版本图书馆 CIP 数据核字 (2018) 第 295511 号

版权登记号：14-2018-0353
Copyright © D.D. Raphael 2001

正义诸概念

（英）D. D. 拉斐尔 著
亓光 译

丛书策划：余 晖
责任编辑：余 晖
丛书设计：今亮后声 HOPESOUND pankouyugu@163.com
出　　版：江西人民出版社
发　　行：各地新华书店
地　　址：江西省南昌市三经路 47 号附 1 号
编辑部电话：0791-86898821
发行部电话：0791-86898815
邮　　编：330006
网　　址：www.jxpph.com
E-mail：jxpph@tom.com　web@jxpph.com
2019 年 7 月第 1 版　2019 年 7 月第 1 次印刷
开　　本：660×960 毫米　1/16
印　　张：22.5
字　　数：237 千字
ISBN 978-7-210-11002-6
赣版权登字—01—2018—1068
定　　价：68.00 元
承 印 厂：深圳市精彩印联合印务有限公司
版权所有　侵权必究
赣人版图书凡属印刷、装订错误，请随时向承印厂调换

总　序

◎ 何怀宏

　　正义一直是社会关注的一个热点话题，许多在网络上引发大量讨论和争议的事件，几乎都和道德，尤其是正义的问题相关，那些最重要的、最牵动人们情感的事件更是如此。这是因为正义就是主要用于社会，特别是用于制度和政策的道德原则和价值；或者我们还可以同意罗尔斯所说，相对于效率等衡量标准来说，正义是社会制度的"首要德性"，是需要得到优先关注的。但我们的传统道德理论往往是从个人德性来观察和调节社会，对制度本身的德性或者说"社会正义"却重视不够。所以，借鉴域外的正义理论来补足和拓展中国特色的道德理论，对促进与提升我们社会的道德建设和发展是很有必要的。

　　这套"西方正义理论译丛"就致力于此。在首批所选的六本书中，有探讨西方的正义观念发展史的；有聚焦于当代社会的正义问题的；有提出和建构自己的理论观点的；也有收集对某一重要理论的争论、辩驳和回应的；还有从跨学科的视野和全球化的角度来思考正义的。

　　当然，对这些思想观点和理论，我们需要谨慎地分析和选择，对不同的著作给以不同的权重。它们有些对我们思考自己社会的问题是富有启发性的，也有些更多的是处理他们自己社会的问题。更重要的是，我们需要考察它们提出的理由和论据的真实性，这不仅可以获得方法论方面的助益，还可以帮助我们形成自己的比较正确的观点。也就是说，我们需要一种批判性的思维。这甚至要包括对本来批判地分析采纳了正确的思考方向和实质观点，但因为推进过度而带来错误的情况。"正义"从其本身含义来说，总是要带有某种平衡中道和公平公允的性质的，所以，就像孔子所言："过犹不及。"

我在这篇总序中，想结合丛书中的一些著作，主要讨论两个问题：第一个问题是有关正义的范畴。借助于对传统正义与现代正义的分野，我想讨论报应的正义和分配的正义的区分，以及何者应当占据更优先的地位。第二个问题是有关正义的原则、规则。我想借助对罗尔斯与沃尔泽的理论的比较，讨论一般原则和特殊规则的关系，以及我们为什么还需要某些基本的道德原则。

对正义的范畴和内容，我们也许可以大致地分成两块：一块是报应的正义，它主要是和法律尤其是司法的正义、矫正的正义相关；一块是分配的正义，它主要是和权益尤其是经济和物质的利益分配相关。

结合人类社会的历史，我们也许可以说：无论中外，传统的社会更强调报应的正义，并且是以报应的正义为中心和统摄的；而近代以来，从社会的发展趋势来看则更强调分配的正义，并且是以分配的正义为中心和统摄的。

究其背后的实质性的正义原则，我们也许还可以通俗地说，传统社会强调的主要是一种"报的正义"，即主要的一面是"报仇"，也就是司法的正义，次要的另一面是"报酬"即交易的正义。这后面的核心理念是"应得"（desert）。犯罪者应得惩罚，付出或交换者应得回报，贡献者应得酬劳，"让各人各得其所应得"。

现代正义强调的则主要是一种"分的正义"，其主要的内容是分配发展机会和物质利益。它后面的核心理念是"平等"。它不仅将平等对待的范围扩大到所有的社会成员，而且致力于"均富"观念的实现。

"正义"总是要在某种基本的意义上包含平等的。但对"平等"的理解，传统社会与现代社会的人们却有所不同。传统的正义实际上也必须体现平等，但是更强调价值的平等、功过的平等。它那种"平等"可以说主要是一种"对等"。所以，它主张有罪必罚、同罪同罚、同样的价值得到同样的报偿。现代正义则更强调人的基本权利的平等，还有条件乃至需求的平等，不管什么人，不管他们拥有什么价值，都是如此。它的确有一种"均等"的含义。

但这两种正义也可以在概念上处理得比较相通和互相包容。我们前面说到"统摄"，即传统社会的正义自然也会包括经济利益的内容，包含"分"的内容，但"分"往往是统摄在"报"的名下的。同样，现代社会的正义也肯定，甚至还必须优先地包括法律和司法的正义，但这种"报"往往是统摄在"分"的名下的，即分配权利、负担、义务和责任，等等。

综上，我们所讨论的正义范畴和内容其实已经相当清楚，正义总是和政治、国家紧密联系在一起的。我们今天所说的正义更是如此。正义必须依赖权力来实行和实现，而这种权力追溯到底，则是在一定地域内对暴力的垄断——这其实也是韦伯对国家的一个基本定义。

无权力支撑的正义是虚弱甚至虚幻的正义。当然，我们也要对权力提出道德的要求——正义的理念。无正义约束的权力是施虐甚至肆虐的权力。

传统的正义和原始的正义有着更多的直接联系，也带来一定的紧张。比如个人复仇、自行正义和国家法庭判决、代行正义之间的紧张。除了直接的自卫——或者说正当防卫，一般来说国家不允许个人使用暴力自行正义，而是要将个人的"报复"上交到国家来处理。但直到现代社会的今天，也还是会有司法正义的缺位和不足，而导致个人自行正义的现象的出现。我们可以对这样一些个人报复表示相当的同情，但是，它们还是有违良序社会发展的大势的。

《正义诸概念》的作者拉斐尔曾经以古希腊悲剧为例谈到从原始的正义向传统的正义的转变。埃斯库罗斯以阿伽门农家族冤冤相报的系列悲剧展示了这一转变的过程。阿伽门农的妻子克吕泰墨斯特拉和其情人埃奎斯托斯杀死了阿伽门农，这后面有复仇的动机：一是克吕泰墨斯特拉要为其被献祭的女儿伊菲革涅亚复仇，一是埃奎斯托斯对于阿特柔斯家族被侵害的复仇。但阿伽门农被杀之后，他的儿子俄瑞斯忒斯也要为自己的父亲复仇，他杀死了埃奎斯托斯，在犹豫之后，也杀死了自己的母亲。为此，他遭到了复仇女神（可以视作原始正义的化身）的疯狂追逐。

最后雅典娜创立法庭，审理复仇女神的控诉。在正反两方投票相等的情况下，她投了一票，宣判俄瑞斯忒斯无罪，但也要试图平息复仇女神的怒火。拉斐尔指出这包含了新的理念：第一，对于罪行的审判以及惩戒应当通过国家，通过法庭，通过整个法庭的陪审员，通过一个理性和民主的程序来进行；第二，如果两种冲突的主张在道德的两难境地中是均衡的，那么正义的解决办法是切断冤冤相报的无尽链条。

但我们还可以说，从原始正义到传统国家的正义，这里最基本的原则还是没有根本改变，即罪行应该得到惩罚，应该被起诉和审判，应该有报应，"谁的行为谁忍受"。"新的理念"只是将这种惩罚权交给了国家，并努力斩断个人报复不已的链条。

还有一点也很重要。即传统正义虽然没有均分权益和福利的理念，把福利看作应该主要是个人或自愿结合的团体追求的事情。国家主要负责防御外部侵略，维护内部安全和秩序，也包括维护契约的履行等，但它也还是要关心和帮助那些最弱势的群体和个人的基本经济生活和生存权利。这包括要让"矜、寡、孤、独、废疾者皆有所养"，要为孤儿寡母主持公道，不让其人身和财产被侵犯，在发生灾害时国家有义务进行社会救济等。所以，传统国家往往也都有救荒和济贫的一些政策和实践。这后面的精神应该说不只是维护社会的稳定（虽然稳定也是天下之大利），也有对人类和同胞的人道关怀。

这可以帮助我们将正义理论与一般的道德理论联系起来考虑。表现为制度的"恻隐之心"也是一种人类的共性，我们在不同文明的经典文献中都可以看到类似于社会要分利给贫弱的人的例子，比如说《诗经·小雅·大田》中的："彼有不获穉，此有不敛穧；彼有遗秉，此有滞穗，伊寡妇之利。"《圣经》"利未记"等篇章中也屡次写到这样的意思，当收割庄稼时，应当保留田地的一角不被收割，且不捡（车里散落下来少许的）谷物，"把它们留给那些穷人和陌生人吧"。但是，传统的正义不怎么考虑如何保障人们的经济幸福，不考虑如何平等地满足人们可能不断提高的物质期望，乃至传统社会的主导价值观也都不是以经济为中心的。

正义的理论与实践从以对等的"报"为重心，向以平等的"分"为重心的转变，是从近代开始，尤其是在 20 世纪完成的。罗斯在 1923 年出版的《亚里士多德》一书中，评论了引用正义这一概念的诸多变化。他说："分配正义听上去无比新奇，我们并不习惯认为国家为其国民分配财富，反而认为我们缴税而去分摊国家的负担。"（*Aristotle*，London Methuen，1923，210）这种纳税支持的国家自然是一种较少功能的"守夜人式的国家"。拉斐尔对此评论说："今天我们对社会保障耳熟能详，反而是罗斯的说法让人感觉奇怪了。"

罗尔斯的《正义论》是现代分配正义理论的一部精致和系统的杰作，也是这一类型的正义理论中最有影响的一部著作。他认为正义的主要内容就是分配一个社会的权益和负担。在他的这部著作中，没有多少有关法律正义，特别是涉及刑法和民事的正义的内容。

这其中的一个原因，自然是因为他考虑的"公平的正义"理论的应用对象是社会的基本结构而非具体制度。但是，他却把经济利益的分配也纳入了这一正义理论的原则之中，而将可能更重要和优先的法律正义排除在外，是有可以质疑之处的。当然，他可能认为，在他的有关所有人的平等自由权利的第一正义原则里，已经隐含了法律的正义。

另外，他在他的正义理论中将"应得"的理念排除在外，而主张一种具有实质平等意义的"公平",这也许可以用于解释对权益的分配,但却难于解释对惩罚的"分配"。他认为将报复正义或司法正义视作"维护基本的自然义务"是一个错误,但如果我们观察传统社会(即便是今天,也还有一些带有许多传统因素和形态的国家),以及传统正义与原始正义的联系,那么,我们可能还是会认为,这并不是一个错误,司法正义看来的确还是在维护基本的自然义务。从防止直接损害人们的生命、财产的角度看,它比经济利益的分配正义更为重要,也应当置于一个更为优先的地位来考虑。能够为罗尔斯辩护的倒可能是一种进步主义的观点,即如果是处在一个司法基本实现了正义的社会,那么,从实践和政策的层面,或许可以优先考虑经济分配的正义,但即便如此,也不宜将这种优先性看作一种具有普遍意义的次序。

前面谈到我希望主要讨论两个问题:一是传统正义与现代正义的区分和关系问题;一是正义理论中的一般原则和特殊规则的关系问题。传统正义的理论基本上都是承认一般原则,并以之为前提的。有关"报的正义",应当说内容更明确,对伤害和酬劳的界定会比较清楚,处理的规则也更容易达成共识。而有关"分的正义",则因为对利益的理解,对哪些是最需要关注和照顾的群体,乃至对于"平等"的理解都会相当歧异,所以难以达成共识,也就使人们更容易倾向于怀疑一般原则。加上现代思想的潮流就有一种力图寻求真理性知识的绝对可靠性带来的失望,所以,在现代道德理论中出现相对主义以致虚无主义的强劲趋势应该说是不奇怪的。所以,有关一般原则与特殊规则的问题,我专门放到现代的分配正义理论中来讨论。

相对来说，我们对罗尔斯的正义理论比较熟悉，这里我想多介绍一下沃尔泽的理论和对他的评论。

大卫·米勒相当赞同沃尔泽的理论，也忠实地叙述了他的观点。米勒认为，沃尔泽对正义的解释其本质是多元的，否认有普遍的正义原则，将正义视为特定时间、特定政治共同体的创造。正义的多元性不仅表现在认可多元的自由民主制社会中，其他社会也有各种类型的社会善好，而每种善好都有与之对应的分配标准。

这里主要有两方面的含义，一是正义观念的不同的地方性、领域性；一是沃尔泽认为正义需要通过"善好"或者说价值来定义。沃尔泽的主要理论是他在1983年出版的《正义诸领域》(Spheres of Justice, New York: Basic Books, 1983) 中提出的。其主要的正面意义或许是反对一些个人或群体依靠他或他们在某一个领域中取得的优势地位，从而获得对其他人在其他领域，甚至所有领域的支配权。所以，他主张一种"复合的平等"，但这也可以说是一种"复合的不平等"或者"复合的优秀"。当不同的人在不同的分配领域拔得头筹的时候，"复合的平等"就实现了，但由于某一领域的优势无法向外转移，所以无人能够支配其他领域。沃尔泽解释说，复合平等意指公民在某一领域或社会善中的地位不会被他在另一领域或社会善中的地位所削弱。

那么，主要有哪些东西可以被称为"善好"呢？沃尔泽认为，在现代自由社会中，"善好"的主要类别有：安全和福利、金钱和商品、职业、工作、闲暇、教育、亲情和爱、恩典、认可（即尊敬、公共荣誉等符号）、政治权力等。

沃尔泽认为，比较理想地实现了"复合的平等"的正义的社会图景大致是这样的：分权的民主社会主义，强福利国家，有约束的市场，开放和去神秘化的行政部门，独立的公立学校，共享艰苦工作和闲暇，保护宗教和家庭生活，不受等级或阶级影响的公共荣誉授予和褫夺制度，工人控制公司和工厂，一种政党、运动、会议和公开辩论的政治。(Spheres of Justice，318) 亦即，沃尔泽的复合平等观要求这样一个社会，其中不同的人能在不同领域占据优势，他们的关系总和呈现出特定类型的平等。许多分离的不平等相互抵消和对冲产生复合平等，在此过程中，没有人是终极赢家。没有人能够"赢者通吃"。

那么，哪些领域的优势最容易侵犯到社会的其他领域呢？沃尔泽看来是想把市场对其他领域的"侵犯"描述为资本主义社会的核心问题。沃尔德伦指出：依沃尔泽看来，货币的危险在于，它往往会成为他所称的"支配性"物品——拥有这种物品，能够使拥有的个体大范围地掌控其他物品 (Spheres of Justice，22)。沃尔泽没有将权力的僭越和侵犯视作主要的问题，可能恰恰是因为在自由民主社会，权力受到了法律正义或者说法治的严格约束。所以，他主要关心的是市场或者说金钱购买对其他领域可能的侵犯。

为此，沃尔泽列举了十多种应当实行"阻止交易"的，即那些不能买卖的事物。这份"阻止交易"的清单包括：人口，政治权力和影响力，刑事司法，言论、出版、宗教和集会的自由，婚姻和生育权，离开政治共同体的权利，免除服兵役、免于陪审团职责、免除其他公共工作的义务的权利，政治职位，基本的福利服务如警察保护和教育,绝望的交易(如涉及接受危险工作的交易),奖品和荣誉,神恩,爱和友谊,犯罪行为。而在最重要的、应该禁止的"权钱交易"中,他主要关注的不是用权力掠夺金钱财富,而是用金钱购买政治权力,乃至为后代购买优质教育。

沃尔泽的复合平等的正义理论的确有助于防止"赢家通吃",防止一个人由于拥有某一方面的优势,就将这种优势扩大到所有方面,甚至因此对他人取得支配地位。大概是由于他所处社会的缘故,他更重视防止用金钱来购买一切。但我们知道,在另一些社会中,权力远比金钱更管用。在那些地方,更大的危险不是用金钱购买权力,而是用权力压制其他人的经济活动或掠夺社会的财富,即所谓"权力的腐败"。

顺便说说,罗尔斯在他的正义理论中也是主张阻断基本权利与经济利益之间的交易。他反对以利益之名,哪怕是多数人的利益之名来剥夺哪怕是很少数人的平等自由,所以他给出了正义原则的次序,只有先满足所有人的平等自由的原则,才能考虑公平机会和经济利益的分配。

不过,我们这里要讨论的是一般原则与特殊规则的关系。沃尔泽否定这些多元的特殊规则要依赖于一般的正义原则。他强调"地方性"。他说:"分配正义的每一种实质性解释都是一种地方性解释……首先有一种特征是我的论述的核心。我们(所有的人)都是文化的产物;我们创造并生活在有意义的世界里。"(*Spheres of Justice*,314)这些说法可能并不错,但是否还是有一些超越地方性的共享的生活意义和正义原则呢?

凯伦指出，沃尔泽的论证最后还是建立在一般的甚至是抽象的自由民主原则上，还是不得不超越地方性的理解。假如像沃尔泽说的那样，"道德方面的论证要诉诸共享意义"（Spheres of Justice, 29），那么这种论证就预设了我们的共享意义世界至少部分越过了我们所属的特定政治共同体的边界。

问题还在于，不仅是基本的生活意义、价值（善好），正义的原则是否更应该如此呢？或者说，那些最基本的人生价值，本身也可以用正义的原则规范来表述。而且，正义的原则倒是比人们对生活意义的理解更有可能，也更有必要达成超越地方性的普遍共识。而沃尔泽却认为一般的正义原则是不可能或不可取的。但是，我们在现实生活中不难观察到，如果说正义的标准有赖于人们对价值（善好）的看法，人们对什么是善好（应该追求的价值）的看法不是更容易发生歧义吗？即便是在同一个政治共同体内、在同一个地方，人们的价值观念也照样出现许多的差异。相反，不同的地方、不同的政治共同体内的人们，对一些基本的正义规范却反而较容易达成共识，比如对不能杀害无辜、不能伤害他人、不能让人因为缺乏物质的生活资料而死去，等等。

当然，沃尔泽的正义理论还不能说是一种道德的相对主义，他的观点和一些相对主义的思想，诸如利奥塔、德里达、福柯和一些后现代主义者，甚至和威廉斯的观点也都是有距离的。他认可正义是有规则可寻的，只是这些规则是多元的，且不可能依据一种普遍的道德原则。用巴里的话说，他更像是持一种约定主义的观点，即各个领域、各个社会的正义规则是要依各个领域的特殊性质和各个社会的人们对于善好的特殊理解而定的。这样，从总体来看，正义的规则自然是多元的，而且不可能用一些普遍原则来概括、提供依据或从它们引申出规则。

有不少学者指出，沃尔泽所提出的正义理论的一些正面主张，其实在美国的社会还是缺乏根基的。美国地方性的知识和共识并不支持他的主张，至少从历史和现实看是这样。这显示出他的理论的激进性，但即便说美国的地方性知识的趋势会朝沃尔泽希望的这个方向走，它怎么从目前的地方性知识中生长出来也是一个问题，是不是还得要借助更高的、超越地方和国家的普遍正义观念才可能生长？但这样做是不是会改变沃尔泽理论的基本主张？

即便是相当赞同沃尔泽的理论，认为其理论虽然不同于，但却优于现在的主流政治哲学的米勒也在上世纪九十年代指出，沃尔泽想证明医保不应依赖市场，但他的论证难以让人信服，因为从多数美国人现在共同的想法中无法推出这样的结论。就更别提沃尔泽主张的工业民主或者是扩展工人对工厂的控制权了。米勒认为，对此，十个美国人中有九个会拒绝接受。美国人打心底里信奉生命、自由和财产的基本权利。巴里也说：沃尔泽的一些主张无法诉诸大多数美国人的想法，因为大多数美国人还是信仰自己的建国文件《独立宣言》所揭示的普遍人权原则。当然，人们的观念可能发生变化，我们现在甚至可以说已经看到了诸多变化，问题在于，这些变化是不是还得要诉诸一般原则。我们看到，不仅沃尔泽的一些批评者，甚至赞许者也还是试图诉诸更为一般的原则。

比如米勒想强调平等公民身份理念在沃尔泽的正义观中发挥的

关键作用。他认为,如果在一个社会中人民享有一种基本的身份平等,这才能使诸如金钱和权力这样特定正义领域内的不平等变得无效。

巴里则认为:沃尔泽强烈反对一般理论,但只有这种理论能说出沃尔泽明显想说但又不能说的话:正义有其固有的属性,即便落后社会中的大多数人对正义有不同的理解,也不能动摇正义的这种属性。他更赞成罗尔斯的论证方法。在巴里看来,罗尔斯与沃尔泽看法一致的地方有:基本的公民和政治权利应当完全平等地进行分配,工作应当按照公平机会平等的原则进行分配,教育应当按照获益能力进行分配。罗尔斯还提出了差别原则以用于经济利益的分配。但巴里认为:罗尔斯的论证优于沃尔泽的地方在于先建立一般的正义理论,而后依据正义理论对这些标准进行阐释和辩护。

的确,在罗尔斯的正义理论中,其实也是有领域的明确区分的,在某种意义上,也可以说包含一种"复合平等"的含义。他的第一和第二两个正义原则适用于不同的领域。但他也认可、提出并努力论证一般的正义原则,乃至根据它们进行演绎。

罗尔斯强调一般的正义原则,但他的问题可能是将有的特殊原则也普遍化了,尽管他申明他的理论只是用于良序社会的基本结构。但即便如此,他的论证看来也至多能解释他的第一正义原则的普适性,而仍旧难以解释第二正义原则,尤其是差别原则的普适性。而有的更为基本的普遍原则,他反而没有单独提出,比如说保障生命与安全的原则。应该说,越是具有普遍意义的道德原则应该越是基本的,或者说越是接近道德底线才越具有普适性。而正如上面所批评的,在另一方面,沃尔泽则可能过于强调正义规则的特殊性了。

对沃尔泽的复合平等正义理论，还有一种来自事实的反对。在米勒看来，复合平等观面临的一项挑战是认为：人们在不同分配领域的地位有一种事实上不可抵挡的集中趋势，因此那种认为平等可以在不同地位中产生的观点是缺乏实践基础的。这是因为分配诸领域是互相关联的，在某一领域的高级地位也可能自然地趋向于转变为其他领域的高级地位。

我们也要看到，能力和智力也有相通的一面，有的人可能会在多个领域内自然而然地占据优势。阿内森举出了这方面的一个具体例子：有个男生赢得了学校里所有的奖项，竞赛是公平进行的，测试的技能也是学校理应测试的。尽管如此，如果还是认为一个男生在所有竞争领域都取得成功是不合适或不正义的，那么，是不是只有10场竞赛出现10个不同的获胜者，才是吸引人的平等理想的胜利？人们还可以提问的是：那么，是不是要打压那个非常全面的优胜者，哪怕这很可能只是一些个别现象？

不过要指出的是，沃尔泽对自己的多元正义观点还是有限制的，或者说是有底线的。他在"解释与社会批评"中，承认有些正义要求是贯穿所有文化的,在此意义上,这些要求可被视为"一种底线的、普适的道德范畴"。禁止谋杀、欺骗和暴虐均在此列。沃尔泽在《多元主义、正义和平等》一书的"回应"中也写道："书中有几章强调了一般道德在塑造分配原则上起的作用，无论是国际社会还是国内社会的分配原则。我承认这一点，尽管我不确定道德能在某种程度上从外部发挥作用，除非是一种底线道德。谋杀、折磨、奴役对任何分配过程来说都是错误的——它们之所以是错误的与社会物品的意义没有关系。"

由此看来，沃尔泽还是接受了一种普遍的底线伦理，而这种底线伦理恰恰主要是存在于"报的正义"而非"分的正义"领域里的。但也许正是因为他过度聚焦于"分的正义"，所以才在《正义诸领域》中常常忽略了这种普遍的底线伦理。而他在他的另一本著作《正义与非正义战争》中，倒是相当多地讨论并依据了一种普遍伦理。

无论如何，"复合平等"是一种富有启发的思路。在各个不同的领域和层面，应该有一些不同的正义准则，比如在个人的交往中、在自愿结合的团体中、在带有强制性的国家政治领域中，以及在国际关系的领域中，所采用的正义规则肯定是应当有所不同的，有的领域甚至不太适合谈正义，比如家庭，只要其中发生的事情不涉及违反法律和严重地影响社会。

但我认为：这种"复合平等"的地位却是次要的，甚至是次要的次要。首先，"报的正义"蕴含的一些基本原则应当置于"分的正义"之前（当然，"报的正义"的一些内容也应根据时代的变化有所改变）。其次，即便在"分的正义"中，无论是建设性的还是批评性的观点，也无法全然不诉诸某些基本的正义原则。而这些基本的原则是应该置于具体的规则之前或之上的。比如说，批评地方性文化中的寡妇殉葬、女性割礼等，就很难不依据一般的原则。

为什么今天我们还是应该重视，甚至更重视法律的、报应性的正义，将其置于更优先的地位来考虑？

首先是因为它涉及的问题之重，它涉及的是有关生命不被剥夺、伤害和压制，财产不受侵犯，基本的生存物质资料得到保障的重大问题。

其次是因为它涉及的范围之广，它不仅关系到社会中的一些群体——虽然是值得关心和照顾的贫困或弱势群体，还关系到这个社会的所有成员。司法正义的问题是所有人都要面对的，不论他是什么人。

再次，还因为这种传统的"报的正义"的原则往往在现代"分的正义"理论中被忽略。当代西方的正义理论和实践过于集中在权益分配，尤其是经济利益分配的领域。而我们最好取得一种恰当的平衡。

最后，这还和我们的国情相关，而且，这种逻辑的优先次序也是和历史正义的次序相吻合的。

总之，以上我的阐述和讨论只是从传统和现代、一般和特殊的角度，尝试提出一种对正义观念和理论的分析框架和优先次序，我期望它能够有助于读者理解这些译著，同时也展开自己的批判性思考。

目 录
CONTENTS

001 | 第1章　何谓正义
011 | 第2章　《圣经》中的正义
022 | 第3章　埃斯库罗斯《奥瑞斯提亚》：正义的发展
039 | 第4章　柏拉图《理想国》
059 | 第5章　亚里士多德
076 | 第6章　法学家与神学家
085 | 第7章　托马斯·霍布斯
105 | 第8章　莱布尼茨
115 | 第9章　大卫·休谟
137 | 第10章　批判休谟：凯姆斯和里德
149 | 第11章　亚当·斯密
166 | 第12章　约翰·斯图亚特·密尔
186 | 第13章　亨利·西季威克
202 | 第14章　哈斯廷斯·拉什达尔
216 | 第15章　彼得·克鲁泡特金
227 | 第16章　哈伊姆·佩雷尔曼

247 | 第17章　大卫·米勒

266 | 第18章　约翰·罗尔斯

291 | 第19章　罗伯特·诺齐克

300 | 第20章　布莱恩·巴里

317 | 第21章　公平

330 | 第22章　不断发展的正义角色

第 1 章　何谓正义

何谓正义？正义不能被描述为"向每个人呈现其所拥有的东西"这样的简单程式。罗马法关于正义的传统定义阐释了用民法解决纠纷的一系列公正原则，但并没有涵盖刑法中的正义，或是在法律范围之外以正义为名所作的解释。正义的理念纷繁复杂。但也不能说它缺乏一个将不同要素联系起来的整体。正义的内涵被一个更加熟悉的术语恰到好处地描绘，那就是"公平"。公平的含义一点儿也不模糊，甚至年幼的孩子都能够轻易掌握。事实上，正义与公平并不是同义词，在第 21 章，我将考察它们之间的差异。然而，由于它们之间又非常相近，所以通常它们两者可以相互替代且不产生严重的语义变化。

虽然正义的理念众所周知且易于理解，但并不容易就此定论。正义作为一个复杂的概念在社会中蔓延到了空前的程度，它与法律、道德、政治等概念一样基础。与其地位相当的竞争对手就是自由，至少在民主的思维下，自由与政治同样基础，并且是法律和道德的旨归。即使在非民主国家，正义的概念也被赋予了压倒一切的重要意蕴。与自由相比，正义的概念显得更为复杂。其复杂性的一个方面在于正义将构成法律、道德和政治的思想串联在一起。

在法律当中，正义的概念几乎无所不包。尽管我们可以从隐含在法律条文背后的法律精神中辨识法律条文，正义的话语依然可以在整体上用于整个法律制度。当我们谈论主持正义的法庭时，法官们通常被冠以正义之名（法官大人、上诉法院法官、首席法官❶）。

正义的理念并不能覆盖社会和政治伦理的方方面面。它只是一些美德或理想中的其中一种。正义可以算得上是社会伦理的基础，但它并不是顶点。至今为止，在社会中，正义被认为是最基本的美德，因而或许可以称其为最重要的美德。但是在判断个体行为的时候，社会思想往往并不把正义看作最高、最可敬的美德。正义是理所当然的，而勇敢、自我牺牲以及扶贫扶弱之举则会得到最高的赞誉。

由于正义的使用贯穿于社会伦理和政治伦理之间，正义的概念在性质上没有区别，它仍然是一种相同的伦理观念。正义的道德概念与正义的法律概念并不完全一致，但是两者之间存在联系。正义的理念通常都带有道德色彩，在法律的使用当中可以看到这一点。当律师们呼吁"自然正义"的原则或者基于平等的原则调和既定法律时，他们便承认了他们的法律制度意在为道德目标而服务，并且遵循着道德上可接受的方法。

正义如同天门神杰纳斯一样有两种面向，有保守的一面，也有改革的一面。显而易见，这两种面向在法律、社会思想和政治伦理当中都有体现。

法律的保守方面不需要再多强调，正如它当下存在的情况一样，

---

❶ 这三个词在英文中都含有 Justice 一词。——译者注

法律的主要功能在于维护社会秩序以及使之平稳运行。已经超越了初始阶段的法律制度通常在民法与刑法上做出区分。刑法禁止那些侵害个人以及社会整体的行为。对犯罪行为制定的惩罚措施不是意在对受害者所受的侵害给予弥补，而是保护社会不受到此类伤害。其目的在于修复那些由于破坏社会规则而导致的社会结构的缺口。如果罪犯被要求补偿侵害的人，那么这一补偿行为与惩罚不同，它意在补偿对个人造成的伤害，而这又成了一个维持现状的问题。事实上，补偿受害者的措施更贴近于民法。在民法当中，对于个人或团体的侵害被当作是对某种权利的破坏，必须给予补偿。一般来说，民法中的争端关注的是个人的权利，法院的判决意在保持或恢复一种现存的权利制度——给予每个人属于他的（权利）。在刑事和民事程序之中，法律正义的功能在于保存一个业已建立的秩序。

但是这并不是整个法律过程。法律不仅被制定，同时也在被实施。它们通常由立法机构制定，在一定程度上，也是由法官制定的。有时候一项新法规——或者某个法庭的一项判决产生了制定新法的影响力——只是对于现有法律制度之中某些异常问题的修正。但更多时候，新的法律会改变现存制度，这代表着法律正义改革的那一面。

法律中法令产生的变化形成了当下有关何谓公平与正当的观念。首先能够想到有关这种变革的例子是20世纪的一些意在革除性别与肤色之间的不平等的法律；法律影响家庭，改变了结婚、离婚、继承和儿童保护的规则；社会安全法使得整个社会对无法独立生活者的基本需求负责；工作保护法保障了劳动者的健康和安全，防止不公平的解雇。

法律正义进步的方面通常体现在成文法和立法中，而不是判例法或者上级法院的判决上。这应当是可以被预料到的立法与司法功能分化的结果。被选入立法机构的政治家，意在传达人民的意愿，他们的主要任务就在于通过推进法律的实施而达成这一目的。法官们应当公平、有效地适用法律，而不是改变法律。但是时不时地，法官们总是有很多好的理由来改变法律。立法机构太专注于政治的繁杂事务，制定所有那些旨在消除过往若干年当中，由各种决定而发展起来的法律当中不正义（不公正）的方面。当法官们肩负此重任之时，他们看上去倒有些像那些回应当下人民普遍意志的立法者了——但是这是在更广泛的道德原则上，而不是在任何或每一个有争议的问题上。

美国最高法院特准备基于自然正义精神来修正法律，它的实践意图表明了善于反思的人民的道德展望。以1954年著名的布朗诉教育委员会案为例，最高法院裁定基于不同肤色的种族隔离学校违背了宪法第十四条修正案的"法律平等保护"原则。虽然这项裁决是在解释十九世纪的相关法律文献的基础上作出的，但是实际上它反映的是二十世纪的价值观。没有人设想到，那些在1868年采用宪法第十四条修正案的人会认为他们反对种族隔离学校，而且事实上1954年的判决几乎完全推翻了最高法院于1896年制定的规则，这项规则表明如果学校是"隔离但平等的"，那么"法律平等保护"的原则并不会因为隔离而遭到破坏。虽然不太引人注目，但是同样有效的例子也可以在英格兰和苏格兰的判例法中找到。上诉法院保管案卷的法官（英国上诉法院民事案件的负责人）邓宁勋爵在1979年的一次判决中说,当十九世纪的法律已对财产权如此重视,那就意味着最近以来行动方向的转变。邓宁勋爵说道:"社会正义要求在适当的条件下,个人的权利优先于财产权。"❶1989年,苏格兰大法官埃姆斯利勋爵修改了该国的刑法,提出丈夫强奸妻子可被认定为有罪。他的先例促使一位英国国会议员提出了在英国法律当中做出相同调整的提案。事实上,这一提案是在1991年,上诉法院根据首席大法官莱恩勋爵一次判决实现的,而后又经由上议院对其法律效力进行了确认。

在社会伦理与法律意义上,正义的概念扮演着保守与改革的角色。保守的角色是为了维护既定的秩序,即应有的权利。一个人对于其已经获得的东西具有所有权,如果获得的方法本身没有错的话。他有权选择保留、使用、消费或处置它们。人们通常认为其有权以既定的分化顺序获得自己的地位,而不需要考虑这一秩序本身正义与否。大部分人(包括英国大多数工会会员)都认为因工作不同而差别支付工资是不正义的。如果一组工人的工资已经超过另一组工人,那么被超过的那组认为这是不公平的,应当以简单的正义来恢复平衡。

但正义也会考虑价值与需求来扮演改革的角色,改变现有的权利模式。除了保留了差异的保守倾向,正义也存在用改进的趋势来探究差异是否符合相关事实。我们不认为个人始终保持同一薪酬水平是正义的,如果他通过培训,获得经验,变得成熟而更有价值,

---

❶ *Davis v.Johnson*,[1979] AC264, at 274.

那他获得提拔是公平且合理的。群体的现状不再是神圣不可侵犯的。救护人员会问：他们的工作是否真的比消防员的工作价值低、技能弱、危险系数低、对社会不那么有用？救护人员应该被认为是健康服务还是紧急服务的核心成员？那么，他们的工资应该参考护士还是消防员或警察？有关需求的主张又该如何处理？在等级制度下，如果底层人员的工资不能满足必要需求的话，那你很难说这是公平的。如果他们的报酬上涨而满足需求，那公平是否意味着所有富裕人群也要提高工资来满足差别化的公平？再思考另一种差别化。保守的公平权中，对所有物的占有被公共开支中缴税的义务所抵消，这一种义务因缴税能力的不同而具有差别；那么公平就意味着穷人应该比富人少承受一点缴税的负担。

保守正义与改革正义并不是互相冲突的。每一种公平都试图去达成一种美好的愿景。保守正义认为每个人都会在稳定的社会秩序中获利，虽然这并不完美，因此它致力于保持稳定。改革正义同时通过另一种方法去实现这一美好愿景，它通过去除不完美、重新分配权利使得社会秩序更加公平。但是在第二种目的中，确实有两个要素是相互冲突的。在古希腊时代，有两种分配正义的思想，它们明显地不相一致。

第一种思想是，正义关注价值且与价值相符。它主张人们应该获得他们应有的东西，这一概念是刑事司法的核心概念，即刑事责任的判决取决于罪行。这不仅仅针对那些已经犯了法的人，而是在这之前，也有必要清楚地说明被指控的人是有罪的。任何惩罚无辜者（并没有做任何该被惩罚的事的人）的建议都是对正义的侮辱。

一旦罪名成立,也没有任何理由免除处罚,正义会再一次运用"应得"的概念根据过错的严重性来判定惩罚的轻重程度。在法律之外,惩罚的概念是奖赏的反义词。这也取决于价值与应得。如果有人捡到了钱包并还给了失主,那他应该得到奖励。如果有人在竞赛或比赛中获得第一名,那他应该获得奖赏。如果奖励另一个不太应得奖励的选手,那恐怕就是不公平的了。遇到任命或某一职权的职位晋升问题时,其目的是找到最佳的合适人选。如果选择一个不太称职的人,那就是不公平的。把奖学金给最具天赋的学生是公平且正确的。所有这些例子都在价值与应得的基础上以奖惩或责任的分配说明了正义或公平的概念。

分配正义的第二种思想有着另一种基础。它关注平等和需求。它认为所有人都有平等的价值与主张。正义的待遇聚焦在公平之上。促成不平等是不正义的,例如给那些具有天赋的人才特殊的利益。他们已经非常幸运地成为天生的宠儿而被赋予才华,为什么还要给他们更多的好处来增加不平等与不正义?这只会增加富人和穷人之间的道德上的差距。如果所有的人都遵守正义的原则,那么人们才会为了公共利益乐于奉献而不求特别的回报。然而在实践中,只有少数人会把天然的自我利益放在一边,理所应当地在经济上寻求回报。

这两种分配正义的思想是相互冲突的。且到目前为止,两种思想似乎都直观地反映了正义观念的一般性道德意识而具有强有力的说服力。有些哲学家尝试提供一种合理的说法来表明两者其中只有一种说法是真的。亚里士多德给出了一个(不太具有说服力的)说法,反对分配正义的平等观念。在当今时代,约翰·罗尔斯则提出了一种巧妙的想法,他接受需求平等的观念,同时给出了一些相对不那么令人印象深刻的论点来反对价值观念。我将在之后讨论这些观点。同时,值得指出的是,在2500年里,这两种分配正义观都活跃在道德实践与政治思想中。在柏拉图和亚里士多德的时代,右翼政党往往强调价值观念,而左翼政党则强调公平观念。这一长期存在于活跃的政治生活中的争论不太可能仅仅由哲学讨论而解决。

不过,哲学分析可以帮助厘清相关的思想。因此,对哲学史与准哲学思想的关注能够有助于思考正义问题。思想史在政治哲学中常常具有启发作用,不仅仅指对历史的理解,也是指对于哲学的理解。在这一问题上,正义观念的思想史告诉我们,有关正义的观点,尤其是与权利有关的正义观,经过了长期持续的发展。尽管经历了长期的变化,一些基本观点依旧是稳定不变的,包括政治思想中左翼、右翼有关正义概念的相反看法;且伦理、法律和政治之间的关系是相互交织的,可以最清楚地阐明正义的概念。

本书并不试图对哲学思想史中有关正义概念进行完整的考察。如此的考察需要囊括大量的自然法律的传统理论,需要更多地涉及中世纪思想,而我则很少提及。就算提到现代哲学家,我也是随意地挑选,大多限于英文写作的思想家们,其贡献对我来说是独创且重要的。本书由一些思想来源和反思发展而来,这些碰巧是我成长、教育与兴趣中所熟悉的东西。我毫不怀疑,其他来源的研究将产生进一步的启示。

牛津出版社的两位审读专家对我没有将康德写入书中表示惊讶,一位还提到阿奎那,另一位还提到洛克和马克思。在写书的时候,我确实想到了这四位思想家，或许我需要阐明一下为什么我没有继续研究他们。

有关阿奎那的章节也许确实需要写，但我认为我并不能胜任。我在第 6 章中论及阿奎那的一些原则。在这篇介绍性的章节和第 6 章的开始，我都说到，正义概念史应该包括更多中世纪哲学的内容，而我所提及的太少。我所接受的教育让我对中世纪哲学几乎一无所知，而我已经垂垂老矣，如今已不能对这方面的知识有更彻底深入的了解了。

我也确实想写一篇关于康德的章节。我对道德的普遍看法，在很大程度上依赖于康德的绝对命令式的形式，即我们应该把人当作目的，而非简单的手段。但是，当我看了康德的各种作品后，令我惊讶的是，我无法再找到有关正义概念的持续论述。也许我已经错过了，但如果是这样的话，相同的情况也大有人在。那位遗憾我没有写康德的顾问注意到我给他的一些参考文献，并特意指出了罗尔斯那一章，罗尔斯当然为正义的哲学思考作出了非常重要的贡献，并且他认可康德的影响。当我第一次读罗尔斯的书时，我不知道为什么他自称是康德主义者，康德并不像罗尔斯一样将契约引入正义的概念中。回顾罗尔斯写这本书的时候，我发现他把自己的正义理论视为康德主义是因为他沿用了康德的自治主义；但在我看来，这与正义概念的理论没有太多直接的关系。如果康德有更多类似的正义论述，罗尔斯肯定会提及。

关于洛克和马克思也没有太多需要抱歉的。在第 6 章的最后有关于洛克的大量讨论。他没有获得被单独列为一章的待遇是因为在他的著作中没有足够量的有关正义的讨论。对于马克思就更是如此了。他对正义的讨论更少。他引用了路易斯·布兰科的名言，"各尽所能,各取所需",但他没有提供任何论证或思考来辩护它。路易斯·布兰科自己也没有,是克鲁泡特金提供了论证。这就是我为克鲁泡特金写了一章的原因。我们不应该认为,就因为洛克和马克思是杰出的政治思想家,他们就该有实质的、独特的正义理论。

我们也不应该有一个假设,独特的正义概念只是政治哲学家的作品。另一个出版社的顾问只注意政治理论史,质疑收录有关圣经和埃斯库罗斯的章节。我认为,这两个理论来源可以增加我们对正义理念发展的认识。这（不是写政治理论史）正是本书的目的。

第 2 章 《圣经》中的正义

我们常说,旧约的伦理精神集中于正义而新约专注于爱。这种对两者不同的描述方式可能误导那些不了解基督教福音书的人们,以为爱上帝和爱我们的邻居,是引用了摩西五经。事实上,比起正义,旧约更多地提及爱。不过,正义的概念确实更先出现在旧约的社会伦理中,而在新约中并不明显。我希望这能成为我将《圣经》中有关正义的讨论限制在旧约的篇章中的理由。

在希伯来文《圣经》里有两个词契合正义的概念或者相似含义。其一乃法律术语 *mishpat*,与"法官"一词有着共同的词源。所以,*mishpat* 意味着"判定",一个法官的决定。但其规范性的含义是:一个法官应当决定的,一个真正的法官将会决定的。其二乃道德术语 *tzedek*,与指涉一个正义、耿直的人的词有着共同的词源。同时,*tzedek* 还有着稍长一些的词语形式 *tzedakah*,意味着正义,以及后来的慈善。

关于后者的重要例证是旧约《申命记》(16:20),"正义,正义,你必遵循"。这一修正版本的翻译是对于希伯来原文形式的精确转换。"正义,正义"的重复,意在表示强调。(詹姆士国王)的官方版本旨在通过翻译达到这一效果,"所有的正义你都必须遵循";英文《圣经》新译本中也有"正义,也唯独正义,你应追求"。

这种提法是在创设法院的指令的背景下提出的。前面的句子表明法官必须根据"公正的(或正义的)判断"来审判人,即用一个连字符将 mishpat 与 tzedek 两个词连成 mishpat-tzedek。该文接着解释它的含义:法官不得破坏或扭曲 mishpat(判定);不得歧视(表现偏好)或接受贿赂。于是就有了"正义,正义,你必遵循"的原则。它的意思是,在法律的执行中,"正义"或"何为正确"的道德概念应当是核心的。然而,人们可以将文本当作一个整体来看,那就会发现 mishpat 的法律术语本身就包含着"道德上的正确行为"这样的含义。从"法官不应当破坏或扭曲 mishpat"的说法来看,这是明显的;如果法官给出的一项判定由于破坏或扭曲了道德上的权利而存在道德上的错误,那么这就不是一项真诚的"判定"(mishpat)。

在脱离文本以前,我们应当注意法庭上的正义可以被破坏的两种方式,要么是歧视(显示偏好),要么是行贿。这说明真正的法律正义的本质在于不偏不倚。

现在,我转换到旧约中另一篇极早的重要文献,在《创世纪》(18:19,25)。这是一场上帝与亚伯拉罕之间关于古城索多玛和蛾摩拉即将到来的灾难的对话。这个故事中第一次提及正义的概念是在第一卷第九章中,上帝决定将自己的意图告知亚伯拉罕,并且说他已使自己让亚伯拉罕更加熟知,以便亚伯拉罕及其后裔可以"保持上帝的方式来主持正义与判定"(在新英文《圣经》中将 tzedakah 和 mishpat 译为"何为正确的"与"正义的")。随后,上帝告知亚伯拉罕索多玛和蛾摩拉的种种罪恶。亚伯拉罕回应,主张这两座城市唯有容纳一些正义之士方能解脱罪恶。亚伯拉罕起初请求上帝，只要城中有五十个正义之士，就能解除这两座城的罪恶；上帝应允后，亚伯拉罕又渐渐将人数缩减到十人，也得到了上帝的认同。这个故事的寓意在于，虽然城中的正义之士甚至不止十人，但还是被摧毁——纵然诸神最先将罗得❶和其家人救出，且据推测他们可能是唯一没有屈服于普遍罪恶的一群人。

在第 25 篇中，当亚伯拉罕向上帝祷告的时候，他会说只要一个地方的正义之士能有五十人，那么该地就应当被赦免。"你决不可与恶人一起杀死义人。难道世上所有的法官不应当做那些正义的事吗？"用来表示正义的词是 *mishpat*。"世间法官不应当追随一项正义的判定吗？"所以在这里作为法律术语的 *mishpat*，即判定，明显地带有一种正义的道德意味。同样的情况也出现在第一卷第九章中，*tzedakah* 和 *mishpat* 被结合在一起指涉亚伯拉罕。

在这一特殊情境下，正义要求那些正义的、纯真的人不应当与罪恶的人遭受同样的惩罚。因而在这里，法庭的正义要求惩罚以罪恶为先决条件；或者换句话说，在罪恶与无辜之间应当有审慎区分。

两个篇章都关注法律的正义或法律程序，都暗示法官的"判定"（*mishpat*）不管是正确的或可接受的判定，都必须公正。但是两个篇章都说明了这一问题，通过使用道德术语 *tzedek* 或 *tzedakah* 来解释那些正确的或者公正的判定都是道德上正义的。

我推测 *mishpat* 的原初含义并不必然带有一种道德上的言外之

---

❶ 罗得为亚伯拉罕之侄。——译者注

意。"判定"是法官的判决，但此后，作为法庭应当遵守的诸多道德原则之普遍观点的一个移情部分，mishpat 一词开始意味着一种道德上正义的判定。

让我们看看《圣经》中的另一个地方，即《约伯记》，正义的理念出现在上帝与一个人（约伯）的对话中。虽然约伯没有做错什么，但还是饱受磨难。我们在序言中就提到，上帝允许这样的事情发生，因为他想要向撒旦证明，一个真正良善的人即使遭受不公正的磨难也仍然良善——这本身产生了一个关于上帝（是否）正义的问题。但是那篇序言是后来添加的。最初的传说是，约伯虽然受尽世间苦难，但仍然想要知道原因。他的朋友——那些安慰者说，这一定是对于罪恶的一种惩罚。但是约伯坚称自己是无罪的，我们也倾向于认为他是对的。那么，为什么他还要遭受磨难呢？

在《约伯记》（8:3）中，其中一位安慰者说道："上帝，全能的神，滥用 mishpat，滥用 tzedek 了吗？"这回应了《申命记》（16:18—19）中"你不可破坏（或挑战）mishpat……贿赂破坏了正义之词"。《约伯记》（8:3）中使用的"pervert（滥用）"，与《申命记》（16：18）之中的"pervert（破坏）mishpat"不同，但与《申命记》（16：19）中"pervert（滥用）the words of the just or righteous man"相同。所以这个叫比勒达的安慰者仰赖的是传统的信条：世界的主宰——上帝，是不会 pervert（滥用）mishpat 和 tzedek 的。

好吧，约伯最后得到了什么回答呢？上帝让约伯回想起自己的全知全能，并且暗示，约伯并不明白（上帝）对他说的话。约伯本人早就说过，上帝是全知全能的，因此凡人不必期望自己的言论得到回应。但是他也同样说道，不要在上帝那里期望正义。在上帝给约伯的回复中，他强调了自己的力量，就像约伯所期待的那样，但是他同样也暗示了自己的公正（40:8），所以大家都不得理解。这个句子，与《圣经》当中许多特殊之处一样，略显晦涩。（詹姆士国王）的官方版本翻译为："你也要取消我的判定？你可以谴责我，你觉得自己是正义的吗？"新英文《圣经》写道："你敢否定我的公正或将我摆在错误的一方而认为自己是正确的一方吗？"句子前半部分的词是 *mishpati*，"我的判定或我的命令"，后半部分词是 *titzdak*，"（以便）你或许是正义（公正）的"。由这一信息可推测，上帝的正义并不能够被世人所理解。

纵观全篇都可以看到 *mishpat* 和 *tzedek* 两个词在所有的篇章中都涉及法律正义：一个公正的决定，一个公正的判定。

旧约中关于法律正义的另一个方面应当注意，这就是所谓的"同态复仇法"。事实上，这一特殊的名字源于早期罗马法。尽管并没有一部实际的法律叫作"同态复仇法"；特殊的罗马法是以提出的领事的名字命名的。但是在十二铜表法的早期版本中，不止一次地出现这样的条文：如果某人一旦承认一项确凿无误的罪过，同态复仇地，"此人就会遭受相同的报应"。一系列早期法律系统的总体思路基本一致：对于一个人罪犯的惩戒应当是，作恶者遭受其造成的同等程度的伤害。《出埃及记》（21:23-25），讲述了关于惩罚和补偿，说道："无论何时伤害，你必以命还命，以眼还眼，以牙还牙，以手还手，以足还足，以焚还焚，以伤还伤，以痛还痛。"《申命记》（19:21）区分了故意伤害和偶然伤害，认为前一种伤害应当严厉惩戒："你当不必仁慈：以命还命，以眼还眼，以牙还牙，以手还手，以足还足。"

起初，这必定意味着实实在在的惩罚，就像我注意到的，并没有例外。相同的理念在早期罗马法、古巴比伦汉谟拉比法典以及其他地方被发现。当犹太人的祖先在迦南安居，这一"同态复仇法"在相当早的阶段就被重新阐释为，为受害者或其家人获取补偿，而不是对作恶者施以身体伤害，除了谋杀以外。甚至对于那些极恶之罪，在适当的时候，资本的惩罚成为实际意义上的虚设。然而，直到在山上的布道之中关于基督的教导，都没有发生修改，正如（新英文《圣经》）《马太福音》(5:38-9)："你已经学会他们所谓的'以眼还眼，以牙还牙'。但是我告诉你的是：不要使你自己与伤害你的人抗衡。如果有人给了你右脸一拳，回过身去给他左脸来一拳。"（詹姆士国王的官方版本则更进一步："你们肯定听过这样一种说法，以眼还眼，以牙还牙，但是我对你们说，你们不必抵制邪恶。无论谁打了你的右脸，你当反过来打他两边脸。"）这不是说法庭可以将多加的一拳挽回或者让受害者归还多加的一拳给打他的人。基督明显是在劝解个人放下个人报复的念头，而不是加大对作恶者的惩戒。旧约中关于以眼还眼的说法涉及了（作恶者）从法院接受到的惩戒。

顺便说一句，对于罪行的平等判决这样一种观点并不是摩西法律的一般特征。《出埃及记》的相同篇章里说"以命还命"等等，同样描述了对于偷窃（一种与针对人的犯罪形成对比的财产犯罪）的惩戒，包括补偿在内，可能更多。《出埃及记》(21:37)写道，如果某人偷了一头牛或一只羊，并且将其宰杀或出售（以至于他不能原样返还这只被偷的动物），那么他就要用五只牛或者四只羊作为赔偿。

据推测，这种多重惩罚意在威慑。因而，旧约中关于惩罚的概念并不是单纯的赔偿而已（也许有人会问，为什么偷一头牛的惩罚比偷一头羊的更多。我推测那是因为一头牛更值钱，所以偷牛的贼需要受到更严厉的威慑）。

我所印证的所有篇章都涉及法律或准法律的正义，不管是人类法庭的法令或是上帝对于世界的治理。旧约同样包含着我们今天或许会称之为社会正义或某种福利国家的规则。《利未记》（19:9-10）说道，当你收割你的庄稼时，应当保留田地的一角不被收割，且不捡（车里散落下来少许的）拾遗。"把它们留给那些贫穷和陌生人吧"，《利未记》（23:22）重复写道，并且在《申命记》（24:19-22）中被详细描述：当你收割之时，不要回头捡拾你遗留的庄稼；它们当是留给陌生人、孤儿和寡妇的。当你采摘你的橄榄时，不要回头去采第二遍，那些被遗留下的（橄榄）同样应当是给予陌生人、孤儿和寡妇的。当你采摘葡萄的时候也是同样的道理。之后篇章以此结尾（22节）：记住你是埃及的一个奴隶。这句话的要点在于：你从你过去的经历中知道贫穷和落魄是什么样子的；因而为正在经历这一切的人想一想吧。

这些篇章当中的话语没有使用关于"正义"（含义）的任何一个词语来描述他们的理性，即使他们背后隐含的正是之后与社会正义的概念相一致的理念。那些大先知们，特别是耶利米，当他们敦促我们应当为贫穷与无助的人（比如孤儿和寡妇）着想的时候，沿袭的就是这种理念。他们说，帮助贫穷和需要帮助的人就是感悟上帝，抑或是替上帝尽职，但是他们同样也不以正义之名来做这些事。然而，也有少数特例。《以赛亚书》（1:17）将 *mishpat*（更一般意义上的"做好事")的概念总结成给需要之人提供帮助。"学会好好做事；追寻见识（*mishpat*），缓解被压迫者，保护孤儿（从而为其谋取正义），为寡妇辩护。"——詹姆士国王的官方版本。"学会做正确的事，追寻正义，并且声援受压迫者；给予孤儿以权利，为寡妇辩护。"——新英文《圣经》。詹姆士国王的官方版本(22:3)中，耶利米再次说道："执行你们的判定和正义（*mishpat* 和 *tzedakah*），从压迫者手中解救那些被欺凌之人。不做坏事，不对陌生人、孤儿、寡妇施暴，不在这种地方白白流血。""公正和平等地处事，从压迫者手中解救受害者，不对局外人、孤儿、寡妇进行虐待或施以暴力，不在这些地方白白流血。"——新英文《圣经》。

到此为止是《圣经》当中关于正义的现行概念。现在让我们用一种更开阔的精神来看一看我提到过的一些篇章。《创世纪》(18)和《约伯记》处理着本质上相同的问题——自然界与我们的道德观念的关系问题，而且两者都使用人与上帝展开对话的相同方法（来阐述）。（对话的）主题是上帝的正义或者由自然灾害引发的关于宇宙的神学解释的问题。

《约伯记》的作者很有可能在潜意识里有一种关于亚伯拉罕与上帝之间对话的追忆。《圣经》的后面部分经常重申其前面部分。明显的例子可以在耶稣引用或提及摩西五经的教义的话语中看到。举例来说，将上帝的爱与我们邻里的爱提取出来作为摩西五经的基本戒律，或者指涉同态复仇法中建议转而（打）另一边脸。同样的事情在旧约全书中出现。比如《以赛亚书》(58:5-7)提及在《利未记》中关于很快到达赎罪日的命令，并且重新将其解释为一种带有宗教意味的忏悔和帮扶穷人。新约中对于旧约的一处明显的回溯发生在上帝之子耶稣使用的语言中，隐喻着"给予"是一种献祭。这些语言重提亚伯拉罕被命令，并且被允许（拥有）独生子作为一种献祭的故事（《创世纪》22:2）。《约伯记》中关于与上帝对话的诸多短语可能是对亚伯拉罕与上帝之间对话的回溯。《约拿书》回溯在尼尼微忏悔后得以幸免的同时，索多玛和蛾摩拉遭到摧毁。

《创世纪》（18）展现了上帝通过他的信使第一次告知亚伯拉罕，因为他们的罪责，他将要毁灭那些平原上的城市，而后（上帝）便听到了亚伯拉罕的回应——对于正义的祈求。如果你从字面上来看这个故事，它暗示上帝固然早就知道这些城市（远离洛特和他的家人）并没有正义之人，但是他还是想要看看亚伯拉罕是否会用一种道德上正义之人秉持的精神来回应这个消息。但是，让我们用人类学的眼光来看看这个故事。索多玛和蛾摩拉的毁灭似乎是一系列火山活动造成的灾难。据说火焰和硫黄石像雨一样落向他们，当洛特的妻子来不及躲闪而犹豫不前时，她已化为一根石柱，说明她是因为被覆盖了火山灰和其他一类物质而死的。当此类巨大的自然灾害出现时，一个带有宗教信仰的人会倾向于追问："为什么这会发生？"在前科学年代，这个问题被带有目的论意味地解释："它的发生基于什么原因或意图？" 1755年的里斯本大地震引起伏尔泰等人追问，当必然包含天灾成分的事情发生时，有神论如何能够在每件事情上都被追责。

如果你倾向于用道德神学来解释整个宇宙，那么对待自然灾害和厄运的明显方式是将它们视为做坏事的惩戒（或者，从一种更原始的神学来看，是作为一个被激怒的神的复仇）。这是自然力量的投射，一种发生在人伦和人类社会的反应。如果你伤害或侵扰了一个强大的邻居，他能轻易还击你。在一个更加节制的社会中，如果你做了一些被认为是对社区有害而遭到禁止的事，你会被惩罚。将这类反应投射到自然界，你就会了解什么是强大的诸神，如果冒犯他们就会被复仇，如果违背他们的法律就会被执行关乎正义的判决。进一步说，《圣经》中将索多玛和蛾摩拉的毁灭描述为对于罪行的惩戒。但是，这并不是说这些城市中的每一个人都是有罪的，所以仍然存有一个疑问。自然灾害打击有罪之人，同样也打击无辜之人。亚伯拉罕和上帝的对话引发了这个问题，并且通过认定索多玛和蛾摩拉之中并无无辜之人的方法而将此问题草草了结。否则，作为普世的正义判官的上帝，就不会毁灭他们。这看起来似乎是一种简单的解决方式，但是故事有其深奥微妙的程度。看上去亚伯拉罕似乎天真地企图教育上帝如何扮演好自己的角色。但是，对于一个像我们一样，处在不容易轻信的年纪的人来说，亚伯拉罕实际上是在把自己作为人的，关于道德的观点嵌入他对于作为世界主宰的上帝的图景中去。他是在神学说教，将人类的意愿投射到主宰自然的力量之上。

《约伯记》的作者没那么容易感到满足。事实上，自然的不幸并不适合正义诸概念，自然并不公平。《约伯记》告诫我们抛弃对于自然正义秩序的幻想。自然的力量显示着能量，这股能量超出人类能够拥有的太多；但是它们不遵循道德——或人类的任何道德观念，这是我们能够理解的唯一的道德观念。如果某人保持虔诚，就像约伯实际上准备去做的一样，对于上帝的敬畏必须基于他的创造力而不是他的正义——或者基于我们认为的正义。

《约伯记》可能源自于非希伯来语的环境。约伯本人生活在乌斯附近（学者们证实在今约旦的某个地方）。该书的怀疑精神（抛开序言和结尾)更像希腊哲学而不是《圣经》信仰。序言和结尾是后来添加的,为的是调和该故事与《圣经》的普遍传统:上帝只是在考验约伯,从而向撒旦展示当遭遇极大厄运时,一个正义之人将会保持正义;之后,上帝向约伯捏造,将会保佑他比以往任何时候都有好的前程(即使这并不能够弥补包括他死去的孩子在内的痛苦和损失)。但是,《约伯记》之中成熟的道德观——与亚伯拉罕的单纯信仰相比——并不局限于该书本身。《以赛亚书》(53)中关于"苦难仆人"的篇章包含着这样一种认知,那就是自然界并不正义,所以以赛亚产生了替代苦难的想法。《阿莫斯书》(3:2)提出这样一个观点:上帝的选择是为责任而选择,而不是为了受惠而选择。那个时代对于自然界的认知是它并不正义,这也是《约伯记》为什么会接受《圣经》学说作为表达道德神学的真正问题的理由。

当霍布斯依据《约伯记》来表达上帝的自然王国之正义基于力量,当斯宾诺莎追随其后说道德是人为产物的时候,他们都被指为异端。但是他们引发的暗示已经能够在《圣经》的后面几个部分中看到了。

这些关于道德神学的论述并不仅仅适用于正义,他们同样适用于一个仁慈上帝的观点。然而,《约伯记》秉持正义,因为正义要求什么比仁慈要求什么精确许多。

回归到《圣经》当中关于正义的重要节点,法律的和道德的正义在很早的阶段就融合在一起,即使使用不同的词语来表达证明它们开始成为独立的概念。我们将其称之为社会正义的概念(一项帮助不能轻易自理之人的严格责任)作为道德的要求在《圣经》中很突出,但一般而言,并不是在正义的范围之内。

第3章 埃斯库罗斯《奥瑞斯提亚》：正义的发展

雅典悲剧是雅典道德哲学的先导。两者并不相同，且到目前为止它们服务于同一个并不能够简单做到的目的。悲剧具有某种宗教的重要性，即庆祝宗教节日；它同样也履行着一种原始的功能——在古希腊，如果可以被区分的话，源自于一项宗教功能。到目前为止，部分宗教功能与道德（包括政治）哲学的某些功能相一致。我不是借此宣传道德教义，或是宣传任何形式的纯真和朴实。我更主要的是通过揭示道德教义的方式来表述它们。道德与政治哲学并不是道德或政治布道，它是借助于理性辩论和概念澄清的道德与政治信仰的重要评价。同样，它也是道德与政治原则的闪光点。

一些现代道德哲学（在较小程度上包括某些现代政治哲学）将所有关注点集中于过程的逻辑方面。虽然这对于智力培训有好处，但这无助于形成卓越的道德或政治哲学。伟大的道德或政治哲学仅仅运用逻辑作为结束教义的一种手段。柏拉图、亚里士多德、奥古斯丁、阿奎那、霍布斯、斯宾诺莎，甚至休谟，还有卢梭、康德、黑格尔、密尔，都拥有听起来像是道德或政治教义的观点。其中不乏一些卓越的思想家，比如尼采和克尔凯郭尔（或许卢梭应该归为此列），不用理性辩论的方式来诉说，同样也从未被人们认为是哲学家、布道者，因为它们用小说的视角呈现道德与政治的问题。我认为这是所有看起来卓越的道德与政治哲学的首要元素。这是我们在悲剧中发现的，同样在诚实的交易中也能发现。

我们不仅能在希腊悲剧里发现道德或政治哲学的身影，在其之后的悲剧作品中同样能够发现——在莎士比亚、高乃依、拉辛、易卜生，以及其他一些20世纪知名的剧作家尤金·奥尼尔、加布里埃尔·马塞尔、让－保罗·萨特、让·阿努伊、亚瑟·米勒、萨缪尔·贝克特的作品中。马塞尔和萨特是公认的哲学家，他们故意用戏剧（以及直截了当地展开论述的媒介）作为媒介来传递他们的哲学思想。在我这份名单中的其他人抛开自认哲学家的想法，通过戏剧来展现一种新颖的道德观；这单纯就是严肃戏剧的天然功能。可以说，严肃"滑稽"戏剧与悲剧有某些相同的成分，但却存在着重要的区别。同样可以说，那些伟大小说存在某些相同的成分。

回到希腊悲剧，我认为它有一种宗教的功能。希腊悲剧是一场庆祝宗教节日的仪式。但是，随着仪式不再是一种简单固定的重复，如同我们现在熟悉的每周定期或周年的宗教服务，它已开始拥有新的特征，每一次都会带来不同以往的东西。它同样也是一种公民仪式，一种关乎全体公民的宗教庆祝；而且与其他众多的宗教一起，它表达并且强化着社会稳固。它不是一种将个人与自己信奉的神共融在一起的宗教形式。

在我们之前，大量希腊悲剧支撑着人类命运难以应对的问题，我们为什么表现出仰慕某些性格特征却鄙视其他特征的问题，表现出人类能力的破坏性与局限性的问题，当人类面对破碎逆境时表现出能够弥补他们有限能力的卓越特征的问题。命运、自然、诸神——无论你赋予那些优越的外在力量以何名——掌握着人类的盛衰变迁。但是，当与俄狄浦斯一样的人不管多恐惧都坚持追寻真理时，当与安提戈涅一样的人不论结果都要坚持自己认为对的事情时，他们向我们展示了人类能够攀登的道德高度。禁欲主义者认为，人类在这一方面能与上帝齐平。当某人认为道德失败应当归因于希腊诸神如此之多时，他甚至可以说自己已超越诸神。希腊神话的诸神代表着自然力量。然而圣经（约伯记是个例外）总体上展示了一种日益高涨的、归因于上帝所具备的道德上可敬的品质。公元前5世纪希腊悲剧的宗教思想的反思意图归因于（上帝的）道德品质而不是人。4世纪，柏拉图转向了我们在圣经中所看到的道德神学。他试图改革旧神学，将道德完善归咎于一种"一神论"的上帝，以及将其塑造成一个针对人类的理想模型。当柏拉图在《理想国》中批评诗人的时候，他的指控之一是这些诗人将上帝描绘为缺乏道德优点的标志。但是，柏拉图追随悲剧剧作家的脚步，关注人类道德优点的发扬光大。

当然，希腊悲剧和希腊哲学在揭示美德和责任的问题上有区别。哲学依靠精密论辩发展；戏剧向我们展示了人类应对复杂情况并激起的自然反应，经常在合唱的歌曲中反映自我。然而，在希腊戏剧中通过轮流对白（*stichomythia*）这样的技巧，对答的单行演讲——经常呈现问题和答案、论辩与反驳、理论和对立面，可以发现精密论辩的技艺。在《复仇女神们》——组成埃斯库罗斯的《奥瑞斯提亚》的第三幕中有一个庭审现场，在那里轮流对白作为目击者和被告的盘问与情境契合得十分自然。然而，这一技巧在任何对立观点的对峙中都很常用，它很像苏格拉底的提问方式和柏拉图早期对话实质的答案。柏拉图从他的导师苏格拉底的实践里派生出这一方法，但是他同样也受到戏剧的很大影响。如果确实如此，他不会单独作为一个例子且拥有如此影响力。修昔底德有关伯罗奔尼撒战争——公元前5世纪后半叶雅典与斯巴达之间的大战——的历史，就有悲剧的样子并且是本着悲剧的情愫来写的，以此来告诫希腊，告诫所有人不要依靠权力的骄横铤而走险。当时修昔底德使用对话的技巧来向不同阵营持对立观点的人、卷入战争的敌人或是大国与附属国的盟友们作了生动说明。

埃斯库罗斯的《奥瑞斯提亚》辉映着正义的概念。那不是说它只是简单地、单独地关注正义；一项伟大的文学工作的主题不能局限于固定范围内的单一主题。我关于希腊悲剧和道德哲学的比较不是说他们是相同属性的不同类别。但是可以明确的是，《奥瑞斯提亚》的主题是正义，而且我认为可以称其为正义本质的准哲学探索。埃斯库罗斯使用了一个古老神话的中间部分，如同大部分（不是全部）希腊悲剧一样。在后来的戏剧作品中这一传统被延续。当莎士比亚想要展示愚蠢的结盟力量之影响，以及无私的爱与自私算计之间的区别的时候，他使用了一个李尔王与他女儿们的传说。拉辛使用源于希腊或圣经预言（菲德拉、以斯帖、阿提哈列）或是罗马历史（布里塔尼居斯）的人物们。一些现代悲剧追随拉辛的《菲德拉》作为例子，重拾包含着希腊悲剧的希腊神话的主题，但是如同拉辛一样，使它们与一种后来的道德观相联系。定位神话或上古行为的原因是为了拉远事件与观众的距离,从而使主题具备普遍性。谢天谢地,这一观点并不是在暗示事情过去是这样的,但现在不是了。表演技巧让我们贴近主题,也能够确保安静与审美价值所需求的客观性。如果一位表演者描绘了一些贴近我们的悲剧故事,真实的事件太过令人痛心以至于我们在剧院中感受到华斯华兹描绘为审美情感的安宁。希罗多德说,雅典人惩罚了悲剧作家福利尼卡斯,因其举办了一场与雅典交好的米利赌城被他们的共同敌人波斯人攻占的演出。

埃斯库罗斯引用的故事是一个用以说明作为传统报应——仇杀——的正义概念的恰当例子。杀人者以命换命。"谁的行为谁忍受",这句话两次出现在三部曲之中,并在其第二次出现时被描述为一个"古老的谚语"。家族内部成员的谋杀罪大恶极,对于(与由婚姻而成的家庭关系相比)由血缘而成的家庭关系而言,罪恶更加深重。回溯《奥瑞斯提亚》中第一宗罪比此更糟糕:不单单是谋杀亲属,更是添加了大罪——将被杀孩子的尸体当作其父的食物。

一系列的罪行萦绕着阿特柔斯家族,第一种罪行是报复,作为它的回应的则是进一步的报复,所以就有了一种无休止的(报复)循环。(阿特柔斯)家族受到了诅咒。这一系列的报复行为从佩罗普斯的两个儿子为了争夺阿尔戈斯王座继承权的时候开始。两人之中的提厄斯瑞斯,勾引了他兄弟阿特柔斯的妻子。阿特柔斯为此驱逐了他。一段时间以后,提厄斯瑞斯回来并且请求宽恕。阿特柔斯假装宽恕,但是策划着复仇。他杀死了提厄斯瑞斯的孩子(除了还是婴儿的埃奎斯托斯之外的所有孩子),煮熟了他们的尸体并在宴会上给提厄斯瑞斯吃，意图和解。当提厄斯瑞斯知道事情真相后，他便诅咒了阿特柔斯家族，并且再次与仍是婴儿的埃奎斯托斯一起被驱逐。阿特柔斯的两个儿子阿伽门农和墨奈劳斯分别娶了克吕泰墨斯特拉和海伦这对姐妹为妻。海伦顺从于帕里斯的谄媚，抛弃了她的丈夫，与帕里斯一同逃往了特洛伊城，由此引发了特洛伊战争。阿伽门农指挥下的希腊军队在出航前被一场风暴阻挡，一位占卜师认为这场风暴由女神阿尔忒弥斯制造，她因为一些模糊不清的理由而迁怒于阿伽门农；阿伽门农只有将他的女儿伊菲革涅亚献祭给阿尔忒弥斯才能终止这场风暴，阿伽门农只能勉强接受。这场战争持续了十年之久，以希腊的胜利告终。

这就是阿伽门农采取行动的节点，这构成了《奥瑞斯提亚》的前三个篇章。当阿伽门农在外征战之时，他的妻子克吕泰墨斯特拉成了埃奎斯托斯（提厄斯瑞斯之子）的情妇。阿伽门农从特洛伊征战归来，却被他的妻子克吕泰墨斯特拉与埃奎斯托斯合谋杀害。

为什么克吕泰墨斯特拉要杀死阿伽门农？《奥瑞斯提亚》给了我们不止一种解释。当克吕泰墨斯特拉第一次解释和澄清这场谋杀之时，她说这是对于伊菲革涅亚被献祭的复仇（前文述及）。不久后，她又说她是从命运以及复仇精神中为那个孩子争得了正义。但在此处她添加了其他的东西：她用刻薄的言辞描述卡珊德拉——特洛伊的普里阿摩斯国王领养的女儿，被阿伽门农当作战利品带回了希腊，而现在需要共同面对阿伽门农的死。克吕泰墨斯特拉说，阿伽门农还与其他的女人有染，并且暗示他被以复仇的方式杀害罪有应得。她同时也说，埃奎斯托斯保护着她，并且对她忠诚不二。在这之后，在副歌部分中提到一个恶魔正折磨着阿特柔斯家族的时候,克吕泰墨斯特拉倒是一口咬定这个不放,开始否认自己对谋杀行为负有的责任。她说,这是复仇的神圣力量,借助阿伽门农之妻的躯体杀掉了他,以惩罚阿特柔斯杀害并且煮熟了提厄斯瑞斯之子的罪恶。对此副歌部分中回应,阿特柔斯家族所犯罪恶的复仇者可能是帮凶,但不是真的杀人犯。在(1526)中,克吕泰墨斯特拉又回到了自己第一种解释,即谋杀阿伽门农是出于伊菲革涅亚被献祭的原因。

当埃奎斯托斯出场的时候,他承认谋杀阿伽门农之举是对于阿特柔斯家族罪行的复仇。埃奎斯托斯说是他策划了这一切,当副歌部分中指控他怯弱到让一个女人去杀人的时候,他说他不得不使用诡计,因为他自己很容易成为被怀疑的目标。

因此,我们得到了两个不同的明确动机,并且也被明确暗示此事还有第三种可能。前两个明确的动机,一是克吕泰墨斯特拉为伊菲革涅亚之死的复仇,一是埃奎斯托斯对于阿特柔斯(家族)所犯罪行的复仇。另外暗示的第三种动机是克吕泰墨斯特拉对阿伽门农与包括卡珊德拉在内的多个女人有染的嫉妒。前两个明确的动机并非相互矛盾,克吕泰墨斯特拉与埃奎斯托斯能够团结在一起是因为他们两个人都渴望复仇。至于暗示的关于嫉妒的动机,很难能够被正视。但能够预想的是,在那样的社会当中,在人类文明的那个阶段,一个在外征战数十载的部落首领很难能够与他人有染。与此相反,人们多希望他的妻子没有一个情人,且能够耐心地等丈夫回来(这并不是说除了克吕泰墨斯特拉外的所有女人都要按上述期望而生活)。无论是在戏剧早期(611—612)克吕泰墨斯特拉告诉使者,她可以对阿伽门农承诺自己并未与其他男人有暧昧，还是此后她谈及与阿伽门农的爱并说埃奎斯托斯对她很忠诚，克吕泰墨斯特拉都背弃了有关她与埃奎斯托斯有染的那种愧疚之情。她对于阿伽门农的这番指责，似乎只是她对于自己与埃奎斯托斯私通的愧疚感的掩饰。

那么关于她在副歌部分中的陈述呢？即并不是她杀死了阿伽门农，而是复仇的神圣力量借了阿伽门农之妻的躯体（杀死了阿伽门农）。这种将不可控情绪转换到一个超验的个体身上的方式是希腊悲剧所常用的。这是一种说明情难自制的方式，而作为情感承载主体的人类，却没有（或不全有）责任。

副歌部分传达的有关正义的几个格言给了我们一种在埃斯库罗斯时代有关正义的传统概念的总体印象。在（250）中，副歌部分提出正义倾向了克吕泰墨斯特拉的（身份）等级，所以教训由痛苦的结果得来。这是古希腊思想通用的格言，即我们通过悲伤的经验，从苦难中学习。这里的观点是，这是正义的一部分，罪恶与良善的平衡：我们遭受苦难，但同时也收获智慧的果实。

在（376）中，副歌部分提到宙斯惩戒那些凌驾于正义之上的人。在（383）中，对于那些唾弃正义圣坛的人来说，富人对他们是没有帮助的。在（463—464）中，复仇女神三姐妹和复仇精神共同打击那些妄图推进非正义的人。在（758—775）中，一个邪恶的行动会招致邪恶自身，骄傲生成新的骄傲和横死之神，而正义与正直会从穷人的屋舍里照耀出来。

在（1430）副歌部分中，克吕泰墨斯特拉将会被以牙还牙——一种似曾相识的印象：同态复仇的理念。在（1564）中，他们说这是宙斯的法令：你做了什么，就以相同的方式对待你。

在（813）中，有一个有趣的言论。在阿伽门农征战归来的地方，他说，他从特洛伊城带来了正义。这一说法没有任何意外的地方。但接下来他说，是众神一致"投票"要摧毁特洛伊城。值得留意的是，在三部剧的第三场《欧墨尼得斯》中，有人开始考虑到了法庭程序的重要性。

第二部的名字是《奠酒人》（*Choephoroe*），是由它的第一幕的角色而命名的。在这一幕中，阿伽门农与克吕泰墨斯特拉幸存的女儿爱勒克特与她的同伴一起去阿伽门农的墓穴祭酒。爱勒克特渴望她的哥哥俄瑞斯忒斯回来，对杀害他们父亲的凶手进行复仇。俄瑞斯忒斯此前曾被克吕泰墨斯特拉遣送走，此举表面上是为了他的安全考虑，实际上是为了确保当克吕泰墨斯特拉行刺阿伽门农的时候俄瑞斯忒斯不在场。俄瑞斯忒斯的确回到了阿尔戈斯来复仇。事实上，当爱勒克特和她的同伴在祭奠父亲，并流露出彻骨的愤怒之时，俄瑞斯忒斯刚巧回来。

他们兄妹在一起共谋了一个计划，俄瑞斯忒斯先杀死了埃奎斯托斯，随后杀死了他们的母亲。俄瑞斯忒斯不得不使用欺诈手段，就如同他母亲一样，但这只是偿还的一部分。正如克吕泰墨斯特拉自己宣称的那样："我们因欺诈而死，就像我们杀戮一样。"俄瑞斯忒斯意识到了杀死自己生母是一种可怕的行为，无论她生前做了什么，她又如何通过一些事情表现出来。首先，在阿伽门农墓穴里的长歌和祭祀舞坚定了俄瑞斯忒斯的决心，呼唤他父亲的灵魂来相助。其次，他不止一次强调是天神阿波罗命令他采取这样的行动，如果他推脱，他父亲的复仇女神们就会萦绕着他，让他饱受痛苦。第三，当他的母亲以哺育过他的胸脯对着他，问他怎么可以杀死自己的母亲的时候，俄瑞斯忒斯有过片刻犹豫。他停了下来，问他的朋友皮拉德斯是否应当饶恕他母亲（共谋了杀死他父亲以复仇的过程）。皮拉德斯提醒俄瑞斯忒斯关于阿波罗的命令，并说道，激怒天神比与所有人类为敌更糟糕。在这一部剧和最后一部剧中，俄瑞斯忒斯都说对于他的所作所为，阿波罗有共同的责任。这与克吕泰墨斯特拉早前的恳请十分相似，她以神圣的复仇精神为由，认为这对于她谋杀阿伽门农的行为也负有责任。但是她的主张不像俄瑞斯忒斯那样坚定。克吕泰墨斯特拉想杀死阿伽门农，俄瑞斯忒斯却不想杀死自己的母亲。但是他认为自己不得不那样做。在《奠酒人》（910）中，重提了这一说辞。她说是命运给了她背负阿伽门农之死的责任。俄瑞斯忒斯直率地否定了这一说辞，反问道："所以命运也同样使你致死吗？"

将俄瑞斯忒斯对于杀死埃奎斯托斯没有任何悔恨与克吕泰墨斯特拉杀死阿伽门农相互联系没有什么意义。就如同（989—990）中可以看到的一样：对于埃奎斯托斯的命运我们什么也不说。正如法则要求的一样，他已经为自己是一个欺诈者而付出了代价。但是俄瑞斯忒斯感到需要对杀死自己母亲一事作出特别的解释，所以他便抛出了他母亲用过的说辞，以证明他母亲的狡诈。

在《奠酒人》中，如同在《阿伽门农》中一样，有许多牵涉传统正义之理念的内容。在（121）中，在俄瑞斯忒斯被人知晓之前，爱勒克特询问是否可以祈求一死以替换俄瑞斯忒斯之死的做法是正当的。副歌部分回复道,以你之敌报偿恶魔当然是正当的。在(144)中,爱勒克特祈求一个将要赴死之人来报偿被杀之人。在(310)中,有对于同态复仇更深入的解释。副歌部分:"以恶言回应恶言",呼喊正义,逼取应得之物,"以残忍回应残忍"。他们重申了在《阿伽门农》中表达过的措辞:"谁的行为谁忍受",这是一个古老的寓言。然后,在(400)中,他们又说:"血滴玷污了大地,就需要更多的血,这是法则。就像杀人者宣称从被杀害者那里带来了复仇精神,废墟上加盖了新的废墟。"正义报偿的概念与复仇的天然欲望相比,在《奠酒人》中是特别主流的。在《阿伽门农》当中也是一样,但是《奠酒人》变现了较少的复仇之残忍欲望,而更多的是获得报偿的责任。

在三部曲的最后一部《厄里倪厄斯》里,情感的变化是惊人的。"*Eumenides*"这个词意味着"良善的事物",是对于厄里倪厄斯——复仇女神们或复仇精神的委婉表达。这一场剧开始于德尔菲的阿波罗神殿。俄瑞斯忒斯逃亡那里以躲避复仇女神们的追杀,复仇女神们则代表克吕泰墨斯特拉寻仇。阿波罗答应俄瑞斯忒斯保护他并且告诉他,让他逃去雅典娜女神在雅典的神殿。在那里他将被无罪释放,因为他是遵从了阿波罗的命令才杀死自己母亲的。在审判中,复仇女神们传达了什么是偿还的正义,但阿波罗却认为俄瑞斯忒斯不应得到任何责备。陪审团统计了他们的投票数,正反双方相等。主持审判的雅典娜女神同样倾向于无罪赦免,并且为了平息复仇女神们,赋予了她们一个新的职责和名字:她们将成为欧墨尼得斯,代表一种良善的精神,她们的庇佑对于千家万户来说都是至关重要的福祉。

在复仇女神们与阿波罗的争论中,她们坚持着偿还正义的理念,将其引向可以杀死自己直系亲属之罪行的可怕性质上。当复仇女神们被俄瑞斯忒斯和阿波罗反驳,问她们为何不追杀谋杀自己丈夫的克吕泰墨斯特拉的时候,她们回复道,这起谋杀没有那么可怕,或者在某种程度上不关她们的事。因为丈夫并不是血缘亲属。阿波罗试图围绕着复仇女神们的这一论据反驳:母亲也不是血缘亲属,因为继承关系来自父亲,母亲只是父亲精液的传递者。有人可能会很彷徨,是否埃斯库罗斯旨在让我们认真地对待问题。甚至阿波罗表达的观点也没有什么不寻常之处。像古雅典人这样智慧与好学之人中,也必定包括这样一些人,他们在观察中发现了相似的事实,即孩子是由父母双方共同组成的。

依据偿还正义,俄瑞斯忒斯陷入了两难境地。如果他为他父亲复仇失败,他就违背了他的孝顺,并且会被他父亲的复仇女神们追逐。如果他为他父亲复仇了,那么他就与孝顺他母亲的责任相违背,同样也会被她母亲的复仇女神们追逐。那么两者相比,哪个责任更加主要呢?阿波罗与复仇女神们各执一词。

阿波罗同时还提醒复仇女神们,婚姻关系比其他关系更加重要,"当命运决定了男女之间的婚姻,比誓言更加伟大,并为正义所守护"(217—218)。与偿还正义相比,我们在这里得到了更加宽泛的正义的第一个提示。当雅典娜上台以后,她更加激进地表达了这种宽泛的正义概念。在提及了复仇女神们的卓越表现,总结了其他众神或人类的说辞后,她戛然而止,说道:"即使有人是不可责备的,但在他们出席的情况下诋毁他们,与正义相去甚远,而且回避了正当性。"(413—414)。正义的概念开始延伸开去,涵盖所有被视为正确的事情,这就是为什么复仇女神们抱怨那些"年轻的神"以及他们的新观念的原因。她们这样衡量阿波罗与雅典娜：阿波罗命令俄瑞斯忒斯杀死母亲并且现在为他辩护；雅典娜更加倾向于俄瑞斯忒斯，倾向于判他无罪释放。《厄里倪厄斯》描绘了正义与法则的古老概念，复仇的法则与新的且更加宽泛、善意的正义的概念之间的对立，后者会困扰那些引导自己的行为的谋杀者。但这胜过了一种有人称之为正当杀人的更为仁慈的态度。新的正义概念是这样一种概念：信任陪审团、审判以及民主程序的正义，这具有政治以及进步性的重要意义。

复仇女神们说会接受雅典娜的判决。雅典娜说这个问题让人类来决定过于严肃，而且或者是让她单独担任一宗承认带有愤怒情绪的谋杀的唯一审判者，都是不正确的，这样的事情应当进行联合审判。所以她设立了法庭来解决谋杀案件（她说这是第一个有法庭听审的谋杀案）；但是，由于有关责任的冲突难分高下，所以产生了冲突双方用平等投票的方法，她以倾向无罪释放的投票表达了自己的观点。她宣称采用这种办法的原因是顺应了阿波罗的奇特主张，即相对于父亲来说，母亲没有那么重要。阿波罗主张母亲纯粹只是一个传递者，父亲的精液才是孩子生命的本源，作为一个佐证，阿波罗举了雅典娜女神为例，雅典娜女神从她父亲宙斯那里成长壮大起来（想必这一神话的要点在于强调雅典娜女神的智慧）。现在，雅典娜女神说因为她没有母亲，因此她认为他的父亲是百分之百重要的。

我们需要严肃对待雅典娜女神和阿波罗的观点吗？我对此表示怀疑。阿波罗和雅典娜女神旨在让正义的理念更加人性化。但是他们不得不估量代表着古老秩序理念的复仇女神们。当雅典娜女神第一次与复仇女神们对话,问她们为什么要追逐俄瑞斯忒斯时,复仇女神们回答道:"因为他杀死了自己的母亲。"雅典娜女神反问道:"他这样做是必要的吗?或者是害怕惹怒了某些人?"副歌部分回应道,没有什么可以迫使一个人谋杀母亲。当雅典娜女神说:"让我们听一听俄瑞斯忒斯一方的陈述。"副歌部分回应道:"他不会起誓"(424—429)。这表明雅典娜已经准备好思考一个谋杀母亲的人是情有可原的。事实上,俄瑞斯忒斯确实感到受到了逼迫,并且也真的惧怕阿波罗的愤怒以及他父亲的复仇女神们的(侵扰)。雅典娜的第一个问题暗示她将会准备好在这场审判中无罪释放俄瑞斯忒斯。但是她还有复仇女神们这一方面需要考虑。就像她在剧中表现的一样,她同样陷入了两难境地。俄瑞斯忒斯已经被净化,所以没有理由认为他会玷污了她的神庙或城市。但是如果她释放了俄瑞斯忒斯,复仇女神们就会折磨她自己。她不得不寻找一种说辞让复仇女神们满意。复仇女神们依据血缘关系来断定自己的事物。所以首先是阿波罗,其次是雅典娜,都说母亲与孩子之间的关系并不是血缘关系,而且也不如孩子与父亲之间的关系重要。在判决以后,当复仇女神们抱怨的时候,雅典娜说(795—799):"这并不是你的失败。投票是平等的。但是我们从阿波罗那里得到了验证,宙斯已经谕知俄瑞斯忒斯应当这样做而且不应被惩罚。"雅典娜正在劝说旧理念的追随者来接受新的理念。

那么什么是新的理念呢?我认为它包含两个要素。第一,对于罪行的审问以及惩戒应当通过法庭,通过整个法庭的陪审员,通过一个理性和民主的程序;如果传统是有害的,那么不应当固守传统作出决定。第二，如果两种冲突的主张在道德的两难境地中是均衡的，那么正义的解决办法是切断邪恶的链条。如果由复仇女神们代表的旧的方式被继续采用，那么就会有持续无止境的复仇杀人。这对任何人来说都没有好处。在俄瑞斯忒斯的例子中就有关于责任的冲突。正义的新理念认为，这应当被看成是终结一系列报复行动的契机。

休·劳埃德·琼斯教授在他的《宙斯的正义》一书中认为，希腊早期的宗教思想中，正义是宙斯的特权而且是不变的。如果是这样，那么像我一样，认为埃斯库罗斯在《奥瑞斯提亚》中提出了一个新的、进步性的正义观点的推测是不正确的。关于埃斯库罗斯正义观，劳埃德·琼斯教授说：

> 我们在生活中听到的那些关于在《厄里倪厄斯》中描绘的从家族仇杀转到法治的陈词滥调，完全是误导的。甚至是在《伊利亚特》中，血海深仇也通过国王们宣告宙斯的正义而被规制；甚至是在15世纪雅典城邦的法律中，血海深仇和复仇女神们都有他们归属的位置。❶

我没有意识到劳埃德·琼斯爵士提到的那些陈词滥调，但纵观我的藏书，我找到了一个古希腊悲剧诗人D.W. 卢卡斯所说的一个例子，他说："宣称自己的神谕能够影响宙斯意愿的阿波罗，代表了一种新的秩序，它能够推翻过往反社会的血海深仇的严酷。"❷ 我自己阅读《奥瑞斯提亚》时，并没有看出它那种"从报仇到法治的转换"。同态复仇已经超越了依据法则复仇，我认为在《欧墨尼得斯》中，

---

❶ Hugh Lloyd-jones, *The justice of Zeus*（Berkeley and Los Angeles: University of California Press,1971），94.

❷ D.W. Lucas, *The Greek Tragic Poets*（London:Cohen & West,1950），75.

正义的概念是宽泛的，不同于先前已经被遗弃的概念。然而，我与劳埃德·琼斯爵士的意见相左，我认为在埃斯库罗斯的悲剧作品中宙斯的正义并没有改变。

人们可以从三部曲中找到正义并没有改变的线索。我注意到早在《阿伽门农》（813）中，国王说他已经看到了特洛伊城的报应，以及众神对于摧毁它的全体一致的"投票"。这就像是众神已经举行了一场审判并且通过投票的方式决定了这一切。所以在《欧墨尼得斯》中，关于通过审判和投票决定正义的理念是新颖的。当然，阿伽门农的说辞带有比喻的性质，但是可以认为他是在预见后一种理念。但是，这篇文章依然对否定进步提供了一个理由。其他的篇章或许引用的是阿波罗在审判中所宣称的，他的神谕可以看作是宙斯旨意的论述。这是关于宙斯是所有正义之源——包括阿波罗正将宣称的那种更加宽容的正义——的确凿证据。但是所有正义都反映了宙斯意愿的事实并没有暗示它是一成不变的。

在任何场合，一项得到宙斯意愿支持的提议事实上并不一定会使得复仇女神们完全信服。复仇女神们将这样一个事实呈现在阿波罗与法庭面前，即宙斯自己并没有尊重被自己取代的父亲科隆诺斯。复仇女神们不止一次提到她所代表的那种古老的正义传统秩序，即那些"年轻的神"正在根除的正义。如果说正义仍然代表着宙斯的正义的说法是正确的，那么或许也同样可以说关于宙斯的理念，转向了（认为他是）一个具有更高、更宽广的道德外观的神明。

让我们注意复仇女神们关于旧道德的说辞。在（162—163）中，她们抱怨那些年轻的神行使他们的权力"超越了正义"。在（490—516）中，她们再次抱怨了赦免俄瑞斯忒斯的不良后果。这对于呼吁正义或那些复仇者来说，旧道德将会毫无用武之地；"正义的大厦正在倾覆。"在（778—779）中，她们为那些推翻"古老法则"的"年轻的神"感到羞耻。所以，复仇女神们认为正义的古老观念、古老的法则，被宙斯或宙斯以外的神所取代了。而且，她们在旧法则中最珍视的是尊敬父母和客人（270—271,545—549）。

当埃斯库罗斯写《奥瑞斯提亚》的时候，已经有阿勒奥珀格斯（最高法院）的法庭实践，即陪审团的投票数如果相等，那么就判定一起谋杀指控（成立）。所以，埃斯库罗斯并不是在告诉他的同胞要超越他们现行的做法，而是在告诉他的同胞，他们的政治架构，如同在法庭上实践过的关于正义的理念，已经推进了古老的观念。

他是否也暗示了在宗教理念上同样取得了进步呢？为希腊所有城邦信奉的雅典的守护神雅典娜和德尔菲神庙的守护神阿波罗，被描绘成新的或年轻的神，他们从属于宙斯并且宣称宙斯是他们的主宰，但他们仍然是"新的神明"。那么宙斯自己呢？在《阿伽门农》的开头，副歌中有一首宙斯赞歌："宙斯，无论是谁在呼唤他，如果他乐意被唤此名号，那我们就这样称呼他。"他们接着说，他们不会赞颂宙斯的先贤乌拉诺斯和科隆诺斯。这暗示了一种神学上的变化和道德上的进步，因为副歌中将乌拉诺斯（天空）描绘成"趾高气扬且带有敌意的鲁莽"，而宙斯则被认为设定了这样一条法则，智慧源于苦难。

无论如何评价埃斯库罗斯的神学，在我看来，在《奥瑞斯提亚》中，他将前后两种正义的概念呈现给我们，引荐了后者并且将它与雅典的司法及民主的程序结合起来。

第4章　柏拉图《理想国》

柏拉图《理想国》一书的全名是《治理或论正义》。其主题是内部治理、社会秩序的建立——虽然在书中柏拉图将这一主题联系到了哲学和理论的其他分支——但是其中心思想还是正义。本书始于正义而终于正义。

书的第一篇写于其他部分之前。它涉及历史上的苏格拉底。它或有或无、或多或少地写了苏格拉底与其友人、与诡辩派的色拉叙马库斯之间真实的谈话；但它一定代表了一种苏格拉底参与的哲学讨论。《理想国》剩下的部分则大不相同，代表了柏拉图本人的观点。

第一篇更是一种真正的谈话。苏格拉底让他人表达自己的观点然后再批评他们。当问到他自己的观点时，他所提及的少之又少。他认为正义和所有美德，都与知识有关并能带来幸福，但是他的理由并不详尽，他的论述并不令人信服（柏拉图认为苏格拉底指明了正确的道路但却没有到达终点）。苏格拉底的特点就是追求定义，尤其是对美德的定义，他批评他人的定义，自称对这一部分无知，且认为从某种意义上看，美德即知识。

《理想国》的剩余章节中，柏拉图以苏格拉底作为自己观点的代言人。其方法依旧是传统的对话体，但大多数的其他角色，都通过被称为苏格拉底的人物来提出认可或质疑的想法。不同于自称无知，作为历史上的苏格拉底和书中的苏格拉底，所谓的苏格拉底在第二篇至第十篇中大胆地陈述一些有关广泛深远而内在联系的自然的积极的主张。

对于第一篇中提到的正义定义，我们值得花一些时间。这些是当时流行的普遍看法。首先，我们认为西法鲁斯（Cephalus）这样一个虔诚而淳朴的长者，如果不是受教于苏格拉底的话，并不会喜欢哲学。西法鲁斯遵循传统的宗教习俗，他并不担心发现与之相关的真相。因此，西法鲁斯本身并没有提供定义，他只是苏格拉底的喉舌。苏格拉底说我们能受教于长者——也就是学习他们的人生经验——并问了西法鲁斯，何为其财富的主要价值。西法鲁斯答道，当你离世时，你不必害怕你欺骗过的人，或你没有向神或人还清应还的债。这种回答概括了其对于恶行的观点，更为确切地说，此等恶行是指其易于陷入欺骗，或没有还清债务。他没有提到更大的错误，比如谋杀、攻击或盗窃，也没有提到更敏感的错误如侮辱或羞辱别人。西法鲁斯是一个成功的商人，他知道商业行为中容易出现的不义行为。苏格拉底以此来定义 dikaiosyne（正确的行动或正义）："说真话（避免欺骗）和偿还债务"。

让我们先停下来说一句希腊名言，这句话相对来说较为抽象而富有哲理：你不会在罗马找到它，它也不在俄瑞斯忒亚。早先表达正义的词是更加简短的"*dike*"，即正确的或正义的。"*dike*"这个词普遍暗示一种秩序、平衡或者恢复扰乱平衡的理念。这是一名判官或者陪审团员、正义之人必须铭记在心的。遵循"*dike*"的人是

"*dikaios*",即做事正确之人;他是正义的或正直的。当深思熟虑的人学会哲学地、抽象地思考,他们创造了"*dikaiosyne*"这个词,作为一个"*dikaios*"——公正且正直之人的品质和优点的写照。因此,"*dikaiosyne*"拥有一个更加宽泛的含义——正直——人应当透过行动表现出来的品质。

但是它同样有别于其他的品质,即那些从道德观点中得到敬仰和支持的人类品质。在《理想国》的后续其他部分中,柏拉图阐述了四种最基本的品质——智慧、勇气、节制、正义,似乎这就是伦理准则的标准观点。事实上,在当时的诗歌文学作品中,许多都涉及其中三到四种主流品质,但是其中并不包含智慧。智慧的位置被虔诚所取代,也就是被宗教仪式所取代(通过宗教仪式表达虔诚被看作是优秀品质)。用虔诚代替智慧是柏拉图的创造之一。他认为在指引人们如何生存方面,哲学可以比传统的宗教做得更好。西法鲁斯代表了不经思考的虔诚;人们献身于众神,偿还债务,像被教育的那样做事,但是没有能力或者欲望去问,这一切的背后是什么在支撑。另一种观点认为亚里士多德(《尼各马可伦理学》,v. I,1129^b 29-30)引用了诗人赛奥格尼斯作品当中所说的所有品质都包含着正义的句子,这没有意义。在《理想国》中,当柏拉图将正义描绘成最重要的品质并认为正义囊括了其他所有美德时,他沿用了这种观点。但是在彼时他又将智慧描绘成主导品质,因为它是柏拉图宣称的统治精英、理性以及心灵控制要素所具有的重要品质。将智慧置于首位是追随了他老师苏格拉底的准则。随后我可以推测,柏拉图在给予节制一种莫须有的重要性,以及重新阐释正义以使得它几乎等同"节制"或自制的时候，有一番用意。

勇气作为几种基本品质之一，在柏拉图的排序中没有任何优先权。勇气是一种品质，特别是当它与柏拉图设想的第二个阶层——"辅助军"或者军士——联系在一起的时候。勇气或勇敢的希腊文表述是"*andreia*"，是由"男人"一词发展而来的名词。这可以与拉丁文中的"*Virtus*"一词由指代男性人类的"*vir*"一词延伸而来相比看出。这一派生表明了，在希腊和罗马社会的早期阶段，勇敢或勇气被认为是男性的基本品质或优越性。生理特性上的勇气作为一种品质，在早期形态下的社会当中是最受推崇的，因为社会的兴衰与此休戚相关。

有一个更加稳固的社会形态，就可以有一个更广泛的合作。在这样的社会，外部侵略造成的持续恐惧将会减少。更多的注意力被集中于内部的秩序和稳固，因而，作为城邦公民之间行为的指导规则，正义作为一种基本品质占据了更重要的地位。在雅典，我们已经看到埃斯库罗斯对于法律正义的一些言辞了。

柏拉图顺应了这一潮流。事实是，作为形容词的"*dikaios*"可以拥有包含"正直的"或"正确行动"的更广泛的含义，如同"正义的"一词的狭隘含义，使得柏拉图可以强调正义品质的集中性和综合性特征。这也就使柏拉图写道，似乎正义可以成为一个独立个体或人格的品质（如同智慧、勇气和节制那样），尽管这个词的常规用法可以将正义表述成一个社会，而不是个体的品质。这一品质关注人与人之间的关系，而不是一个独立个体仅仅用在自己身上。

现在让我们回到西法鲁斯身上。苏格拉底从西法鲁斯那里提取出来所设想的正义之定义——诉说真理并偿还债务——很快就显示出了其局限性。苏格拉底将"债务"或"你所欠下的"解释成包含了你所借的东西。他疑问的是,将向一个已经发疯的人所借的剑还给他算不算是一种"正义"。西法鲁斯承认这是不正确的,但是他并没有头绪思考这类问题。因此,他在与儿子勒马克斯的讨论中,很乐意地将自己的角色转交给勒马克斯,继而转向了他的宗教献祭仪式。他是一个没有哲学智慧的人;与他符合的是宗教虔诚的品质:不要追问,只做你被告知是正确的事。如果我们朝着柏拉图所描绘的理想王国的方向思考,西法鲁斯没有能力在那里担任守护者,甚至是辅助军。他的自然禀赋使他更适合于包括工匠、商人、有专长或技能之人在内的广泛的第三阶层——市民阶层。他将追随"正确的观点",做他老师教给他的事。他没有能力找寻到属于自己所从事的事物的真理。

勒马克斯取代了西法鲁斯的位置,并且给予正义一个更加一般的表述,这从某位诗人那里可以发现:正义是"使每个人各得其所应有"。在古希腊人当中,诗人当中关于实践智慧的一般表述经常被标榜为权威性的,与当代西方社会的宗教人士惯用的标榜取自圣经的言辞十分相似。我们可以回忆起一些援引自《奥瑞斯提亚》中合唱团的说辞:我们从苦难中学习;谁的行为谁忍受。事实上,勒马克斯从诗人西摩尼德斯的思想那里援引的表述与在罗马法律传统中成为正义标准的定义相当吻合:"*justitia est cuique suum tribuere.*"正义就是使每个人各得其所应有。这一定义的最大问题是它太过模糊。到底什么是每个人"应得的","属于的","他自己"的呢?

当勒马克斯说这句著名格言并不意味着当一把剑的主人发疯后,这把剑还是应得的之时,苏格拉底向他抛出了上述疑问。然而,关于什么是"他的",什么属于他,从"suum"一词最明显的意义上说,这把剑是应得的,且属于那个发疯之人。

这一问题引导勒马克斯去解释这一众所周知的格言,意思是人们应当维护他的朋友,伤害他的敌人:应当对那些爱你或有惠于你的人施加恩惠,同时对那些憎恨或施以伤害的人施加伤害。这是一种对于美德或正义的功过概念的粗糙说法:以德报德,以怨报怨。这就是在什么是应得的意义上所谓的"应得"。

苏格拉底挑战了这种传统观点,同样使我们回想起耶稣在山上布道的相同挑战。但是苏格拉底通过一种不能被信服的论断发出了挑战。他说,对某人施加伤害或恶意是在人类卓越性的意义上使得他变得糟糕。正义是一种品质,一个高峰,一份人类的卓越性。所以,如果伤害某人是正确的,这就会被看成是正义的一种功能,一种人类的卓越性,使人变得不公正,缺乏人类的卓越性。这一论断是荒谬的。承认正义是一种人类的卓越性,通过伤害的方式减少一个人的人类卓越性并不能暗示所有人类卓越性的减少,包括他自身所拥有的正义。

我怀疑柏拉图是否期望我们信服这一论断。在书的最后苏格拉底反驳色拉叙马库斯的时候,有相类似的谬误。我想这些明显的荒谬论断表明,柏拉图并不认为苏格拉底具有绝对的说服力。在柏拉图的作品(《克里托篇》,49)中,至少有另外一处写到历史上的苏格拉底代表着信仰,反对主流观点,认为侵害那些侵害你的人是不正确的或不正义的。所以，似乎历史上的苏格拉底可能持守着一种比习惯上更加理想主义的正义观点。在《克里托篇》中，苏格拉底深信不疑地发表言论，但是没有清楚地证明他的观点。这可能是一种含蓄的观点，即这样的说法是自相矛盾的：如果施加一种伤害（一种错误）是正确的或正义的。但是整篇文章的主题是认可一种基本的道德（而不是逻辑）准则：认为施加伤害或侵害，甚至是报复，都永远不会是正确的。克里托篇描绘的是苏格拉底的晚年。《理想国》第一章里的苏格拉底更为年轻，而且在思想上表现得没有那么成熟。

在处理完勒马克斯的问题后，苏格拉底要打破一个更大的难题，其一是诡辩家色拉叙马库斯；其次，更微妙的是苏格拉底自己的两位支持者——格劳孔和阿德曼图斯，他们是邪恶的拥趸。他们提出的观点并不是对于具体的正义品格的细化，而是一项普遍意义上的关于法律和道德的理论；这就是说，正义意味着整个法律体系。色拉叙马库斯认为法律体系是人为创造的，意在为"强者"服务，也就是那些事实上的统治者。这很像马克思的观点，认为包括法律和道德在内的社会"上层建筑"是"意识形态的"，为统治阶级服务——除了这一点马克思同样认为，当阶级被消除，就会有一种真正的"人类"道德显露出来。这样的人或者真正的道德包含了服务整个共同体的无私行动。色拉叙马库斯可能会说，与现实中能够发现的传统道德差不多，是幻想的正义。根据色拉叙马库斯的观点，行为举止的唯一天然方式就是利己。只不过大多数人都是迫于法律及其约束力，来为统治者的礼仪服务以免更大的不便。格劳孔对于色拉叙马库斯理论精华的重申有稍许不同，他将法律体系和国家看作是为了避免被更糟糕的暴政（专制）所压迫而建立的社会关系的结果。格劳孔的理论与霍布斯的国家由社会契约而设的理论很相似，而色拉叙马库斯的理论更像霍布斯关于国家依靠征服而建立的说法。（到一定时候我们就会看到，霍布斯比色拉叙马库斯更加深邃，他意识到即使一个国家依靠武力征服而建立，也必须依靠一种达成一致的方法。）

格劳孔说，关于法律和政府的这种观点是流行的。他自己不认同这个观点，但是他并不知道如何反驳它。关于法律和国家的那种老于世故或是"现实主义"的理论总是会有广泛的号召力，因为法律的确依赖暴力。因此，具有诱惑性的是假设法律或国家仰赖于道德，这是一种伪装。我们都知道在政治生活中自利动机占据主导地位，不管是为了理想而行动的声明。因而，绝对化地并且总括性地讨论无私行为永远是一种掩饰，这一点是具有迷惑性的。

为何色拉叙马库斯和格劳孔的观点对希腊人貌似是有理的，还有更进一步的缘由。这种观点是关于国家和法律的一种理论。法律的希腊文表述是"nomos"，同时也意味着习惯。这个词能够同时描述法律和习惯的原因是，法律始于习惯性的实践。普通英美法系源于传统，就像原始社会的法则很大程度上是习惯的产物一样。法律法典体系表面上看有着不同的基础，但是其术语源自罗马法，而罗马法自身成为一部习惯法并且在之后的某个阶段被编写成成文法典。几乎所有的法律体系都包含了规定的章程，被添加于习惯法的基础部分，或者作为法典开头的部分。而且古希腊人对于个别法律有不同于 nomos 的用词，这些个别法律是立法的结果（立法会议的决心），因为这些法条被假设成源于众神的旨意。但是，法律的内容作为一个整体是 nomos（习惯法），而且将法律看成是人类习俗或传统的结果而现实存在，这很自然而然，事实上也基本是正确的。许多诡辩家（修辞学与哲学的传教士）会区分什么是"自然上"正确的（自然科学的主题）和什么是"传统上"或习惯上正确的（一系列的人类行为以及人类行为的规则）。希腊语中用来表示"自然"和"传统"的词是 physis 和 nomos。所以，说法律是人为的、人造的、非自然的，事实上就是同义反复，即是说 nomos 存在 nomōi（nomos 的与格），法律或习惯通过传统作为一种习惯而存在。

但是因为法律事实上总是很快就会包含道德正义的内容，即那种容易秉持的观点，那种事实上的同义反复就转为一种更宽泛而且更难以察觉的理论，这种理论认为正义，以及事实上的道德作为一个整体，与法律一样，由传统而存在。柏拉图和其他人反对这种观点，一部分是因为他们认为这是危险的，一部分是因为这存在严重的哲学困境。

然而，由于我们的讨论关注的是作为一种特殊品质的正义的概念，而不是墨守成规者和相对主义者的将道德作为一个整体的理论，我们现在可以从色拉叙马库斯和格劳孔的理论转向柏拉图自身了。

柏拉图描绘了"心中的"正义——或个体的正义与社会的正义之间的区别和类比。正义关注个体之间的关系，而且即使它不必涉及法律或者整个社会运行的方式，它仍然要涉及一个团体，甚至一个小团体。在家庭内部（通过家庭之间的对比，父母可能正义或不正义地对待子女），在朋友圈子或组织内部，或由老师和学生组成的团体内部,都有正义与非正义。但是究竟如何解释一个单独的人在一座荒岛上如何体现正义呢?柏拉图是在更加宽泛的正直或行为正义的意义上使用正义这个词的。你可以将它看作是个体的品质,或者说在他与他人的关系上是独立自主的(即使有人可能对此存在疑问)。无论如何,在正义或正直作为个体的品质方面,柏拉图想要强调两点。第一,他想要敦促,正直不单单是采取明确规定的行动(像西法鲁斯展现的理所应当的献祭以及偿还债务),它同样也包含了以道德精神采取行动。第二,他想要敦促,正直是一个综合性的概念:即使它有别于勇气、智慧和自制(以及其他较小的品质),它将这些品质联系在一起,确切地说是因为它传达了道德的精神——由某种责任感或理想主义去尝试做正确的事。

柏拉图对于正直或道德的实际界定是特殊的。他将心灵或人格的不同要素之间的关系看成是平衡或和谐的。毫无疑问,这样一种有理性控制着的平衡是理想的,但是我们不会将它看成是正直或任何其他具体的道德品质。毫无疑问,与我们从圣经中继承的伦理观点相比,古希腊关于道德品质的理念较少关注服务于他人的观点。虽然,我不认为柏拉图的观点应当被看成是希腊思想的典型代表。这是他关于社会中正义概念的副产品,对于他自己来说毫无疑问是特别的。

在《理想国》关于正义的讨论中,柏拉图有着政治与道德的双重意图。他说如果我们首先看一看正义在社会当中的普遍情况,我们就会更加容易理解正义作为个体品质的本质。但是他讨论社会中的正义的目的,不单单是作为一种理解个体正直的方式。对于一个良序社会的样子他有着明确的观点,他正是通过正义的概念去表达和传递这种观点。

他将社会中的正义看作这样一种情况,即每个人都坚守在适合自己天性的职位上。在柏拉图描绘的简单的、初级的和劳动分工的社会中,我们第一次看到这种想法。每个个体可以为自己做任何事,但是他要继续下去将变得非常艰难。个体是很难能够完全自足的。如果通过劳动分工和商品交换,生活将变得更加简单和舒适。人与人之间需要互相帮助。这就是社会存在的原因。当苏格拉底描绘这种简单形式的社会时,他曾追问在这样的社会中去哪里找寻正义。阿德曼图斯说(372a),"我不知道,至少它或许会在人们的相互交易中体现"。无疑,阿德曼图斯认为相互交易的事实,包含了公平交易的理念。后来,关于亚里士多德的交换正义的论说,就是指,人以公平价格交换同等的商品价值。柏拉图并没有从这个意义上接受这种解释,并且在进一步谈论一个更加复杂的社会的时候,将这种观点置之一旁。

第一,未发育完全的"城市"提供了经济的必要性,而不是奢侈。格劳孔说(372d)第一座城市是适合猪的城市。他并不是想说这是不堪入目的。他是想说这样的城市单纯是为了生理需求而服务,这种需求上人类与动物一样。如果一座城市开始特别关注人的欲望和能力,那么它就必然会发展。正如一座奢侈的城市或社会被描述的那样。这会有它的危险之处。这带来了一种外族人为了它的财富而侵略它的诱惑,所以城市需要军队。它同样也给它的市民提供了超额的东西,所以它需要教他们如何克制。它可以提供特殊的人类品质或卓越性,而且同样允许相反的,人类的堕落或恶习,所以它需要教育系统、统治者以及在必要时候推行法则的一群人。所以,在第一个城市中存在经济上的分工,被辅之以社会或政治上的阶层划分。应当存在三个阶层:守卫者或统治者;辅助军或军队;剩下的那些决定社会经济生活的人。

劳动力的经济分工是社会的基础。这对于人想要过一种过得去的生活是必要的。所以,这是社会的一个必要条件,但是严格地说,它不是一种品质,因为纯粹的社会经济形式既不要求(优良)品质也不要求恶习。优良品质被要求维系第二种理想城市:统治者需要智慧的品质来充分实现他们统治的职能;军队需要勇气作为他们维系安全和秩序的特殊职能的品质;而且依据柏拉图的说法,所有阶层都需要自制或节制的品质来接受自己的角色;剩下的正义品质是各个阶层呈现自身适当角色的平衡或和谐。

当柏拉图最后在《理想国》(IV,433)中阐明了他关于正义的定义的时候指出,劳动的最初分工,如同上文提到的第一个社会,是理解正义的线索。但是他并没有说经济上的分工实际上就是正义;它是正义的影子或外表。在解释为什么经济的分工不是正义时,他说(434),如果人们改变经济功能不会带来很大的危害(比如木匠和修鞋匠交换工作和工具),"或者同一个人履行两个职能"(然而在诉诸正义的时候,要求一个人从事一份工作);但是如果在社会职能上有所改变则是灾难性的,那就是如果有人从一个阶层转移到另一个阶层。柏拉图并不是真的在担心统治阶层或军队阶层的一员可能会成为工匠或商人。他通过说明从生产者和商人进入统治者或军人的阶层来表达自己的理论。真正困扰他的是那些天性只能做生产者或商人的人却试图能够影响政治秩序或军队安全的可能性。他们没有能力从事这样的事，所以社会可能就崩塌了。当柏拉图说经济阶层内部的运动没有影响的时候，他也是在说如果一个人从事一项以上的工作没有影响，只要这些工作都是经济性的工作。当他坚称正义要求一人从事一份工作，他的关注点是防止低层的诉求，那些人缺乏智慧或勇气的品质，却试图与从事生产一样来统治或战斗。这就是柏拉图反对民主的全部。雅典民主对自身感到自豪是基于这样的事实，它拥有公民组成的军队和议会。所有公民都被认定既能够帮助保卫国家又能够帮助它的正常运转，真正地参与防卫、政治决定、法律执行，被视为民主共和国的一种荣耀。

对于民主的批评，指责民主人士是爱管闲事之人（*Polypragmosyne*），"干涉许多事"，而不是在社会中属于自己的一席之地里安于自己合适的事业，柏拉图支持这种观点。他相信的是精英治国。他认为政治所要求的领导能力源自特别的恩赐。他说这种特别的恩赐需要智慧，即哲学的归宿。这部分是因为他自认为自己很擅长于此，但是更多的是因为他对苏格拉底被雅典民主所定罪一事感到愤怒。他相信苏格拉底，或是一个理想主义的苏格拉底，可以被设想成统治阶层的哲学王。然而，从现实主义上看，柏拉图政治观的要点并不是政治领导者应当是哲学家的特别建议，而是他相信雅典在与斯巴达——一座拥有军队领导权的精英城邦——的战争中战败是民主的责任。柏拉图并不赞赏斯巴达式的国家形式。他珍视希腊的文化，所以他建议军队精英应当为智慧精英所替代。但是他确实认为雅典由于民主政体而遭遇了灾难,在这样的政体中,任何一个汤姆、迪克或哈里都能影响政治决定(任何一个人都可以影响政治决定)。

这一切都是明白易懂的,但是为什么把精英主义的原则叫作正义呢?一个原因是精英主义的原则体现了正义的概念,因为分配依据价值。这种理念认为包括责任在内的利益与障碍应当依据美德或价值来分配,而且一种"价值"是从事特定工作的天赋或能力。但是我认为柏拉图还有其他理由。在他的年代,如果不是在希腊的其他地方,而是在雅典,正义已经被视为主要的社会美德、社会所必需的品质和社会所带来的主要利益。然而,在一个民主社会,正义与平等和全民参与联系在一起。柏拉图认为这是具有误导性的。但是自从正义这个词被如此重视,正义就在它流行的民主情境下是一种不好的东西,并且应当被等级秩序和规则所取代,这样的观点是与这股浪潮背道而驰的。所以柏拉图通过这样一种方式谋划他的论点,即等级秩序和规则的原则与被赞誉的正义之名是一致的。

我这样说是因为柏拉图对于"节制"或自制的说法与对正义的说法并没有本质的区别。这两者都被看成是这样的条件,即在城市里以及在心理上,每一种不同要素都在与其他要素的关联中扮演着特殊角色。

城邦中的三个基层由心理上的三个要素来互相比较:理性、激情、欲望。在城市中,统治阶级拥有的智慧品质,与通过理性要素获得的心理上的智慧是相一致的。城邦当中由军队阶层所展现的勇气,与心理上表达的"激情"相一致。与智慧和勇气的品质都指涉城邦中的特定阶层和心理上的特殊要素不同,剩下最基本的节制与正义品质，关乎所有三个阶层或要素。但是足够奇怪的是，柏拉图对于这两种品质的描述没有区分出二者多大的差别。

当智慧的统治者进行统治，勇敢的军队以武力支持，第三阶层接受这一规则的时候，节制在城邦中得以建立。当城邦中的每一个阶层都坚守自己的职责——第一阶层统治、第二阶层以武力支撑统治、第三阶层接受国家的秩序——之时，正义得以建立。区别在哪儿呢？在心理上，节制源于理性，基于"激情"，控制欲望，而且让欲望不是反叛而是接受理性的控制；正义源于三种要素中的任意一种都坚守自己的职责，用理性来控制欲望，让精神给理性提供帮助，让欲望接受从属。区别在哪儿呢？评论者告诉我们有一种微妙的区别：节制从每个要素的观点出发来描述情境，而正义是作为一个整体、一种平衡或和谐来描述情境的。或许吧。但重要的是我们对同一种情境有着两种描述。

在希腊语的一般用法上，正义的概念作为一种特殊品质被应用到社会中，而不是个人的内心或人格上（我们已经提到过这一点）。另一方面，作为节制或自制而被翻译的"*sophrosyne*"这个词，在希腊语的一般用法中是指某个个体的性情，而不关乎社会。一个人如果是自制的、精明的、在理性的指引之下，那么这个人就是"节制的"（*sophron*）。当柏拉图把它运用于社会，他是在个体特征的理想状态和他认为的社会的理想状态之间做了一个类比，后者被叫作原则或设定的秩序，在这里潜在的不守规矩的要素通过国家及其暴力机构受到法律和秩序的约束。坚信原则的精英可能会将这种理想的社会情境和个体特征当中的"自制"相比较，并且因此可能会将这种"节制"应用于一个秩序良好的社会。

现在让我们看看《理想国》(Ⅳ)中的篇章,在那里,柏拉图阐释了他对于正义的定义。他已经证明了其他三种基本的品质。他的理想社会证明了统治者所拥有的智慧品质以及军队阶层拥有的勇气品质。当阐释"节制"的时候,他并没有像你预想的那样,宣称这可以从生产及商人阶层(那些接受自己的从属地位并且同意追随统治者的秩序的人)中得到印证。相反,柏拉图说节制可以从所有阶级接受自己统治、支持和遵循的预期角色中得到印证。

接着他谈及正义。他的代言人苏格拉底说,正义永远都在面前。它就如同劳动分工;它是每个人应当表现最适合自身能力的原则。接着,苏格拉底说(433a8ff.):

"正义是做你自己的事,不做爱管闲事之人,我们从许多人那里听到这样的话并且经常这样形容自己。"

"是的。"格劳孔赞成道。接着苏格拉底说:

"好吧,不论如何它恰好表明做你自己的事是正义的。"

苏格拉底为什么要重复一遍呢?如果正义是做你自己的事这句话是普遍的,那么苏格拉底为什么现在要说"不论如何它恰好表明做你自己的事是正义的呢?"

让我们现在回顾下先前的句子,同样使人费解:"我们从他人那里听到,我们自己也经常说,正义是做你自己的事情并且不去干涉其他人的事。"这是在哪里说的呢?如果它确实是希腊一种普遍的观点,就有理由期待它会被亚里士多德提及。因为亚里士多德在他自己的实践中,在证明他自己的分类和综合的时候,会对普遍观念作出解释。而事实上，亚里士多德对这种特殊的正义观只字未提。目前还没有学者从柏拉图以前的作者中发现这种观点的证据。

还有，那么"我们经常这样来说自己"这句话呢？在柏拉图其他的哪个作品中可以找到这句话呢？学者们对此提出了疑问，除了一个例外——他们捏造了这个回答。举例来说，F.M. 科恩福德❶在一篇文章的一个注释中说："如果'正义'在这里代表一种宽泛的'行为的正确方式'，'正确决断'的意义，那么它必然在《理想国》中已被多次提及。"最后一句话暴露了他的不安。这一表述在《理想国》中被多次表述的说法，是错误的。《理想国》(Ⅱ)中说，人们会从劳动分工中受益；但它并没有说这是行事的道德上正确的方式。当然，在我们当前的表述以后，这一定义经常被提及。但是在这一刻，它是第一次被提及。

詹姆斯·亚当❷，希腊文《理想国》最好的编辑者，问过这样一个问题："从哪里可以看到这种说法？"回答是："据我所知，目前没有哪处（可以看到）。"接着，他暗示了一种解决由此疑问引起的真实问题的可能的办法。他提到，关于正义的定义只能从柏拉图往后的一部作品（事实上几乎可以断定不是柏拉图写的）——《亚西比德Ⅰ》——中得到。这部作品中的正义的定义纯粹就是追随了《理想国》中的教条。亚当猜测，柏拉图应当指涉的是对话，而不是写作。但是，奇怪的是，柏拉图对话查米德斯在一个地方说节制是"做

---

❶ F.M.Cornford（trans.），*The Republic of Plato*（Oxford:Clarendon Press,1941），124n.

❷ James Adam（ed.）*The Republic of Plato*（Cambridge：Cambridge University Press,1902;2nd edn.,with introduction by D.A.Rees,1963），i.239,note on 433b9.

你自己的事",坚守你预设的岗位;在《蒂迈欧篇》记述的另一次对话中也有相关暗示。亚当由此推测,《理想国》中的"我们从他人那里听到,我们自己也经常说,正义是做你自己的事情"这句话中的"*dikaiosyne*"(正义)这个词或许是"*sophrosyne*"(节制)这个词的抄写错误。这就足够明确了。一个中世纪的修道士,抄写手稿,遇到这样一句话,旨在说明 *sophrosyne* 就是做你自己的事。他对自己说:"喔,这是早前抄写过程中的一个错误。我们都知道在柏拉图的《理想国》中,'做你自己的事'就是'*dikaiosyne*'。"所以,他做了这个勘误,但事实上,它却造成了一个错误。

如果我们接受了亚当对于这句话当中 *sophrosyne* 一词的修正,整个篇章将变得更能理解:

——苏格拉底:"正义是做你自己的事,不做爱管闲事之人,我们从许多人那里听到这样的话并且经常这样形容自己。"

——"是的。"格劳孔赞成道。

——苏格拉底:"我们从他人那里听到,我们自己也经常说,正义是做你自己的事情并且不去干涉其他人的事就是自制(遵守规则)。"

——格劳孔:"是这样的。"

——苏格拉底:"好吧,我的朋友。不论如何,它恰好表明做你自己的事是正义的。"

正如亚当察觉的那样,这就使得文章更加容易被理解了。然而,人们也可以更进一步,并且证明它能够帮助我们理解柏拉图的意图。亚当说 *sophrosyne* 的品质并不总是与 *dikaiosyne* 相区分(在这个词的作为正直的一种普遍品质的意义上），所以他借由《查米德斯篇》和《蒂迈欧篇》中的相关记述传递这种流行的观点。但是《查米德斯篇》（161b ff）认为，如果把所提议的 sophrosyne 的定义放在个体的节制或自制的正常意义上来看，几乎没有什么特别明显之处。它将 sophrosyne 看成是社会和社会准则的可取特征。这完全不是这个词的普遍或流行的意义。而且，《查米德斯》中关于"社会准则是坚守你自己的职责"的说法，源自克里提亚斯———一位政治贵族，意图说服柏拉图加入寡头统治的被称为三十僭主的国家。他和查米德斯都与柏拉图有关系。在《理想国》中，柏拉图采纳了这种寡头统治的表述，但是通过给其贴上正义标签，他试图让它变得易于被接受。这就是为什么柏拉图对于节制或自制的表述与正义的表述实际上一模一样的原因。他意图推荐一种寡头统治的教条但是试图通过给予它一个更加流行的品质的名号——正义，来使得它更流行。他有能力这样做，因为长期存在的正义的优越概念，准许一个人宣称国家应当被一个拥有如此天赋的人统治，而不是被任意一个人以及所有人（统治）。

如果我们从他试图证明他的正义观点的争论出发，我们可以看到，柏拉图的正义定义并不是任何一贯意义上对此理解的反应。苏格拉底（433e）说道，在法庭的审判当中，法官的目标是确保利益相关方不能得到属于他人的（东西）或者被剥夺属于他的东西，因为这就是正义。他接着说，因此正义是"拥有以及处置"一个人自己的（东西），这是被普遍接受的。柏拉图在这里呼吁的证据是，法庭的实践在于，每个人应当拥有他自己的东西。但是，将其趋近他自己的正义定义，柏拉图不得不说被接受的观点是：正义是"拥有及处置"你自己的所属。法庭实践的准则没有言及任何有关如何"处置"，柏拉图自己的定义也没有言及任何有关如何"拥有"。他不得不歪曲普遍的观点以及自己的观点，从而假装它们之间相互协调，即普遍观点支持他的观点。关于正义就是坚守你自己职责的观点，源于柏拉图，也只能源于柏拉图。

第5章　亚里士多德

亚里士多德的正义思想最多的见于《尼各马可伦理学》的第五卷。但其际遇并不如我们想的那样。首先，最大的障碍是亚里士多德作品呈现给我们的形式。其文本显然是一系列讲义或类似的形式，而非已完稿出版的作品。其内容也被早期的编辑重复、穿插、省略，甚至犯有一些排版错误。其次，亚里士多德会在特定的讨论中引入一些不必要的晦涩言论。他有一个普遍的理论认为，每一个美德都是过剩和欠缺之间的平均值，他试图把这一点引入正义之论，但它不十分恰切。他也热衷于主观判断各类数学公式，这也被证明是无用的。亚里士多德在他的时代，是一名杰出的生命科学家，作出过重要贡献。此外，在更普遍的理论物理上（作为他那个时代被观察到的主题），他是一名深刻的思想家。他对形而上学和心灵哲学的杰出贡献，极大地受其对科学理解的影响。但他在数学上并非天赋异禀，他想用数学方式处理正义的概念在伦理道德上是幼稚而过分简单的。这既不促进对正义的理解，也不增加相关的洞见；它只是模糊了某些观点。

也许还有人会抱怨亚里士多德的言论，他不把不同的元素融合成一个有机的整体，莫名地忽略了司法正义。

然而，尽管存在这些批评，但亚里士多德在处理这些问题的方法上与柏拉图有着天壤之别。亚里士多德真正地尝试用科学精神探究事实，他厘清正义的不同部分，敏感细致地使用语法（尽管可能存在一些可疑的词源），准确地定义伦理思想地图上的概念并将之统合为一个整体。柏拉图的方法更引人入胜，但亚里士多德则向世人传达了更多的启示，这两位古希腊先贤的思想都可视为今后分析的模型，以供参考和改进。

亚里士多德通过描述普遍与特殊正义之间的区别展开讨论。他通过普遍道德正义确定了一般正义，这也提醒我们，柏拉图《理想国》的领先之处。比起法律，亚里士多德对普遍正义的想法更多地受柏拉图的影响。他说，在开始时，（第1章）诸如"正义"和"非正义"的词汇在（1）"合法的"和"非法的"或（2）"公平"和"非公平"的含义之间是模糊不清的。在今天，我们可能将之比作法律和道德正义之间的区别。在法律上，我们用"正义"一词适用于整个法律系统。亚里士多德的思想特别接近于希腊词"不公平"（adikon），这意味着"错误以及不公平的"；而相对应的，"正义"（dikaion）也意味着"正确且正义的"，但这种宽泛的界定在否定词上更为明显。在古希腊，如果一个人想要说自己错怪了他人，做错了事，犯了法，那adikon一词和它的同源词自然会被使用。从非正义具体概念的语言特点中可以发现，或者说，也许，语言的使用保持着思想的早期状态，法律和道德缺陷之间、一般意义上的违法行为与较为具体意义的违法行为之间并无天差地别。

接着，亚里士多德以道德美德和道德罪恶的概念确定了法律意义上的正义和非公正之意蕴（即遵循法律和违背法律）。他之所以得出这个结论是因为他认为法律的目的是促进美德和规避罪恶（法律要求我们践行美德和禁止我们尝试任何罪恶）。

我们不该就此坚信这就是雅典法制功用之最恰切的描述。这是亚里士多德从假设中推演出的最为大众接受的论断。他首先声称，法律的目的在于维护共同利益，或是统治阶级的利益。这已是再合理不过了。接着，他认为法律要求人们行勇者之事（不擅离职守或在战场上临阵脱逃、丢盔弃甲），行自律之事（不犯罪通奸、行为不端），要求人们温柔和善、彬彬有礼（不攻击诽谤他人），以及其他应该践行的美德和规避的罪恶。

亚里士多德所举之例也可以在现代法律体系中寻踪。现代军事法也要求士兵们在战场上不得擅离职守、临阵脱逃、丢盔弃甲。但这些禁令并不意味着法律囊括了我们应该遵循的所有有关勇敢的美德。消防员的行为规范要求其职责是进入火场，然而没有哪一个现代法律要求我们其他人也去火场中营救生命——虽然这样做会被认为勇气可嘉。没有哪条法律要求我们在失去至爱之人时还依旧要乐观坚忍——虽然这样做是勇敢正义、品德高尚的。因此，没有理由认为雅典法比现代法律的要求更多，尽管在希腊文学中我们很明显地看到，希腊人和我们一样，并不认为勇敢这一美德仅仅体现在战场上。

再者，想一想亚里士多德所举的反例来体现自律之美德。他说，法律禁止私通和侮辱他人。而现代西方法律体系中"私通"已不触犯法律，这更多的是一种民事不法行为，成为离婚的诱因（至少是这一诱因的证据）。侮辱行为在某种程度上则可能是一种犯罪行为。但是，其他对他人缺乏自控的行为没有被法律禁止：如嘲笑他人的缺点或在聚餐中贪婪吃喝而给其他人留下的东西所剩无几。亚里士多德的第三种分类是一枚硬币的另一面：一个和善绅士之人同时也是自律的，甚至他根本不需要去控制自己的欲望。同样的，亚里士多德所举的例子，攻击诽谤他人在现代法律中也是一种犯罪或民事不法行为。但法律也并不因此要求我们为了获得道德赞扬而去践行所有成为彬彬有礼、脾气温和之人的行为——如忍气吞声、隐忍不发。古希腊人和我们一样，会认为这样的人温和绅士，并将其视为道德楷模，但这并不意味着法律要求他们这样做。

不管怎样，亚里士多德确实得出了这样一个推论：法律的目的是惩恶扬善。但是，他多加了一句：现行的法律总是在或多或少地践行这一目的。更广义的正义，法律正义或普遍正义，可以被认为包含了所有的美德。亚里士多德增加了一个条件，正义只有在与他人相关时才是一种绝对的美德。为了印证这一说法，他在此（以及第六章）引用了柏拉图《理想国》第一卷中色拉叙马库斯的观点，而这一观点毫无疑问代表了一种共识："正义是一种他人的美德"。柏拉图试图在《理想国》中否定这一论点，因为他想要反驳色拉叙马库斯，正义或正当性同时也使践行正义者受益。亚里士多德引用这句话，是为了说明正义符合所有的美德，这在希腊人群体中是更有认知度的。至于我们，则认为正义是一种社会美德。有些美德在古希腊人看来，可能只是一种个人美德：谨慎，可能表现为自律、节制，有时候也表现为勇敢（如忍受恶疾之苦）。尽管柏拉图力证正义之美德根植于个人的灵魂,但正义并非如此。如果我们遵循亚里士多德的条件,那我们对法律与道德的关系将会有一种更为精准的认识。法律的目的是实施某些道德的目的,特别是最大限度地保护个人与集体,使其免受他人行为的伤害。

简单地厘清了所谓的普遍正义后,亚里士多德开始转向更为具体、特定的正义。首先,他将之定义为"公平"一词,而相反地,普遍正义则意为"合法的"。他所用的希腊语中的"公平"(*ison*)一词语义上为"平等"。因为一词两意,亚里士多德并没有严格区分它们。他将公平或正义解释为"比例平等"。

亚里士多德认为有两种特定的正义:分配正义与矫正正义。分配正义与分配荣誉、钱和其他东西相关。大卫·罗斯先生在20世纪20年代写了《亚里士多德》一书,他在书中评论了涉及正义这一概念的诸多变化。罗斯写道:"分配正义听上去无比新奇,我们并不习惯认为国家为其国民分配财富,我们反而认为,我们缴税而去分摊国家的负担。"❶ 在20世纪20年代,没有人听说过福利国家,尽管劳合·乔治已引入了一个为低收入者、无业者养老金设计的国家保障方案。今天我们对社会保障耳熟能详,反而是罗斯的说法让人感觉奇怪了。同时这也提醒我们,分配正义的概念至少同时适用于分配利益与分配负担,也同样适用于税收政策,社保收益与社保费用也一样;而以政治利益而言,税收政策或许是更为重要的。

罗斯接着重复了另一位学者的观点,在古希腊,"公民认为自己

---

❶ W.D.Ross,*Aristotle*(London Methuen,1923;4th edn,rev,1945),210.

是国家的主人而非纳税人"。有时,这句话是指一种公共资产的分配,如分配一片新殖民地的领土,此外,还包括福利国家对穷人的供给。罗斯指出,亚里士多德举的一个以出资贡献率进行分配的例证说明他也在思考商业中公平的利益分配。在《政治学》一书中我们可以看到,亚里士多德提到荣誉的分配时,他将政治权力与其他因素一并考虑。因此,我们不应将"分配"只作字面意义的理解。它也涵盖了对利益和责任的正义分派。《伦理学》一书中也简单提到了这一点,当分配相当于"应有"或"应得"时,民主党人会将之理解为自由者的身份;寡头统治者会理解为财富和高贵的身份;精英群体会理解为"美德"或优点。

根据亚里士多德所言,如果遵循"比例平等"的原则,那就是一种正义的商品分配方式。他将之称为平等是因为"公平"(他用来统称特定正义的词语)一词同样有"平等"的含义,且他正式的描述体现了一种比例同价的想法。但这种正式的描述不过是告诉我们利益的正当分配基于价值。如果 A 比 B 更有价值,那他则应该获利更多。这意味着,当且仅当潜在的受益者价值相当时,那他们对利益的分配应该是平等的。

许多政治哲学家依旧认为亚里士多德的基本理论是一种对分配正义的正确描述:等额者等额分配,不等额者不等额分配。亚里士多德认为,民主者对分配正义的想法与贵族寡头者截然不同。我认为,民主党人对正义有一种平等主义的想法,而非民主人士则会倾向于功过主义。亚里士多德认为,所有这三种分类都或多或少地包含了功过主义的想法,但区别在于它们将何种善品(merit)或"价值"

作为关键。

他以一种奇怪的方式举例，并在《政治学》一书中作了更详细的阐述。他说，民主党人认为，既然公民在自由这一方面都是平等的（他指的是，与奴隶相比，他们都有一个自由人的身份），他们在所有方面都是平等的；而寡头政治的支持者认为，既然人们在财富上是不平等的，那他们在所有方面都是不平等的。这种希腊的政治态度是最不可信的。雅典的女人和男人一样，或受奴役，或生而自由，但雅典民主者并不认为，一个自由民的女人和一个自由民的男人一样，有权参与政治、加入陪审团、等等。寡头政治的支持者也没有任何理由认为，富有之人也是最天资聪慧或身强体壮的。

亚里士多德在《政治学》第三章中有关行使政治权力的质量或能力的讨论则更为明智。他说，如果我们要分配长笛，那么最好的长笛应该给最优秀的长笛演奏家；这使得长笛能最有效地被利用。将这一比喻类比到政治上，亚里士多德认为，由于城邦（有组织的政治团体）的存在是为了美好的生活，它需要由那些了解并践行美好生活之人（即品德优秀者）统治。根据这一说法，亚里士多德支持了贵族政治概念上的分配正义，即参与政府的资格应根据美德而定。但他没有指出贵族误认为在某一美德上不平等者在其他方面也是如此。

真正的问题在于，什么样的品质与政治参与有关。寡头者认为是财富。他们认为富人在政治社会中比穷人有更多的份额，因为他们有更多的东西可以失去；因此他们，也仅是他们，应该参与政府。同理，财产资格是投票权的保证。有人也会说，要了解政治的内容，受教育程度也是必要的。古雅典的民主党人认为，作为一种正义，所有的自由民男子都有权参与政府，他们认为在这一社会中，所有自由的成年男子都是有政治参与能力的，最主要的原因并不是因为他们是自由民，而是相对于奴隶、妇女和儿童而言，他们没有能力上的缺陷。如果你认同有一些人先天或后天地存在一定的缺陷（不是妇女和奴隶，我们说的是智力低下者和在押的罪犯），那你剩下的假设就是，其他所有的正常人，都有作出判断的能力。简而言之，你认同有资格的平均主义。希腊的民主人士并不认为，自由的平等意味着各方面的平等。他们简单地认为，那些不存在不成熟（儿童）、性别（女性）或社会地位（奴隶）问题的人都同样有能力为城邦的共同利益做决定。

亚里士多德分配正义的概念中，需要被进一步探讨的则是"应得"与"价值"的概念：在现代讨论中，我们倾向于以"应得""应有"来思考分配正义的概念。而紧接着，我们要解决的问题是何谓"应得"。它是基于我们自身的努力还是基于取得的结果（尽管这一结果只倾注了点滴努力）？抑或是这一问题关乎何者造福了社会？在《伦理学》有关正义的讨论中，亚里士多德并没有深入探讨这些问题。但在《政治学》中他举了一些例子来说明"价值"：如自由民的身份、财富、美德、演奏长笛的天赋。这些例证说明，亚里士多德对价值的认识并不与我们所言的"应得"一致。作为自由民并无任何功绩可言，自由民只不过是生而幸运没有沦为奴隶。而获得财富则可能有功绩于其中，但这取决于财富的积累只靠自己的辛勤劳作而非祖产荫庇。美德中也有功绩，如若这是努力和艰难选择的结果，而非仅仅得益于善良美好的天性和幸运的家庭环境。至于长笛演奏者的天赋，那更多的是幸运的成分，但如果长笛演奏者孜孜不倦地发掘天赋的话，那他也可被称为是有功的。

亚里士多德并不为这些问题所惑，因为他所认为的"选择"并不包含有关自由意志的清晰概念。他所用的 *axia* 一词，被译为"价值"最为恰当。而他认为这一词既包含了努力获得的价值及其相反的情况。

亚里士多德第二种特定正义则称为矫正正义。他所说的并非司法正义或我们今天所说的刑法，而是相当于民事法中的某一部分。也就是如何赔偿违背契约和民事侵权的行为。他区分了自愿交易与非自愿交易。他认为当签订契约时，双方都是自愿的，而当有人受到民事侵害时，则非自愿了。亚里士多德的区分意义也不大。但在违约的这一例子中，既然受害方并不是主动破坏契约的，那重要的就应该是：自愿签订契约者并不要求矫正违约之误的正义。亚里士多德的区分仅仅阐释了民法中的两种分类。

亚里士多德对此类正义的描述并无实际所指。他探讨了很多侵权者所得与受害者所失之间的数学平衡关系。且他认为法官的职责是将如今的平等关系恢复如初。亚里士多德所言想要获得一种词源上的支持，而这一词源是未曾听闻的。他说，正义（*dikaion*），是一种中庸（*dicha*），"似乎有人将会提到 *dichaion* 一词"，而法官（*dichastes*）则是一个中间调停人。他还引用了一种在民事争端中称呼法官的习惯——中间人，他认为这一称呼是因为法官寻求一种中庸之道来调解诉讼双方。

这些都源于亚里士多德想要支撑起这一理论，即正义和其他美德一样，是一种中庸之道。而矫正正义就是为了寻求平等。现代文献学家比起亚里士多德，掌握了更多词源学知识，他们告诉我们，dike 和 dikaion 这两个词与中庸毫无关系。而至于称法官为"中间人"的说法，其原因并非他的判决要平衡诉讼双方，而是他站在对立双方中间，希望将这种对立关系化干戈为玉帛。

亚里士多德矫正正义的结论就是：侵权者所得与受害者所失相等。在具体情况下，这意味着什么？是不是意味着侵权者必须恢复他所掠夺的东西，而如若恢复不了，则要弥补等价之物而换取平衡？罗斯❶认为，亚里士多德的学说远深于此。它同时考虑了道德与智力的损害以及身体、财产的伤害。尽管他将"道德与智力的损害"置于单引号中，但他并没有说明引用来源。哈迪❷引用《大伦理学》时加了一些润色。亚里士多德认为犯错者应该承受比他施予伤害更大的惩罚，因为他是第一个开始并犯错的。这两者都有错。尽管如此，我们也没有更清晰明了，因为我们不知如何补偿才算正义，也不知补偿该如何计算。

亚里士多德对矫正正义的阐述比分配正义少得多。可以明确的是这两者截然不同。矫正正义并不是根据比例平等的原则（也就是根据价值与应得）来分配事物。亚里士多德认为，矫正正义是根据平等的计算比例来安排事物：他想要保持正义的每一部分均衡——虽然现代数学并不将之称为均衡。矫正正义与一种简单平等有关。

---

❶ W.D.Ross,*Aristotle*,211.

❷ W.F.R. Hardie, *Aristotle' sEthical Theory*（Oxford:Clarendon Press,1968），193.

双方在错误发生之前是平等的，则在错误发生之后也要恢复先前同等比例的平等。法官们并不考虑不同的价值与应得。

因此需要注意的第一点是，民法的正义与分配利益和地位的政治正义不同，它忽略了价值与地位，并将所有当事人都一视同仁。第二点，虽然亚里士多德没有强调，但从矫正正义这一名称可以看出，法庭存在的意义就是在错误发生之后，将一切恢复如初。正义的形式是恢复式的，其目的在于维持现状。亚里士多德确实说过，法官将一切恢复到之前假定的平等状态，但比起恢复，他更强调平等。

接着，他转向另一种毕达哥拉斯学派的观点，但对此他大加批评。毕达哥拉斯认为，正义是"相互性"或"回报"，希腊语中，*antipeponthos* 一词，语义上意味"承受回报"。因此，人们认为毕达哥拉斯的观点是一种复仇原则。也就是正义要求犯错者要在事后承受同等的伤害。这一点，亚里士多德在《大伦理学》的讨论中明确确认了，《尼各马可伦理学》一书中也含蓄地体现出来。其中，亚里士多德说，人们想要以"拉达曼提斯的正义"来明确相互性的概念。"如果某个人自食其果，那就是真正的正义了"。在希腊神话中，拉达曼提斯是冥界三判官之一。因此，毕达哥拉斯的观点是一种惩罚正义的理论，与针对不法行为的公法有关，也就是我们今天所说的刑法。奇怪的是，在《尼各马可伦理学》中，亚里士多德认为这是一种民法的正义、矫正正义或甚至是同时涵盖了矫正正义与分配正义的正义。

亚里士多德并没有费心去证明这将不符合分配正义（尽管我们可以说事实上以价值来分配物品、荣誉，也同样意味着我们可以以过错来分配罪恶、惩罚）。他不会去证明这不符合矫正正义，因为他说，矫正正义不总是需要简单的相互性或回报性。他举了个例子：如果一个执政官（主管政治议程的两名公共官员之一）袭击了一位公民，那他再被对方回击时，这并不是正义的。另一方面，如果是一位公民袭击了执政官，那就不仅仅是回击这么简单了，这位公民要遭受额外的惩罚。亚里士多德假设了一个场景：如果一位公民在集会（或是其他类似的场合）上不守秩序而执政官在正式场合中则扮演秩序官的角色。如果这位公民没有遵守执政官的要求保持安静，而执政官用官杖击打他以示强调，那这个公民就不应该还手。但如果这位公民因被要求保持安静而恼羞成怒打了执政官，那执政官则不仅仅要还击，还可以要求法院传唤他并要求惩罚。

将毕达哥拉斯的正义观看作回报不是一种令人满意的方式。毕派学者可能想到的是复仇的道德基础，刑法的前身。亚里士多德本想将此观点引入民法的矫正正义；接着，他观察到有些情况下民法不考虑赔偿，且有些情况刑法也适用，甚至他举的执政官打公民的例子也被纳入公法。因为执政官回击公民的豁免基于一个事实，即在此情况下，他的身份是一名公共官员而非个人。

奇怪的是，亚里士多德竟压根没有考虑过司法正义。人们会希望通过他提及的回报性与"拉达曼提斯的正义"之关系来遵循司法正义。这一疏漏之处令人惊讶的是，柏拉图不止一次想提出有关惩罚的改进理论（如《理想国》第6卷），而我们则期待亚里士多德会对此作出回应。当然，我们应该记住的是，正义的分类于我们是显而易见的，但对亚里士多德而言则不然。鉴于法律和通用习惯而将正义的概念进行分类，亚里士多德是首创者。且雅典法中的公、私之分与现代法律中的刑法、民法之分并不关联密切。但是，在思考相关事实时，他还是过度地受到先前平等理论、中庸理论的影响。

亚里士多德对毕达哥拉斯学派"回报性及相互性"理论不满的批判还有一点：这使他讨论了交易正义。此前矫正正义的理论中包含了对违约的补偿，而这其中包含了平等的概念。他现在考虑了另一种契约正义的公平。结果，亚里士多德开创了一种在首创性分析方面易于理解的经济学理论。柏拉图在《理想国》第2卷中谈到了通过分配劳动力提高生活标准的重要性，但对于基础经济学的略微涉及并没有说明那些不易察觉的问题。当问到这一情境中的正义时，阿德曼图建议引入交换的概念，但柏拉图并没有采纳。相反地，亚里士多德努力思考了交易公平的问题，他认识到这取决于一种相同价值的概念，从而开创了一种需要确切测量经济价值的理论。这标志了经济分析的一大质的飞跃。

亚里士多德赞同的是，如果你认为，在商品交易中所需的平等价值仅仅取决于交易双方的判断，那你没有领会到其中的深刻含义。某一方可能改变他对价值的认定，在交易前后持不同的观点。个人利益和交易双方的意愿可能有所不同，因此你很难找到一个共同的价值判断。而在实践中，每个人心中都有一个金钱观，如果一幢房子值5迈纳（大约一名职业男子一年的收入），一张床值1迈纳，那么1幢房子的价值与5张床的价值相等。（在这个例子中，与床的价值一比，房子的价值似乎低得离谱了，但我们要知道，在古希腊，房子只是一件简单的生活品，草草修缮，并不舒适。）亚里士多德认为，钱代表需求，如果人们不需要房子或床，那它就一文不值。钱可以作为日后交易的担保品。房子可以卖掉，但你不需要床或其他物品时，你可以用房子换钱，再用钱去换未来你所需要的其他物品。接着，亚里士多德说，钱和其他东西一样，其需求易于波动。因此，其购买力也有所不同。但和其他物品相比，钱的价值是相当稳定的。因此，它可以作为一种计量单位。但我们所需的是一种根本的计量工具。因此，价值的平等，作为一种商业交易中的公平，取决于公共需求这一相对客观的因素，而非某个特定时刻的个人意愿这一主观因素。

接着，亚里士多德简单区分了政治正义（政治中的正义）与家庭正义（家庭中的正义）。他认为，正义的概念总是预设了双方当事人之间的平等状态。且这种平等状态是"比例式的"或"算术式的"：以致允许包括贵族政权和寡头政权的身份歧视制度，不然的话他会说只有民主政权才有政治正义。此外，他提到专制政权没有正义，因为专制君主只关心其自身利益，而不认为他的臣民在任何意义上有平等状态。在《伦理学》和《政治学》中，亚里士多德都比较了专制君主与其臣民的关系和家庭主人与奴隶之间的关系——主人与奴隶之间没有平等的概念。因此，亚里士多德在《伦理学》第6卷中说，主人对待他的"动产"（也就是奴隶）不存在不公正的问题。某人的奴隶或他的幼子就像他自己的一部分，既然你无法对自己或自己的部分不正义，那你也无法对自己的奴隶或其幼子不正义。亚里士多德允许夫妻之间有平等或不平等的关系，但这并不简单地意味着他们是"算术上平等的"。亚里士多德或许会说夫妻之间有比例平等，就像贵族政治中的君臣关系一样，丈夫有更高的地位和价值，但其妻子也有一定的身份。

值得注意的是，《伦理学》中有一点，亚里士多德说主人与其"作为男人"而不是"作为奴隶"的奴隶之间或许有一种友好正义的关系，"任何遵守法律与契约之人在与他人的关系中似乎有正义的存在，因此，只要他生而为人则有可能产生友谊。因此，在民主社会中，友谊与正义的空间很大，其公民人人平等，有很多共同之处"。事实上，这承认了亚里士多德在《政治学》中的一个错误观点：有些人生而为奴。这就等于是说民主政治中的平等基于所有人共同的人性。

接着，亚里士多德在第5卷第7章中区分了天赋的正义与约定俗成的正义。亚里士多德承认，许多的法律与正义是约定俗成的，不同社会的法律与正义各不相同。这与自然界的事物大相径庭，它们在各个地方都是一样的。（在希腊和波斯，火都会燃烧，但正义的法则却不尽相同。）尽管如此，他坚持认为有一些天然的正义法则，但他却没有举出任何明确的例子，或许我们能在他所举的两个可比的自然趋势的例子中探知一二。

首先，他说右手的力量通常比左手强，但也有人左右手都使用灵活。其次，他说在不同社会中，计量谷物和酒的工具各不相同，但批发市场上卖的总比零售商多。（我认为他的意思是，批发市场售卖物品的量比零售商大。例如，零售市场中牛奶以品脱为单位买卖，而批发市场中则以加仑为单位买卖。）这两个例子蕴含了全人类和全社会无差别的趋势。请注意，在第一个例子中，他没有说因为大部分人右手力量更强而右撇子就是"天然的"，他的意思是自然趋势不是必然的：它可能会被人类实践改变。每个人都可以使自己变得左右手都灵活使用，然而自然趋势是右手更强。类似的，经济学例子中，并不一定批发商就比零售商卖的量大，但这是一个普遍趋势。我认为，我们可以从亚里士多德关于自然正义的例证中发现，它们就是构建起社会的法。例如，我们将谋杀与袭击视为重罪，其中谋杀的性质更恶劣因而所受刑罚更重。尽管谋杀所判之刑有轻有重，但在不同的社会中，自然正义的特点就是，谋杀要比袭击判得更重。

亚里士多德另一个重要主题就是他通过法庭程序对正义与公平（equity）进行区分。这种区分在现代法律体系中亦是如此。亚里士多德对这两个概念间关系的论述影响了后人。亚里士多德认为，正义与公平是相关的，但并不互为彼此。他认为，"平等"是对合法正义的一种修正。当严格遵守法律程序但仍产生不公平的结果时，正义就发挥作用了。此时，法庭会暂缓这些法条而寻求一种公正的判决。在现代法律，法庭会遵守自然正义与平等，以防现行法律、习惯法或先例的不确定性。亚里士多德说，法律总是一种普遍陈述。尽管有些个案并不能正确地被包含其中，某些有关法律协议、人类行为的案例并不适用于这些刻板僵硬的法条。因此，当遇到不适用一般法律的案件时，法庭要思考立法者遇此案件会如何裁决而做出判定。亚里士多德总结道：平等是一种正义，而不是另一类完全不同的东西。

值得注意的是，尽管拉丁文中的 *aequitas* 和由此溯源的英文词 *equity* 同来源于平等的概念，但希腊语中的"平等"是不同的。希腊语中的"公平"，即前文提及的 *ison*，语义上意为平等。"公平的"一词，在技术性法律意义上应为 *epieikes*，但在语意上，这个词意为"合适的"。这比希腊语中的"正义"或"正确"意蕴更广。正如现代意义上公正的概念一样（不像平等有些僵化），希腊语中的"平等"有一定的灵活性，要看具体用于哪一概念上。这也是亚里士多德一般的言论和恰当类比中提到的莱斯博斯岛建造者的"铁律"，他们用柔韧的铅作为材料来铸模而使得特定的石块可以筑造特定的形状。

尽管存在矫正正义论述的不足且意外地没有论及司法正义，《尼各马可伦理学》一书的第6卷的分析还是独到犀利。后来之人吸收前人之鉴，得以成就更完善的理论。但鉴于它在哲学的长河中极早地开创了这一主题的讨论，它依旧超越了他者，成了人类的一项伟大成就。

第 6 章　法学家与神学家

有关正义概念的历史会囊括罗马法、教父哲学和经院哲学的诸多趣事。我对此知之甚少，但我必须提及一些要点。

罗马法全集是在查士丁尼皇帝的领导下整合而成的，其中，法学家乌尔比安（公元 3 世纪）的一句格言，已成为正义的标准定义：*Iustitia est constans et perpetua voluntas ius suum cuique tribuendi*（正义是分给每个人以其权利的稳定的、永恒的意志）❶。早期这句话简单地被阐述为 *suum cuique tribuere*（各得其所应有）。西塞罗在诸多场合用过这句话。乌尔比安的定义阐述了民法纠纷中的法官的任务，而我想这就是这句话的初衷。但是，人们可以通过缩短法律程序来覆盖刑事审判中的司法任务。同样的，如果人们懂得 *suum*（其所应得）意味着"应得的"包含"应得报酬"与"应得欠偿"，那么，这样的定义是空洞的。如果这是一个合理的定义，那它将包含一切正义的实例，但它并没有告诉我们如何加以运用：它没有区分什么造就了特定的善（或如惩罚一般特定的恶），以及在这样的情况下某个人的"应得"。但它仍然提供了一个有用的目的来用分析简单、模糊的"正

---

❶ Justianian *Code*, *Digest*, i. Ⅰ .10, and *Institutes*, i. Ⅰ .

义"一词的概念去概括法官的功能。

《查士丁尼法典》中正义的定义也遵循了另一句传统谚语,它将"各得其所应有"与两个有关从正义到权利更深层次的法则相联系,*Iuris praecepta sunt haec: honeste vivere, alterum non laedere, suum cuique tribuere*(正确的箴言是:正直生活,不伤他人,让每个人各得其所应有)。*ius* 一词的含义比 *iustitia* 更广,但后来在哲学家有关法律的讨论中,三重构想被视为对正义的全面定义。之所以如此,一部分是因为"正义"一词能在法律系统中作为整体被运用;一部分也是因为教父哲学和经院哲学的影响。

乔治奥·德尔·韦基奥在其有关正义概念❶的研究中告诉我们,有些教父(拉克坦提乌斯、圣安勃罗斯、圣约翰·克里索斯托姆、圣奥古斯汀)认为,正义是一种综合的美德,它包罗万象,囊括了其他所有美德。这是柏拉图和亚里士多德式"普遍正义"概念的延续,同时也是《圣经》某些章节中有关广义的正义概念的追忆。在经院哲学家中,希腊概念的影响更为显著,特别是圣托马斯·阿奎那。这些哲学家作为亚里士多德的拥趸,不仅仅区分了广义正义与特殊正义,还将特殊正义进行划分,类似于亚里士多德区分的分配正义与矫正正义。正如我们第 5 章所言,亚里士多德对矫正正义的论述有一点模棱两可,而经院哲学家将之称为"交换正义"则更是雪上加霜。他们之所以这样,是因为亚里士多德说这种正义与交易中的矫正(也与违约的矫正)有关。经院哲学家将希腊语中的"矫

---

❶ Giorgio Del Vecchio,*Justice:An Historical and Philosophical Essay*,trans.Lady Guthrie,ed.A.H.Campbell(Edinburgh:Edinburgh University Press,1952),chs.4,6.

正"（*diorthotikon*）一词放在正确的位置上，意为"指正"（指明正确的道路），且他们也将"在交易中"这个前提应用于整个有关亚里士多德的讨论中。因此，*diorthotikon* 或矫正正义就成了"交换正义"。阿奎那将亚里士多德的这一观点作了如下表述："哲学家称之为'交换正义'的是指导交易的"，且"哲学家假定有两种正义，其一指导分配，其二指导交易"。❶

这并不是故事的终结。德尔·韦基奥意识到，莱布尼茨（17—18世纪）"形成了正义的三重构想，且他所总结的正义的三方面（交换正义、分配正义与普遍正义）与罗马的三大法律规范相一致（*neminem laedere, suum cuique tribuere, honeste vivere*，即正直生活，不伤他人，让每个人各得其所应有），但他的理解更加广泛深远。"❷ 接着，莱布尼茨以"交换正义"的概念来支持罗马法中不伤他人的原则。要理解这一有些怪异的结论，我们首先要抛开 *justitia commutativa*（交换正义）字面上的含义，且要回想起亚里士多德的矫正正义是有关交换的，意在矫正个人之间的所有错误行为，而不仅仅是交易。这一观点在格劳秀斯和普芬道夫的法理学中得到了延续。格劳秀斯采用了"交换"一词，正因为矫正正义的主要部分与契约交换所获得的权利无关。他以 *expletrix* 形容这种正义，因为它"填补了"人们被剥夺既有权利后的空缺。普芬道夫则回到比交换正

---

❶ Aquinas, *Summa Theologiae*, 1a.21.1: 'haec dicitur a Philosopho, "Justitia commutativa", vel directive commutationum sive communicationum'; 2a2ae.61.1: 'Philosophus point duas partes justitiae, et dicit quod una est directive in distributionibus, alia in commutationibus.'

❷ *Justice*, 25-26, Cf. Ch. 8 below.

义更老的称呼来涵盖所有"完美的权利"：无论从契约法或直接从自然法方面。

德尔·韦基奥乐意将特殊正义与两大法律规范（*suum cuique tribuere and alterum non laedere*，即让每个人各得其所应有，不伤他人）相关联。他写道，一个"主观上的相关性，构成了正义的本质"，并说，这两个法律戒律"或多或少地表达了这种相关性的积极或消极的一面"❶。他认为，正义的本质在积极方面是保护每个人的权利，而在消极方面则是禁止伤害，在其中他引入了违反权利的意蕴。在德尔·韦基奥书中的早些章节中，他认为 *suum cuique tribuere* 这一法律格言是对亚里士多德分配正义概念的理解和继承：

> 特别是分配正义，它的概念，作为正义的最高形式，在某种程度上体现了其所有的特征，根据价值以比例平等的公式保持永恒不变；这也就是格言的含义：每个人都必须被分配属于他的东西，这句话被应用为法理学的基础。而几乎没有必要再去引用乌尔比安著名的定义：Justitia est constans et perpetua voluntas jus suum cuique tribuendi。❷

德尔·韦基奥将之视为"在法律主体性上希腊思辨与罗马经验的显著趋同"❸。但是，A.H. 坎贝尔，也就是德尔·韦基奥著作英译本的编辑，认为有义务在最后的陈述中增加一点保留。他观察到另一位学者，弗里茨·舒尔茨，在更新的一本书《罗马法律科学史》中，

---

❶ *Justice*, 112.
❷ Ibid. 55.
❸ Ibid. 56.

力劝道:"希腊哲学家对专业罗马法学家的实践工作毫无影响可言或影响甚微……","罗马法律科学将之坚持到底并为哲学家留下了哲学遗珠"。❶

确实,想要弄清为何罗马法学家将"各得其所应有"与亚里士多德以价值分配利益和权利的观点相关联不是一件易事。前者的原则超越了亚里士多德。我们在第4章中可见,柏拉图《理想国》中两次将之强调为一种熟悉的正义概念。在第一卷中,勒马克斯引用了诗人西摩尼得斯的传统格言,将正义定义为"让每个人获得其所应得";而在第4卷中,柏拉图自己的喉舌苏格拉底说,法庭的目的就是让诉讼双方不应获得原本属于他人的东西或被剥夺原本属于自己的东西,以为这就是正义。后来,哲学传统将使每个人各得其所(suum cuique tribuere)与亚里士多德的分配正义观相联系,但似乎没有理由假定亚里士多德的教条与乌尔比安格言下的司法实践有关。

交织的古老传统的一个隐性的后果是"社会正义"概念的逐步出现,而这一概念在19世纪完全显现了出来。它始于对慈善与正义关系的思考。我们已经看到,教父哲学家保留了古希腊普遍正义的概念,认为正义包含了所有的美德。他们中的一些人特别提到了慈善美德,因为在《圣经》中,慈善美德起到了核心作用,且当以赛亚说"学习行善;寻求公平,解救受欺压者,为孤儿寻求正义,为寡妇请命"❷时,慈善美德也与正义相关。更明确的关联是圣奥古斯丁有关四个基本美德的话,其中他说道,"在帮助不幸者时正义的

---

❶ *Justice*, 73–74.

❷ Cf.Ch.2 above.

一切所作所为"(*quod agit iustitia in subveniendo miseris*)。❶ 此外，奥古斯丁遵循了罗马法的传统，将正义的概念定义为 *cuique suum tribuere*。但是，是一位12世纪的神学家彼得·隆巴德说，奥古斯丁认为正义的概念与帮扶救贫有关：奥古斯丁说，正义包括帮助不幸者(*Augustinus ait:* '*Iustitia est in subveniendo miseris*')。❷ 彼得·隆巴德收集的格言成了13世纪基督教思想家的教科书。其中的一个问题在于，如何协调彼得·隆巴德所引用的奥古斯丁的两句语录：一是正义的表征是帮扶救贫；二是救济施舍是一种仁慈(*Est enim eleemosyna opus misericordiae*)。❸ 标准学说的出现，获得了圣托马斯·阿奎那的支持，即富人从其盈余中施舍穷困潦倒者是正义的或严格责任的行为，而超越严格责任行为的自愿施舍是值得赞颂的慈善和仁慈。

犹太神学家更强调慈善是对正义的要求，它事实上是对穷人的亏欠，而具有一种道德义务。希伯来词 *tzedakah*（正确性，与 *Tzedek* 相似，即正义）仍然是作为慈善一词的常用形式。犹太教义在哲学家斐洛（公元1世纪）❹ 的著作中得以体现：谁说慈善是所有人的义务，这或许是奥古斯丁所认为的。据我所知，犹太教义并未

---

❶ St Augustine,*De Trinitate*, XIV.ix.12.

❷ Petrus Lombardus, *Sententiae*, III.33.1.2 [3rd edn. (Grottaferata: College of St Bonaventura, 1981), ii.188]

❸ St Augustine, *Enchiridion*, xx, 76, correctly quoted this time by Peter Lombard, *Sententiae*, (op.cit.ii,330).The history of attempts to reconcile the two texts as given by Peter Lombard is described by Odon Lottin, 'Notes sur la vertu de Justice et deux devoirs connerés, included in his collected papers, *Psychologie et morale aux* XII e et XIIIe siècles (Louvain: Abbaye de Mont –César, 1949), iii. 283 ff.

❹ Philo,*De Caritate*,17–18.

附有盈余品和必需品使用之间的区别。

盈余品和必需品的主题再次出现，但是，是在中世纪的基督教思想另一个分支教会法中出现。在此背景下，富人财产中的盈余品和必需品并没有矛盾，矛盾在于富人有所盈余而穷人则缺乏必需品。这个学说的理论从13世纪的教会法演变而来，并对12世纪的《格拉蒂安教令集》进行了评价，这对于他们而言是一个基本的文本，就如同彼得·隆巴德的格言对于神学家一样。

教会法的法学家讨论了财产权利而非正义，但既然已经转向对何谓其所应有的关注：它显然通过让每个人明白什么是属于自己的来影响传统正义观的理解。格拉蒂安教令将这一说法归功于圣安布罗斯，"没有人可以说自己的所有物中何为共同之物"。约翰内斯·条顿评论了（约1216年）本文，他认为"'共同之物'意味着必要时应拿来分享之物：一个人可以适当安排自己的所有物来满足自己的需求，只要别人不需要时，他确实也可以留有盈余；但在必要之时，富人的盈余之物应被视为共同财产，来用于保护穷人的需求。❶

这些中世纪的基督教思想家、神学家和教会律师的学说一样，都依赖于同一个前提，即上帝将地球及其所有产物都作为一个整体赐予了人类。因此，他们限制了私有财产的权利，以满足穷人的需求。这一传统在17世纪末约翰·洛克的第一篇《政府论》（42节）中得以延续。洛克区分了某些利益。他想要说的是，穷人被赋予一项权利，其极端的需求可以由富人的盈余之物进行缓解，但他不打算将这一

---

❶ For the information in this paragraph I am indebted to Brian Tierney, *Medieval Poor Law* (Cambridge: Cambridge University Press, 1959), 34–35.

权利划分至正义的范畴。他说，这是一种慈善的权利，正义仅仅与那些通过"诚实的产业"或通过继承而获得财富的权利有关。

但我们知道上帝不将任何一个人置于另一个人的仁慈中。某人或许会忍饥挨饿："上帝、神父，没有赐予任何一个孩子拥有世界上某样特定物品的权利，但他给了他贫困的兄弟某样剩余品"。但当某人这样祷告，迫切渴望时，另一个人不能公正地拒绝他……既然正义给了每个人创造其诚实产业的权利，以及公平地继承祖先财富的权利，因此，慈善赋予每个人从他人的多数财富中获取一星半点的权利，这将满足他极端的渴望，否则他将无法生存。

这听起来是半心半意，一手赐予，一手又剥夺。如果满足需求是慈善的功能，而非正义的功能，那为何将之称为权利？在捍卫洛克的学说时，我们可以说他继承了教会法学家的传统，他们认为满足需求是一种正义，但神学家们并不这么认为。有关13世纪哲学讨论的专家们也会小心翼翼地解释，即使是神学家，谈到正义也不意味着救济义务在法律上是被强制执行的，或要求组织社会行动实现现代意义上的"社会正义"；他们只是谈到了在某些情况下帮扶救贫的道德义务，❶ 而之后将其称为一种严格的责任，则是后来被称为完美责任的道德义务。等到此类学说发展到17世纪70年代普芬道夫自然法学的时代时，帮扶救贫的完美责任之说已经过时了；慈善责任是一种不完全的义务，而潜在的接受者则被认为有一种"不完美的权利"。但是在这种情况下，谈论权利的重点到底是什么？责任是自

---

❶ e.g. Ticrney, 37, referring to articles by O. Lottin (see n 12, above) and E. Lio.

由裁量的，其履行的时间和地点完全取决于捐赠者的选择，而潜在的受益人在这件事上没有发言权。亚当·斯密在他的法理学讲义中，理直气壮地说，所谓"不完美的权利"根本就不是权利："当我们在此使用'权利'一词时，这样的使用并不恰切，而是包含了一种隐喻的意义。"❶

当洛克把穷人的慈善权与正义作对比时，想必他也暗示道，这种权利没有法律上的强制执行力，因为正义的权利基于劳动成果和继承财产。不过，我们必须认为他在自然权利中囊括了穷人的需求权。他在他的第二篇《政府论》中将此称为生命权、自由权和财产权。生命权主要是防止被杀害的权利，但我想洛克会说，它也包括不被富有的邻居饿死的权利——其邻居的盈余品能缓解穷人的极端需求。

---

❶ Adam Smith, *Lectures on Jurisprudence*, ed. R. L Meek, D. D. Raphael, and P. G. Stein (Oxford: Clarendon Press, 1978) LJ（A）（delivered in 1762–1763）, i.14–15,at p.9

第 7 章　托马斯·霍布斯

现代政治哲学始于霍布斯，正如认识论始于他的前辈笛卡尔一样。虽然不可避免地继承了一些旧有的传统，但两个人都是真正意义上革命性的思想家，并且都因其远见卓识和精妙的论述而跻身于最伟大的哲学家之列。霍布斯的政治哲学体现在其三本著作里，《法律、自然和政治的原理》(1640 年)、《论公民》(拉丁文版，1642 年；英文版，1651 年)和《利维坦》(英文版，1651 年；拉丁文版，1670 年)。他的理论要旨贯穿于三本书之中，但在细节上有显著的差异。英文原版的《利维坦》是这些作品中最广为人知，也最耐读的作品。尽管一些霍布斯的研究者们认为《论公民》才是理解其政治哲学的关键，但是《利维坦》中出现的变化体现出了更为深思熟虑和更有说服力的观点，正是霍布斯想要对早期思想修正的内容。对正义的论证不是霍布斯政治理论的显要部分，但是它的实际角色和潜在作用是影响深远的，反映出了作为伟大哲学家的霍布斯所拥有的敏锐的、革新性的思维。

霍布斯对正义有自己的独到见解。他对其最直接的陈述出自《利维坦》的第 15 章，正义被等同于第三自然法，"所定信约必须履行"。在进行论证时，霍布斯没有马上给出定义，在英文版中他说，"正义的源泉"存在于第三自然法之中,而在拉丁文版本中,则将"正义的源泉"缩略为"本质"。但就在几行文字之后,即表明对于霍布斯而言,这些词组即等同于或者包含正义的定义。他写道:"在订立信约之后,失约就成为不义,而非正义的定义就是不履行契约。任何事物不是不义的,就是正义的。"❶

如果我们遵循日常有关"定义"的用法,且认为一个普通词汇的定义囊括了该词的一般含义,那我们就会认为霍布斯的陈述有些令人费解了。他认为,"正义"意味着契约(也就是承诺与约定),这一说法看上去不仅过于狭隘,而且极不正确。我们运用"正义"与"非正义"来解释相关行为时,并不包括信守或打破契约。我们会认为破坏契约是"错误的",但我们一般不会本能地用"不正义"一词来解释这一行为。我们会认为信守诺言是一种"义务",但我们不会自然地认为这是一种"正义"的要求。

约翰·密尔的观点则截然不同。在《功利主义》的第 5 章中他分析了"正义"通常发挥作用的六种行为,其中一种便是守信(或坚守信仰)。我不认为密尔是从功利的角度得出这一结论的;它不是从牛津英语词典所进行的分类中产生的,而其分类多是基于对实际功用的调查。密尔之所以得出这种结论,也许是因为他反对正义通常暗示着一种权利这种论点,而假设这两个概念在具体应用中的范围相同其实是一件易事(我自己就曾经证明过)。正是正义和权利之间的联系促使霍布斯得出了他对正义的独到看法,并毫无疑问影响

---

❶ Thomas Hobbes, *Leviathan*, ed. C. B. Macpherson (Harmondsworth: Penguin Books, 1968 ; hereafter cited as L.), 202.

到了休谟。也可能正是霍布斯的这个解释，对密尔产生了一些影响，致使其认为正义的概念包含坚守信仰，即便在霍布斯看来，这两个概念是不能随便等同的。

休谟则更为谨慎小心。他在《人性论》中的复杂解释并没有将履行信约当作正义行为的一种，但是更为合理地认为两者紧密相连，对信约的阐释能够为理解正义的本质提供一丝线索。我认为在这里，休谟之所以能提出这种疑问并将正义和守约共同列为"人为的道德"，是有意无意之间受到了霍布斯的论述的影响，即人类的正义❶并不是自然正义，而是建立在信约形式中的规约（契约）之上的。❷

霍布斯在《利维坦》第 15 章给出正义的定义之后，继续论证道，尽管信约能够在自然状态（即在政治秩序建立之前）中达成，但是直到得到国家的强制权做后盾以前，它们都是无效的；其结果就是当国家缺失时，实际并不存在非正义或者正义。紧接着他指出这一结论同样可以"从经院学派关于正义的一般定义中推论出来"，即"正义是分给每个人以其权利的稳定的、永恒的意志"。❸ 霍布斯用"所

---

❶ 在霍布斯那里，该术语用于人类正义与自然正义，参见 *A Dialogue between a Philosopher and a Student of the Common Laws of England,* ed. Joseph Cropsey（Chicago: University of Chicago Press, 1971; hereafter cited as *D.*），73.

❷ John Laird, *Hobbes*（London: Benn, 1934），286-287, noted that Hume's theory of artificial virtue, and especially of justice, was 'intentionally Hobbian'. In an article, 'Obligations and Rights in Hobbies', published in *philosophy 37*（1962）,I suggested（p.351）that the distinction which I found in Hobbes between natural and artificial obligation was 'the source from which there arose. Consciously or unconsciously, in Hume's mind the idea of a distinction between natural and artificial virtue. Both philosophers treat the obligations of justice, and especially of promise-keeping, as artificial,and artificial in the special sense of depending upon *a verbal formula.*' I repeated this briefly in my book *Hobbes: Morals and Politics*（London: Allen & Unwin, 1977），100.

❸ L.202.

有权"指代财产,而在自然状态下所有的人对一切的东西都具有权利,所以一个人便没有什么财产或排他性的权利。霍布斯据此认为,不论是从他认为的正义即被定义为信约的条款,还是他所理解的传统上的定义,即所有权的含义出发,自然状态下的所有权对实际而言并无实际意义。

霍布斯对正义的独到见解仅仅出现在《利维坦》中。有同样论述内容的《法律、自然和政治的原理》和《论公民》中的章节(1.16.2和3-3)都只是一笔带过,将非正义行为等同于不履行契约。甚至非正义这种提法都逊于"侵害"的定义,而霍布斯将后者视为非正义行为的同义词。霍布斯想要清晰表明的论点是,侵害是法律上的有罪行为,并无权利牵涉其中,因此可以与先前对自然权利的否认相连,使放弃者"无权利可言"。在对正面词汇"正义"的清晰定义上,《论公民》仅认为,在"献辞"(Epistle Dedicatory)中,传统上对正义的观点就是"正义是分给每个人以其权利的稳定的、永恒的意志"。❶ 同样的内容也出现在其中。❷

霍布斯在契约基础上给出的对正义的定义有两重含义。首先,它表明霍布斯认为"人类正义"是由契约而非自然形成。然而,全新的定义并不足以证实这个观点。这一论点在"献辞"和《论公民》中展示了出来,霍布斯在书中从传统定义的角度展开了自己的论述。

---

❶ *De Cive*, ed. Howard Warrender (Oxford: Clarendon Press, 1983), English version (hereafter cited as *DCE*), p. 27 ; cf. Latin version, p. 75, where, however, 'his own' is rendered 'Ius suum' and not 'suum' simply, as in the usual formulation.

❷ D. 58. In *A Dialogue* Hobbes says, incorrectly that the traditional definition, 'giving to every Man his own', is Aristotle's. In fact it comes from Ulpian's Digest ; cf. beginning of Ch. 6 above.

他说当他思考自然正义时,他被"正义"(即使每个人各得其所应有的一种恒常和永久的意志)这个词本身所指引,想到了"所有权"的观点并发现这不是从自然生发的,而是从契约中形成的。❶

其次,霍布斯的定义是对国家绝对权威的支持。霍布斯希望论证国家有权做任何它认为合适的事情,所以它的指令从不会是对正义的违抗。既然正义依赖于契约,且个体对国家的义务生发于社会契约(在一个由同意而建立的国家中)或者来自模糊的契约(在由征服而得到的国家中),个体可能因侵害或非正义而获罪,但是国家不会,因为它没有在社会契约中做出任何承诺,也不会对其中的个体所承担的模糊契约做出任何回应。

霍布斯对正义的理解范围因此远比看上去要宽泛。约翰·莱尔德❷认为霍布斯对正义的认知既狭窄又宽泛,而且常常将两种认知搞混。狭义的定义出现在《利维坦》第15章,即履行信约;而广义的定义,在莱尔德看来,则是"用权利做了什么",这出现在《论公民》中的相应章节(3–5)。在那里,霍布斯区分了"正义"与"非正义"的两种用法:一个作用于人,另一个则作用于行为。对后者霍布斯写道:"当作用于行为时,正义与权利同等重要,而非正义则是侵害的后果。"❸这实际上并不是比在《利维坦》第15章给出的定义更为广义。霍布斯在三本阐述其政治理论的著作中解释道,"有权利"的行为和"无权利"的行为(伤害)包括信约或者契约,所以对他而言,

---

❶ DCE 27.

❷ Laird, *Hobbes*, 183.

❸ DCE 64. The Latin version, p.110, defines just action as 'quod iure factum' and unjust action as 'quod Iniuriâ'.

从信约角度和从权利角度定义正义其实是相同的。莱尔德也许在参考《利维坦》后面的章节中做得更好。在那里，霍布斯重复着他在《论公民》和《法律、自然和政治的原理》中对人的正义和行为的正义所做的区别。在《利维坦》对这种差别的阐释中，"正义"和"非正义"意味着"对理性的服从或不服从"❶，这也许更该被看作相对于从契约和权利角度而言更为宽泛的定义。然而，霍布斯可能并不想给出一个宽泛的定义，他认为用于人时，"所表示的是他的品行是否合乎理性"；而用于行为时，"所表示的则不是品行或生活方式，而是某些具体行为是否合乎理性"。他想强调的是在趋势和具体例证中的差别，"理性"这个词在这一段中并没有特定的结果。❷

虽然没有狭义和广义之分，但是霍布斯刻意给出的一个拓展在其他人眼中可能是狭义的定义。霍布斯将有效的正义与社会契约或者在被征服的国家中形成的模糊契约相连。结果是有效正义覆盖了实在法的全部内容。这的确给了正义以更宽泛的定义，但是依旧与契约相连。尽管霍布斯对于正义的讨论简洁明了，正义这个概念本身却在他的哲学和政治理论中占据重要地位，并且用一个明显狭义的定义给予"正义"以更广阔的理论内涵也是他的理论优势之一。当我们谈论起法庭上的正义时，我们常常用"正义"来描述整个法

---

❶ L.206.

❷ As F.C Hood, *The Divine Politics of Thomas Hobbes*（Oxford：Clarendon Press, 1964），113, observes, 霍布斯在此处虽然着墨不多却言简意赅，其正在考虑第三种自然法并认为信约之行为就符合此种理性，然而这并不意味着这是唯一符合这种理性的行为。我对莱尔德的评论也能与霍华德·沃伦德对霍布斯用法所提出的谨慎的批评相契合。*The Political Philosophy of Hobbes*（Oxford：Clarendon Press, 1957），132.

律系统。❶

霍布斯在信约基础上给出的正义的定义对他关于义务的理论有着深远的影响。他指出了一个有趣的不履行契约的逻辑特征，然后用来描述承诺和正义的义务，以呈现出与自然法义务完全不同的样貌。A.E. 泰勒受到霍布斯对义务的阐述的影响，认为霍布斯的伦理信条非常的义务论，但是霍布斯的确指出了"审慎义务和非审慎义务的差别"。霍布斯的定义并不适用于所有的道德义务之上，而只是覆盖其中能被指派给正义的相当大的一部分，它也同样不涵盖康德给予道德的纯粹元物理状态。❷ 相反的，霍布斯的非审慎义务是与更为基础的自然法的义务形成对比的。正是因为信约，非审慎义务可以被古代哲学家的理论所分类。但是形成这一特殊种类义务的过程里，其在将语言和逻辑进行结合中有着显著的特征。我认为最好称其为人造义务❸。它正是休谟所讲的人为美德的先声。

霍布斯通过将侵害和非正义比作"荒谬，自我矛盾"❹ 作出了他关于承诺的基础逻辑论述。"在法律要素中"，他说道，"每一个没被

---

❶ The lawyer in *A Dialogue* defines a just action as 'that which is not against the Law' (D. 72). The philosopher does not himself adopt this definition but uses it to argue that law must be logically prior to (human) justice.

❷ A.E. Taylor, 'The Ethical Doctrine of Hobbes', Philosophy, 13 (1938),408ff.; repr. in Keith C.Brown (ed.), *Hobbes Studies* (Oxford: Blackwell,1965), 37 ff.

❸ I used the term 'artificial obligation' in my article, 'Obligations and Rights in Hobbes' (published in 1962) to describe covenantal obligation, which Hobbes distinguished from *naturall obligation*' in *De Cive*,15.7.In ch.10 of *The Divine Politics of Thomas Hobbes* (published in 1964),F.C.Hood, quite independently (for he knew nothing of my article at that time) and more elaborately, described a distinction in Hobbes between natural and artificial obligation, associated with a distinction between natural and artificial rights and justice.

❹ *The Elements of Law*,1.16.2;*De Cive*,3.3;*Leviathan*,ch.14,para.7.

履行的信约都有一个矛盾。"❶ 在《论公民》中，他写道，没有比否认自己先前确认过的事情更矛盾的了。❷ 在两个地方，霍布斯论述的基础都是违背诺言者同时决定做和不做某件事。在《利维坦》中，霍布斯更为小心谨慎，将说法限制在侵害类似于"荒谬"。"所谓的荒谬就是反对自己开始时的主张，而在世人之中，所谓的背义或伤害则是自动毁弃本人自开始以后自愿做成的事"。❸ 即便事实正如霍布斯所说的那样，自愿或者相互排斥的行为并不等同于自我矛盾，也不等同于相互排斥的陈述。也许霍布斯在写作《利维坦》时意识到了这一问题，因此将自己的论点限制在与自我矛盾的比较中。然而，事实并不是霍布斯所写的那样。虽然给予承诺一个准确的定义极度困难，但是承诺绝不是承诺的行为或承诺的意愿；如果是的话，违背承诺就会变成不可能，因为一种正在做的事不会同时不做。

同样的道理，关于承诺的论述存在逻辑上的漏洞，这似乎引起了霍布斯的注意。作出承诺是通过使用文字自愿创造的义务。许诺意味着承担责任。说一个人有义务去做他承诺的事情是一种解析式的陈述（人们通过言语的含义来表达确切的真），所以对这种陈述的否定就是自相矛盾的。承担义务是自愿行为，违背义务就是对早先的自愿行为的一种反对和取消，而违背本身也是自愿的行为。

《利维坦》（第14章）中对违背契约的逻辑特征进行论述后，其继而分析了由承诺或相似行为而造成的契约（bond）或义务的特征。

---

❶ *The Elements of Law*, ed. F. Tönnies（London: Simpkin, Marshall, 1889: hereafter cited as *EL*），82.

❷ *DCE*63.

❸ *L*.191.

使人们受约束或担负义务的契约也是这样。这种契约之所以有约束力，并不是由于其本质（因为最容易破坏的莫过于人们的言辞），而不过是由于畏惧毁约后所产生的某种有害后果而来的。❶ 相似的论述也出现在第 18 章："信约本身只是空洞的言辞，除开从公众的武力中得到的力量以外就没有任何力量来约束、遏制、强制或保护任何人。"❷ 在《法律、自然和政治的原理》（Ⅱ 3.3）中，霍布斯对自然契约和言辞上形成的契约做出了明确的划分。❸

后者产生一种言辞的束缚或者义务，在限制人身自由方面并无力提出任何强制。它不是一个现实世界中的事务和行为间存在的真正的束缚或链条。当霍布斯在《利维坦》的第 18 章说信约毫无力量进行束缚时，他将"束缚"这个词等同于"遏制"和"强制"，而当他在第 14 章中说"人是受契约的约束且身负义务"时，他用另一重意义上的"束缚"去描述言辞或比喻意义上的约束十分容易被破坏。他在《论公民》中尝试通过比较契约（束缚的）与法律（义务的）对这两种约束做出区分，并进一步作出以下解释：

义务的与身负义务的对于某些人来说似乎含义相同，而在此两者含义确实有异。因此，更明了的是，一个人因为契约而具有了某项义务，也就是他应该根据自己的承诺而践行契约；但法律要求他身负义务，就是说，要求信守承诺是因为害怕受到法律的惩罚。❹

---

❶ *L.*192.
❷ Ibid.231.
❸ *EL*128.
❹ *DCE*169–170.

霍布斯将契约的言辞约束和义务与逻辑的言辞约束进行的比较是恰当的。逻辑的必然性与现实世界中被有效强制实现的自然性之间同样形成对比。如果一个人反对他自己，人们可能会反对道："你不能这么说，不论在逻辑上还是理性上，他都不能。"然而实际上他可以说，他就这么做了。任何人都可以武断地运用语言，但同时对沟通感兴趣，关键在于拥有一种语言，其中存在有不可违反的规定。"不可"意味着"不应该"。这些规则在我们身上施加束缚，但是这些束缚并没有强制我们身体的权力，它们并不能剥夺我们破坏规则的能力。

违背契约和自我矛盾之间的对比产生的深远影响还没有被论述完全，甚至还没有被霍布斯本人完全意识到。但是确有一些亮点值得人们关注。《利维坦》第17章，他将协议称作"人为的"协议，并与蜜蜂或蚂蚁之间形成的自然的协同做比较。❶ 随后在第21章，他谈到了自由，并且讨论了自由和必然性的关系。这包括对不同类型的必然的理解，既有自然的、身体上的必然，也有法律上不同类型的必然或约束。霍布斯将民法描述为通过相互订立的信约制造的"人为的锁链"。紧接着他重复了前文中讲过的契约束缚中与生俱来的脆弱性："这些契约虽出于其本性并十分脆弱，虽不至于被险境所操控，但困难却可摧毁之。"❷ 契约和民法中人为的锁链或约束与自然真正的锁链、监禁形成对照。它们同样与自然法的强制力形成对照。

在《利维坦》的引言部分，霍布斯第一句话便将自然与艺术对照起来。自然是上帝的艺术。人类的艺术和技巧都是对自然的模仿。

---

❶ L.226.

❷ Ibid.263–264.

国家是"人造的人"。自然人由上帝创造，而人造的人则是人类仿照自然人建立的。所以，国家的法律也是人造的锁链或约束，由人模仿自然法的自然链条或约束而制成。尽管霍布斯语焉不详，我认为他交由契约而形成的言辞或逻辑的约束和义务是一种人造的约束或义务，与自然法的自然义务形成对照。

自然法的自然义务有天生的强制力。如果我们违背自然法，我们会身陷麻烦之中，形成互相竞争的战争，并会丧失生命。自然法被霍布斯用来描述审慎的道德。国家的人为的法律从惩罚中获取强制权力，即从权威的官员或体制施行的惩罚中获取。没有惩罚，不论是自然结果还是人为规定，法律和契约的义务都将失效。然而，从逻辑的角度看，的确存在有契约创造的（言辞上的）约束和义务。它们不会自我生效，而需要有惩罚系统的强制力作为支撑。它们组成了义务的逻辑系统，因此构成了道德和正义律例的体系。与自然法形成的道德体系不同，自然法的义务本质上是审慎道德的义务：为了保全性命，你应该这么做。正义体系的契约义务是逻辑的义务，与逻辑必然形成比照，依赖于语言文字的运用。"如果 S 是 P"，你不一定会将这个陈述与"S 不是 P"相联系；如果你表达了"去做 X"的意愿，你不一定会将其与"不做 X"相关联。

尽管建立在契约基础上的人造道德系统是对自然体系的模仿，但霍布斯似乎忽略了其中的一个重要差别。正如霍布斯所理解的，自然法的义务不是指向其他人的义务，有相对应的权利，由被约束的人的反对者所拥有。自然法的义务是保全自身利益的义务。即便被当作是上帝的指令，服从的根本原因依旧是自我利益的实现，因为明白上帝的力量足以保全或结束个体的生命。霍布斯的自然权利与自然义务相分离，并不是对他人宣称的权利，而是一种自由权利基础上的随心而为、免于任何义务的状态。而由契约形成的人为的义务则不仅仅是做具体动作的义务，还是去做一个人认为适当的事情的自然权利的缩影。这是对与之达成契约的人对他人的义务，并且他有要求契约者完成某项事情的权利。

霍布斯尽力将"一种权利"限定在自由权利上，并且用不同的表述描绘了对要求权的占有。在各种努力中，他并没有大获全胜，但是他描述契约之上的正义的概念的特征即为，由契约产生的人为的义务和权利是对他人承担的义务，而要求权由他人拥有。霍布斯此处的失败导致他错误地认为侵害是法律上的犯罪，没有权利可言，即不拥有自由权利。拉丁语单词 injuria 的原初含义似乎与权利和正义相反，但是如果我们将高阶的伤害概念与一个作为名词的"权利"的概念相关联时，我们必须承认侵害实际上扮演着打破另一个人要求权的角色。

尽管自然系统和其模仿者——人造系统——之间缺乏一致性，霍布斯对正义和契约的解释表明了更为清楚的理论旨趣。然而他进入政治哲学领域所抱有的担忧不仅仅是理论上的，还有现实的要求。如果契约或正义的逻辑义务并无强制人们行动的权力，那这种义务有何意义？问题的答案来自对霍布斯的社会契约理论的理解。人们通常说霍布斯的政治理论即为强权即真理，将所有的关注点都放在强制力之上，而社会契约理论，在他那里更是多余的和不必要的。他描述了国家形成的两种方式，被建立的和被征服的。作为一个现实主义者，他明白国家通常产生于后一种方式，社会契约在其中毫无意义，并不会有真正的施行。在一个由被征服形成的国家中，强权是唯一的要旨。

这是对霍布斯理论的重大误解。霍布斯的确强调了强制力的必要性和重要性，以及对政治中的强权的恐惧。他对自然状态的灰暗描述集中于当一个稳定的组织化的国家消失后，人们可能面临的可怕状况。再一次，他多次重复一个事实，如果没有国家的强制力作支撑，法律和契约只是一纸空文。然而，这不是霍布斯理论的核心。作为一个政治哲学家的霍布斯的伟大之处在于他洞见到尽管强制力是必需的，但仅有强制力是不够的。

当霍布斯描述通过政府建立起来的国家时，他请读者想象胜利者手持利剑，以胜利者的姿态立于被征服者之上的画面。如果胜利者赦免了被征服者的性命，霍布斯说，我们一定会假设被征服者会因为保存了生命而向其表达服从的忠诚；通过立下这一诺言，被征服者变得与共和国内通过契约结合在一起的人民一样，受到同样的义务约束，并服从统治者的指挥。这一不真实的社会契约假设的目的在于清楚地表明一个国家的主体所拥有的契约的道德义务。如果没有被征服者向胜利者形成契约的这种假设，霍布斯坚持认为，被征服群体的成员只能是俘虏而不可能是主体。他们会活在对锁链和武器的恐惧之中，但他们不用承担任何的道德义务。

你也许会问，那又怎么样？既然霍布斯认可强权是必需的，且一个国家的主体必须面对因恐惧和强力所导致的审慎的义务，为什么他还要通过建诸契约之上的非审慎的道德义务去设立那么多的内容？原因在于政权并不能一直对它的成员施加身体上的权力。霍布斯比较了被俘而为奴与服从而为奴。在当下的刀剑枪支带来的威胁被移除或解除锁链和监禁状态后，被俘之奴会利用一切机会逃跑。而服从之奴却被相信会坚守规则，即便没有更好的处罚措施去提醒每个人如果违反规则的话就会有麻烦。一个政权想要有效运用权力，必须拥有相当一批自愿服从的主体。即便是在集权主义国家，单靠暴力和恐惧也是不可能的。

这就是为什么霍布斯强调契约和基于契约而形成的正义道德的重要性，因为它们是强权施行和构成威胁的必要补充。单纯的契约道德义务和有逻辑的连续性的言辞约束在法律被破坏时，除非有国家的强制力支撑着法律要求，否则便毫无作用。但是整个系统依赖于这样一个事实，即对大多数人而言，大部分的时间里，暴力的施行都是不必要的。它依赖于人民的自愿服从。根据霍布斯的想法，它取决于主体对遵守法律的契约的道德义务的接受程度。

霍布斯理论的弱点在于他的道德的、非审慎的义务立足于一个神话般的契约承诺之上。一些入籍的移民者，自愿加入军队的成员的确承诺会遵守法律并且对国家忠诚，但是大多数人并不会主动承担作为一个公民的义务。他们生于特定的国家内，并且自动习得市民的义务，获得市民身份的好处。霍布斯会更好地考虑提出一个更好的理论基础，以解释遵守法律的道德义务。最好的备选理论之一是对普遍利益的利用。显而易见，当我们谈起霍布斯的自然状态时，他并没有转向普遍利益的概念，因为他是从自我主义的心理出发的。（在《利维坦》中，他没有完全采取自我主义心理的态度，但是他最初的观点足以令他不可能认为人们受到普遍利益而不是自我利益驱动。)

另一重事实则是霍布斯的确看到了承诺契约的逻辑中的独特之处，因此它认为信约和契约的概念可以符合自己的目的。从《法律、自然和政治的原理》中可以看出，这一目的自他开始关注契约义务的逻辑特征之时就已经存在。在那一章（II 3.3）中，他将契约义务描绘成"言辞的约束"，与锁链和监禁的"自然的约束"形成对照。他用这种差异去解释存在于被信任的仆人和不被信任的奴隶之间的差别。这一切都是为了解释这一章的主旨，"统治，或值由获得而形成的一个政治体"❶。

对于霍布斯对正义做出的独到定义有许多讨论。值得注意的是，霍布斯补充对传统定义中的正义所做的评价。我已经讨论了霍布斯在《利维坦》中对正义的定义与他所接受的《论公民》和《对话》(*A Dialogue*)中的传统意义的正义的解释的联系。霍布斯就正义的确有许多对其他传统教条的看法。

首先他批评了传统的源自亚里士多德的分类，即交换正义与分配正义。"交换正义在于立约的东西价值相等，而分配正义则在于对条件相等的人分配相等的利益。"

霍布斯拒绝交换正义的提法，认为以高出买者乐意支付的价格出售商品是非正义的。"一切立约议价的东西其价值是由立约者的欲求来测量的，因之其公正的价值便是他们满意赋予的价值。"霍布斯

---

❶ *EL* 127.

在此处有自己明确的观点。亚里士多德对"交换正义"的讨论是基于他所认为的，在实现一种而非另一种交换时，哪些内容能构成或不构成价值的认识之上的。契约的公平的确依赖于交易方的意愿，假设他们每个人都有充足的信息，知道什么因素牵涉其中并且真的是自由身。在《利维坦》中，霍布斯继续论证，"正确地说，交换正义是立约者的正义，也就是在买卖、雇佣、借贷、交换、物物交易以及其他契约行为中履行契约"。这种解释类似于霍布斯自己对正义作出的定义，即正义是履行信约。但是他也在先前的章节中承认，契约中"正义的价值"是"乐意给予"的部分，❶所以他也间接承认了意味着公平的正义，而不仅仅是契约的履行。

在《利维坦》中，他也同样批驳了分配正义，认为依据其价值而给人们好处并不是正义，而只是一种姿态；它关乎的是免费赠予而不是义务。在霍布斯看来，分配正义是"将各人的本份额分配给了每一个人"，更为确切的说法是公道。

霍布斯在正义和公道之间画出了一条明显的分界线。正义，是契约的履行，在《利维坦》中由第三自然法则规定，与《论公民》中的第二法则相对照。公道，是公断人毫无偏见的对待，由另外的自然法则规定，属于《利维坦》的第十一自然法和《论公民》中的第十自然法。在《利维坦》第15章中，霍布斯说道："分配正义是公断人的正义，也就是确定'什么合乎正义'的行为……这的确是一种合乎正义的分配，可以称之为分配正义，更确切的说法是公道。❷

---

❶ *L*. 208.

❷ Ibid.

这也是一种自然法。"这实际上是这种分配正义或公道与作为第十一自然法则的公道之间的区别。❶ 前者并不限于平等的分配，它遵照正义的传统定义，认为要根据具体环境，均等或不均等地将各人的本份额分配出去。后者则聚焦于公平之上，裁判者和公断人必须"平等地分配"，不能"偏袒"，要"将按理应属于各人的东西平等地分配给每一个人"。这部分因为霍布斯认为 aequitas 就意味着公平，部分因为他不同意亚里士多德对分配正义做出的解释。事实上亚里士多德从未用过"分配正义"这种说法来指代法官做出的对当事人的正义（不偏袒）的对待。对亚里士多德而言，法官的公平或不偏袒是矫正正义。❷

在对正义和公平做出区分之后，霍布斯在《利维坦》的第 18 章终于可以说，"具有主权的人可能有不公道的行为，但确切地说，这不是不义，也不算是侵害"❸。这是因为主权者像任何一个人一样，有遵循自然法的自然义务，包括阐述公平的法律，但是他没有对臣民有契约或人为的义务。需要确定的是，主权者有遵循契约施行的第三自然法的自然义务，但是在形成或征服一个共和国时所形成的契约只有臣民服从，主权者对他们并没有任何承诺或契约的束缚。因此主权者拥有绝对的权威，拥有原初的自然权利去做他认为合适的事情。所以如果主权者下令逮捕并处死一个臣民，他没有施行不义或侵害，因为他完全有权这么做。但是他可能会表现得不公平。

---

❶ L.212.

❷ Cf. Ch.5 above.

❸ L.232.

如果臣民并没有违反任何法律，或者没有做错任何会导致死刑的事，这时候主权者作为国家的最高权力，对他的处置相对于其他人而言是不公平的。主权者受到阻止滑向战争状态的自然法之约束。他因此有施行公平的天然责任，但却没有保证正义地对待公民的束缚。

对于他认为应当被称为公道的分配正义如何与后面谈到的公平结合起来，霍布斯并没有给出解释。在后面的段落中，我们看到裁判者和公断人应该秉公处理，那就是公平。但是霍布斯继续说道，公平同样是将"理应属于各人的东西平等地分配给每一个人"。这与霍布斯认为与财产权关联的传统定义中的正义相关联。但是还不清楚为什么对属于各人的东西的分配应该是公平的分配。霍布斯在第13章告诉我们，就自然的身心力量而言，人和人之间基本是平等的，在第15章中他认为第九自然法则要求人们明白所有人都是平等的。但是他并不认为在财产的拥有上应该实现平等。他没有解释他到底是怎么想的。

在结束对第十一自然法则的讨论前，通过描述公平和分配的正义，我们需要注意它们的两个必然结果，即霍布斯给出的第十二和第十三自然法则（《论公民》中的第十一法则和第十二法则）。第十二自然法则认为"不能分割之物……应当根据有权分享的人数按比例分享，因为不这样分配就会不平均，与公道相违"。第十三自然法则认为如果"有些东西既不能分割，又不能共享……要求全部权利以抽签方式决定"。这两个法则都是平等主义的，但是霍布斯将抽签的观点解读成竞争者协议同意的和嫡长继承权所要求的。

霍布斯政治哲学中关于正义的探讨的另一个特点是他对惩罚的

看法。他并未将其看作是正义的一个方面,即他想要限定的信约行为。他首先在第七自然法则(《论公民》中的第六法则)中清楚地谈到这个问题,"在报复中,也就是在以怨报怨的过程中,人们所应当看到的不是过去的恶大,而是将来的益处多"❶。在霍布斯看来,惩罚所要实现的是为"使触犯者改过自新和对其他人昭示警戒"。他提出了在惩罚之外应再加上威慑,这正是《利维坦》第28章中对惩罚的自然审判的珍贵讨论。尽管霍布斯并不将其看作是正义的定义,这一章却在实际上为司法正义主体做出了显著贡献。

在第28章,霍布斯将惩戒定义为"公共当局认为某人做或不做某事是违法行为,并为了使人们的意志因此更好地服从起见而施加的痛苦"❷。这是一个更好的非直接的结论性定义,因为对惩罚的定义要求只有在违法的时候才使用,所以将惩罚强加于无辜的人会适得其反。当霍布斯对这个部分进行解释时,❸他的理由部分是结果主义的,部分不是。他给出了三个理由:1. 伤害无辜臣民对社会没有好处;2. 伤害无辜臣民违反禁止忘恩负义的自然法,它要求以德报德,以怨报怨;3. 这也违反人们遵守公道原则的自然法。第二个和第三个理由是非结果主义的。它们同样也是我们通常使用的正义的用法,霍布斯在此处的确将公平看作是"平等地分配正义"。

西方政治思想中关于正义的内容就公平到底要求什么,通常包含两块不同的甚至相互冲突的思想:一个是个人主义,一个是功过

---

❶ L.210.

❷ Ibid.353

❸ Ibid.359-360.

主义。前者采用自然法中的规范性定义，人生而平等、自由。当霍布斯给出他关于人类平等的自然法律时，他将这一规范性定义变成了：所有人在权力上是大致平等的，所以没有人能强大到统治其他所有人。但是他从自然法的规范性定义中引用了这样一种说法，人们需要知道人人平等。亚里士多德认为人天生不平等，一些人适合统治，一些人天生适合被统治，适合统治的人是哲学王，就像亚里士多德他自己一样，霍布斯对此并不认同。从这一点和霍布斯对公平以及必然结果的解释出发，可以很明显地看到他更接受个人主义而反对功过主义。但是他并没有将这些想法放在对正义的解释之上，因为他想用那种理论来支撑他政治理论的主要观点，亦即权力(强权)在政治中是必需的但不是唯一的。

第8章 莱布尼茨

关于正义这一话题,莱布尼茨很多作品中都有涉及,虽然篇幅不多,但其中都反复强调了正义的必要特征。但是,其中有一篇写于1703年的论文《正义概念新论》却未曾发表,该文被格奥尔格·莫拉特发现,而帕特里克·莱利在其编著的莱布尼茨著作选中将其翻译为英文。❶

这篇论文并未对正义的概念进行系统阐述。但它的存在提供了新视角,留给我们这样的印象:也许莱布尼茨曾经想要提出关于正义的系统理论。虽然有人会质疑,在这个思想领域,他是否同样具备在数学、哲学概论方面的敏锐洞察力。莱布尼茨并未对正义多加研究的另一个原因是,比起研究正义的概念,他本人更有兴趣研究形而上学的宏观伦理学及其地位。

首先,莱布尼茨讨论了柏拉图《游叙弗伦篇》中的难题:上帝青睐虔诚,到底是因为虔诚本身就是好的,还是因为受到上帝的青

---

❶ Georg Molla, Rehsphilosophisches aus Leibnizen ungredruckten Schrift(Leipzig Verlag J. H. Robolsky,1 885),56-81;Eng. trans. patrick Riley Leibniz: Political Writings and edn.(Cambridge:Cambridge university Press 1988)45-64. 我在本文中基本遵循莱利教授的译文,只不过在我的引文中,与其所引介的法文版有所不同。

睐后才变成好的、必需的呢？从上帝意志的角度，莱布尼茨再次发问，上帝意志的好，到底是因为其本身是好的，还是因为上帝说了它是好的，所以它才是好的或公平的？他又补充道，换个问题也就是，正义和善是否只具主观性，两者是否像数和比例一样，是自然世界的必要永恒真理？❶

和笛卡尔不同，莱布尼茨坚持认为，必要真理是独立于上帝意志之外的，例如数学。那么对于正义和善来说，也是同理。他通过揭示其背后的内涵来举例说明正义问题。上帝因为行为公正而广受赞誉，如果正义属于某种上帝意志，那么"公正"一词对于"行为"一词来说毫无意义，从而所谓的赞誉也失去了根基。进而言之，这种证明"意志高于理性"❷ 的观点就是暴君的"口头禅"，这就表明上帝与魔鬼无异了。在经文圣典中，上帝行为正当，无人抱怨，莱布尼茨正是通过引经据典来证明自己的哲学推论的。

关于正义地位的讨论，莱布尼茨将柏拉图《理想国》中的人物，色拉叙马库斯作为自己的第一个辩论对手，另外还有霍布斯。他将这两人视作同一方，因为前者曾说过，正义乃有权之人的利益，而后者提及，上帝权利的无限性源自其权力的不可抵抗性。莱布尼茨不认为这两人的观点存在任何事实上的差别。色拉叙马库斯说的是人类社会的正义与法律，而霍布斯的观点背后，是对人类权力真实

---

❶ Riley,45;Mollat,56.

❷ 此处引文似乎是朱文诺《讽刺》一书中"此我所欲的，也即我所要求的就是，让意志取代理性"的转义引用。不过，霍布斯错误地援引《人性论》中这个片段，其将"要求"等同于意志所包含的理性所欲求的，这样一来语义就发生了偏差，"以讹传讹"，造成了"意志高于理性"的说法。参见 *De Cive*,Latin version, 14. Ⅰ . 莱布尼茨笔下的"Stat"一词意味着他从头脑到写文章都深受霍布斯的影响。

性的否定。另外,霍布斯的自然权利概念与正义本身无关:权利意味着行动自由性,也即权利拥有者可以按其认为合适的方式行动而不受任何阻碍;而正义则与契约义务相关。尽管色拉叙马库斯的正义观随后被格劳孔联系到了社会契约的话题上,但实际上正义和契约两者并不相干。而霍布斯则将正义视为伦理学的一个分支。色拉叙马库斯和格劳孔所谈及的法律、权利或者义务都是宏观意义上的。正是这个讨论引起了莱布尼茨的发问,即所谓伦理的合理性,到底是因为上帝意志,还是因为本身就具有正当性?

莱布尼茨随后表明,不管正义的适用对象是上帝还是人类,原则上它的概念应该保持一致。所谓上帝无限完全正义和人类有限不完全正义的区别,只是正义程度上的差别,而非是两种正义。否则在谈及任何一种正义时,我们就会不知所云,"正义"一词也就失去了价值。基于此,莱布尼茨将人类正义的概念与圣典中上帝正义概念联系起来。但是同时,他认为这使得他犯错,即否认了霍布斯的上帝观。霍布斯并未对上帝的自然权利和人类的自然权利做区分,这意味着两者是同一个东西,即所有权利都是免受阻碍、随意行动的自由。但是因为上帝拥有至高无上的权力,因此他拥有绝对自由,而对于人类来说,权利是有限的、平等的,因此他们的自由将会受到其同类权利的限制。

紧随以上的基础推论之后,莱布尼茨总结了正义的必要特征,"正义别无其他,正义即智慧与善"[1]。他并未做其他的论述,而认为

---

[1] Riley, 50; Mollat, 62.

该结论是水到渠成的。因为不正义之法即缺乏智慧与善之法。结论及其根据都再明确不过,但是推论的过程却很马虎。不管怎么说,这种正义概念简直太潦草了。

但是,莱布尼茨在谈及上帝号令宇宙的正义时,从侧面做了正义概念的补充论述。首先,他利用广受认可的"语义分析定义法",认为"正义是以不招合理抱怨方式行事的恒常意志"❶。这里"恒常意志"一词毫无疑问借鉴了传统法理学的观点,"恒常意志使人保持初心",但是莱布尼茨定义的主要内容是新颖的,甚至比他推崇的语义分析定义法更为新颖。莱布尼茨说,所谓原始定义还存在不足,因为它没有具体指明什么是抱怨的正当理由;尽管定义的概括性会使它广为接受,但对于抱怨理由的看法还将存在合理分歧。某些人坚持己见,认为这一定义,缩小了合理提出抱怨的某些行为的范围(如伤害别人、抢占财产等);行善,甚至惩奸除恶及其防范都将不包括在内。此类人的信条是,"即使某人不行慈善,他的行为也可能是正义的"。另一些人则持"相对宽容"态度,"不希望每个人都因善的缺乏而抱怨"。莱布尼茨本人也赞同后者观点,在其《国际法法典》的前言中,他曾写道:"正义别无他物,即是智慧之人所行的慈善之事,也即,以智慧为他人谋福利的行为。在我看来,智慧就是快乐的科学。"❷

现在我们可以看出,早先莱布尼茨"正义即智慧与善的联合"的模糊定义,实际上朝着更为具体、更为明显的定义发展,也就是

---

❶ Riley, 53, Mollat, 67.

❷ Mollat, 67;cf. Riley, 54.

"正义即智慧之人所行的慈善之事"。莱布尼茨将严格定义和宽泛定义之间的区别,与正义在哲学和法理学传统中的差别联系起来;另外,他也时常利用所谓铁律的合理性作补充说明。但是莱布尼茨的主要观点是,正义即智慧之人所行的慈善之事,我认为这也是他本人最希望被记住的点。

但该观点仍然有些令人费解。莱布尼茨对此解释如下:所谓的"智慧"意指"审慎",但在审慎过程中,自身利益优先于公共利益。这也是为何前文中,莱布尼茨有"智慧乃快乐的科学"这么一说的原因。他认为"智慧"(知道什么对自己好)❶ 实际上就是对自身利益的密切关注、谨慎行事。当他谈及与自身利益相斥的社会正义原则时,他仍认为对公共利益的关注,实际上建立在对自身利益理性(及其了解)追求的基础之上。

他的论述基础,在于对其原始定义中正义的一般概念的考察。为何对伤害行为的抱怨就是正当的?或者,换句话说,为何我们有义务避免伤害行为?最为切实的原因是,我们担心伤害行为可能会伤害到自己。但是,莱布尼茨又问,对他人的袖手旁观将会招致憎恨的想法是杞人忧天吗?何时我们才能防范、消除来自他人的威胁,从而免受其扰、自由行事呢?你可能会说,只要别人不伤害你就好。但是如果你发现,你所谓的巨大困难实际上对别人来说不费吹灰之力,如果这人拒绝帮忙,你不认为对他的抱怨是合理正当的么?如果这是合理的,我们再来谈帮助他人这一话题。这种想法似乎有点

---

❶ Riley, 57, Mollat, 71.

激进了，因为它对行事者提出了义务范围之外的要求。某些人会说，我没有义务给你谋福利；各人自扫门前雪就好，兼济天下是上帝的事情，两者必须分开。❶ 但是莱布尼茨认为，两者的不同只是程度差异而非本质差别。他的论述分为两步，以一推二：第一，假设你能获得某种好处，但是有个障碍在眼前，而我消除它不费吹灰之力，难道你不会认为,让我去帮你移除障碍是你的权利么？类似的,第二，当一件事情能给别人带来好处，而不花费你太多精力，就算这件事情没有搬走障碍物那样简单，你如何能够拒绝呢？

从避免伤害的消极层面到助益他人的积极层面的论述过程中，莱布尼茨两次利用了所谓铁律，消极层面的"己所不欲，勿施于人"，积极层面的"善有善报,恶有恶报"。莱布尼茨将其称作"平等原则，或者说是同等理性原则，这要求我们想获得何物，就给予何物，不要违背理性过度索求不合理的特权，也不要利用理性去证明欲望的正当性"❷。在这里，前文从抱怨理由角度去分析正义的"语义分析定义法"，再次得到了强调，此处的正义定义并非是一种心理状况的假设，即每个人（或者大部分人）在被伤害或未得到利益时会产生抱怨，因为该假设并非事实。这只是一个标准化陈述，即我们有资格去抱怨。莱布尼茨（其哲学概论的典型观点）这里的角度是"有理由"，也就是说"有正面、充分和合理的理由"，或者说（莱布尼茨自己在别处写到的）是"有抱怨的权利"。有人可能会问，为何这种理由是好的、充分的？莱布尼茨的看法是，要从背后去寻找答案：

---

❶ Mollat, 67；cf. Riley, 55.

❷ Mollat, 70; cf. Riley, 56.

一旦某人的行动可能会受到来自其他人某种行为的影响,他就会认为自己有理由去抱怨。

但是莱布尼茨的答案并不足以令人满意。其论述中的行为者可能会问,为何自己要按照所谓的铁律来行事?"我承认,在我们立场矛盾的情况下,我还是想获得帮助。但幸运的是,我们的立场并不矛盾。那我为什么要改变自己的想法,而且这个改变,还是因为一个与我自身实际截然不同的假设情境?"莱布尼茨的理由是,因为这个假设情境是所谓铁律,因此服从理所当然。铁律要求我们按想得到回报的方式去行事,莱布尼茨因此提醒我们,每个人都有求人的时候。他说,避免伤害最有说服力的理由,莫过于我们对自身可能会受伤的担忧。也就是说,如果我不去伤害别人,那么我的行为就有引导意义,别人就不会来伤害我。另外,论及对别人行善的话题时,莱布尼茨认为原因在于"我们也希望别人这么对我"❶。所以,和智慧相联系的善行,首先是基于对自身利益的考量,其次才会想到,它间接地给别人带来回报性的好处。

但是,对于某些行为的动机,仍然需要从自我利益及其相关公共利益的考量之外的角度来分析。莱布尼茨因此考虑了司法正义和分配正义的情况。但他的本意,并非是说要从自我利益之外的角度去思考,而是为了回应所谓铁律与这两种正义存在的矛盾。首先,司法正义。莱布尼茨说,司法正义赋予了犯人们要求赦免的正当性,所以如果只按照犯人们的立场,法官也会积极支持赦免罪行。但是

---

❶ Riley, 57, Mollat, 71.

莱布尼茨解释说，法官的职责在于，不仅仅要考虑罪犯们的立场，而更要从自己本人和听众的角度出发，而听众当然是想要惩罚犯罪行为的。判决必须按照"少数服从多数"❶原则来做出，而和犯人们想要赦免的要求相比，惩罚的意见显然呈压倒性优势。其次，分配正义。分配正义和要求"公平对待所有人"的铁律相关，但是它却将价值作为判定基础，从而导致了不公平待遇。莱布尼茨的回答是，我们不要认为自己是没有受到良好待遇的那一类人，而是要从每个人的角度去考虑，人都是自私的，但是我们要相信这种行为的进步意义，所以以价值为基础的分配方式，与每个人的利益是一致的。

　　莱布尼茨想要证明的是，铁律对于这两种正义，尽管看上去有些矛盾，实际上是同样适用的。但很明显，莱布尼茨没有成功。所谓铁律自身，实际上并未提及为何要按照自我利益行事。铁律不过是一般性的告诫，或者说，不过是基督教教义对道德原则的总结陈述罢了，与其说它谈论的是社会伦理中的正义问题，不如说它谈论的是个人伦理问题。莱布尼茨的醉翁之意，在于为自己的理性主义理论提供证明，该理论要求将道德建构在"具有某种合理性"的基础上。和许多哲学家一样，莱布尼茨认为德行必须和自我利益挂钩。

　　莱布尼茨的论述并未止步于此。他曾说过，正义不论对于上帝还是人类都具有相同概念，因此他试图证明，人类正义及其目的与上帝正义的一致性。按正义行事时，上帝对自身既无担忧之心，也无希望之图，其目的只在于使自己完美。即便如此，莱布尼茨认为，

---

❶ Mollat, 71；cf Riley, 56.

有必要将上帝的喜好与前文所述联系起来,我们认为,上帝所喜即完美,换言之,除了完美,上帝别无所喜。❶ 莱布尼茨又说,这种乐趣"在人类美德和慷慨行为上同样可以见到",两者是对神性的极致模仿,人类的本性也同理。❷ 人类时刻在考量,自身行为能否带来内心平静的满足或者完美神性之美。然而,审慎和智慧的内涵此时变得更为广泛。对于这个矛盾,莱布尼茨最终解释道,"人人为己,唯上帝为人人"。

分析了正义各种不同情境后,莱布尼茨做了总结。正义也许与善的概念截然不同,因为前者的定义被局限在"严格法"之内了。但是,狭义的正义,严格来说,可能也与平等、司法和立法智慧等概念截然不同,平等、司法与立法的功能是执行正义,虽然对个体来说,并非总是有利的,但它们本身是为公共利益服务的。上文提及的概念与广义正义都是迥然不同的,广义的正义是包含所有美德、基于对上帝模仿的正义。莱布尼茨用三项罗马法的原则来区分三种正义的概念:不伤他人(*neminem laedere*),让每个人各得其所应有(*suum cuique tribuere*),正直生活(*honeste vivere*),而他合理地将其表达为正直生活,也就是正确行事,尽职尽责。他还用正义的三种意义来区分它们在源自亚里士多德的哲学传统中的区别:交换正义、分配正义与普遍正义。将交换正义与"不伤他人"相挂钩似乎有些奇怪,正如我们在前文第6章所说的,莱布尼茨这样做或许是因为普芬道夫将交换正义与严格责任的完美义务相关联。

---

❶ Mollat, 72;cf. Riley, 57.

❷ Mollat, 73; cf. Riley, 57-58.

莱布尼茨试图将他的想法与传统法理学以及先前哲学家的思想紧密相连，这样的系统化无疑是值得称赞的，但这事实上也没有给这一学科带来推动与启发。希腊哲学家或许认为普遍正义包含了所有的美德，这基于希腊语的用法（尤其是 *dikaion* 这一形容词，意味"正确的"和"公正的"）。但是在18世纪，对于回归到广泛的正义概念及将其定义为慈善的一种概念时，这些种种则有百害而无一利了。这一定义首次推动了斐洛与奥古斯丁的社会正义的思想萌芽，但是事实上，这两者是截然不同的。莱布尼茨主要想说明正义与慈善之间并无严格界限：两者都由道德法约束，而一个真正的仁德之人会将这两者均视为义务。这并不需要过多的说明，但事实上是将道德作为一个整体而非正义。这并不是说穷人作为社会的共同成员拥有慈善权。莱布尼茨的观点是基于个人利益或最多是基于自我完善的。后者或许是伦理的极限，但与社会正义并无关联。

第9章　大卫·休谟

休谟于1740年发表《人性论》第3卷，并提出伦理学理论；稍后于1751年第一次发表的《道德原则研究》中作了大概重述。在休谟的伦理学中，他关于正义的讨论至关重要。因此，人们有理由认为，休谟的正义之论对阐明这个概念具有非常明显的贡献。然而，事与愿违。休谟对于正义的概念的理解过于狭隘，且过多受制于财产与承诺义务。（在《人性论》里，休谟认为守诺为义务且与正义紧紧联系，而非包括其中。在《道德原则研究》中，他说"守诺本身在正义中占有很大比例"[1]。）从以上两个观念可以看出，休谟的确以此细微思想与崭新的视角提升了我们对他思想的了解。即使一眼看过去财产权在正义中占重要比例，但它却也不能取代正义本身。然而义务、承诺权和契约这三个构成社会网络的重要部分，却在正义概念中被忽略了。财产权和契约也被民法所保护，被法律所庇护，但并不意味着这些符合正义的内容。

---

[1] David Hume, *Enquiry concerning the Principles of Morals*, app.iii: In Clarendon critical edition, ed. Tom L. Beauchamp（Oxford: Clarendon Press, 1998）, 98, §7; in David Hume, *Enquiries concerning the Human Understanding and concerning the Principles of Morals*, ed. L. A. Selby-Bigge（Oxford: Clarendon Press, 2nd.edn., 1902；3rd edn., rev. P. H. Nidditch, 1975）, §257.

受法律保护并不保证法律符合正义感。我们可能同意大多数合法权利公正或公平，但我们也质疑一些传统法律权利的正义，如只能由儿子继承财产而非女儿，或者长子具有优先继承权等这样的社会实践可能（或曾经）对社会事务有效，但并不益于公正或公平。我们可能质疑某一法定职责的正义性：如无论富人还是穷人，都必须支付同样的粮食和燃料等生活必需品的支出税。

但休谟却对现有已制定的法律并未提出怀疑。他不时地用"公平"与"正义"两个词换用，就好像它俩是同义词。❶ 休谟从不考虑两者之间的关系，也不想既有的权利和受保护的规章制度是否缺乏公平或公正。休谟简要地提到平等思想并认为他们不切实际且对社会有害；也无意识要将平等纳入到正义中。即使他曾写道："饥荒时代也要平分面包。"这也仅仅是对"公平与正义原则"作出的一种适当的常见的悬置，并不意味着其与正义可以分庭抗礼了。❷

休谟在他关于正义的讨论中，几乎没有提到刑法和与惩罚犯罪有关的正义感。有一处他提到正义时，❸ 他写道，正如"饥饿时代平分面包"一样，"普通的正义规则"（也就是说,权利的一般规则）被"中止"。他补充说由于功用而受到惩罚就是公平，也没有迹象表明因为有绩效就是公平。事实上在任何背景下，休谟很少提及绩效的概念

---

❶ In one place, *Treatise of Human Nature* Ⅲ.iii.Ⅰ（ed. L. A. Selby-Bigge（Oxford: Clarendon Press, 1986; 2nd edn., rev. P. H. Nidditch, 1978）,578）Hume includes equity in a list of *natural* virtues, as if it were definitely different from the artificial virtue of justice. Yet in *Treatise*, Ⅲ.iii.Ⅰ（Selby-Bigge,483）he writes of 'the laws of equity', evidently using the term as a simple synonym for the laws of justice. There are various other places where he treats justice and equity as synonyms

❷ *Enquiry concerning Morals*, Ⅲ.i（Beauchamp, 15, §8 Selby-Bigge, §147）.

❸ Ibid.（Beauchamp, 16, §10, Selby-Bigge, §148）.

或作为正义主要因素的赏罚。正如平等一样，他简要提到理想的分配财产方式与价值（或"美德"）相匹配，并认为这是不切实际的。❶ 于他处，他倾向于使用"价值"（merit）这一术语作为"值得"（worth）的同义词。他不同意大众观点——道德规范会限制人们的价值，并与人本身潜力与能力相冲突。❷ 因此，在《道德原则研究》中，他使用"个人价值"（personal merit）一词来涵盖以上两层意思。❸

价值或赏罚分明可以共同使用也可以刻意选择，这就是为什么它不能运用于自然能力的原因。当休谟轻视道德美德和自然能力之间的差距时，他否认了人天生的能力会依赖于道德的自由选择。他除了相信自由意志是一个神话外，还指出一些美德（例如勇气）没有比自然性情更倾向于自发。至于那些自发性美德，他以褒贬和赏罚形式进行决定论和功利主义的解释。自然的能力一般是一成不变的，但道德行为会备受鼓舞，而不道德的行为则会被审查或惩罚，这就是为什么行为与道德之间是有自由选择成分的。当代的诺埃尔－史密斯教授对休谟这个巧妙的建议进行过论述，❹ 而这个观点只短暂地在休谟《人性论》后面一节中提到，即自然能力的叙述，而没有对正义进行冗长的讨论。他似乎并没意识到奖惩分明在正义中的重要性，也没有对司法正义所包含的要素进行阐述。这种情况足以表

---

❶ *Enquiry concerning Morals* III. ii（Beauchamp, 19-20, §23；Selby-Bigge, §154）.

❷ *Treatise*, III. iii.4（Selby-Bigge, 606-609）；*Enquiry concerning Morals*, appendix iv（Beauchamp, 102-105 §§1-6；Selby-Bigge, §§261-265）.

❸ *Enquiry concerning Morals*, I；IX.i；app.iv（Beauchamp, 6-7, §§10；72, §1；102-105, §§1-6；Selby-Bigge §§138,217,261-265）.

❹ P.H. Nowell-smith, 'freedom and Moral Responsibility' Mind, 57（1948）, 45ff.；*Ethics*（Harmondsworth: Penguin Books, 1954）, ch. 20, §4.

明休谟的建议会面临重重阻碍。

以上休谟的观点并不能解释为什么某一特定的道德内涵会与赞扬和指责、奖励和惩罚相联系。还有其他种类的奖惩措施用于促进社会配置和检查对社会有害的个体。最显眼的例子就是教育，奖罚会更分明。布道对所有人效果是一样的。将患有某一传染疾病的人隔离起来对其来说犹如监禁一般失去自由，剥夺其活动自由权以免对公众造成伤害。但这类事物不同于赞美和责备、奖励和惩罚。这些措施是因为其有效用才会采取，但并不意味着都是理所应当的。在塞缪尔·巴特勒的著作《埃瑞璜·埃里汪奇游记》中，埃瑞璜这个国家一片混乱，因为在这里生病的人会受到谴责并为他们的治疗感到可耻，而犯罪则会博得同情。不像休谟和诺埃尔－史密斯，塞缪尔·巴特勒认为惩罚犯罪是错误的，因为他不接受决定论。休谟和诺埃尔－史密斯认为事实是万无一失的但却被误解。休谟认为近代哲学家都存在着误解，而美德与其他美好的品质仅仅是文字上的差别。他指出，希腊和罗马的哲学家毫无顾忌地将审慎纳入基本道德。这是一个公平与狭隘道德之间的辩论。但休谟也应该知道，古代世界的思想和语言与现代的思想和语言在奖惩与正义道德之间存在一个独特的链接。

从这本书的之前章节可看出平等思想和奖惩深深植根于正义的概念中。忽视这两点，在休谟的讨论中将是一个严重的缺陷。我能给出休谟特别关注财产和承诺以及契约权的原因。然而，奇怪的是基于他在法理学和道德心理学方面的兴趣，不应该会更多关注刑法中的公正。

对休谟观点缺陷的论述到此为止。让我们现在谈论一下休谟的《人性论》，他将正义视为"人为美德"是最重要的例子，还有一些其他例子，例如：信守诺言、政治忠诚、遵守国际法和女性应遵守的严格标准——贞洁和谦虚。通过对比人为与自然美德，休谟发现后者的主要特点是"伟大"（包括英雄主义）和"善良与仁慈"（包括慷慨、人性、爱心、感恩、友谊、忠诚、热情、公正无私）。自然美德源于人类自然而然产生的动机。人为美德的动机则更为复杂，这取决于一个惯例——社会经验的增长积累情况。最初源动力的形成以及惯例的遵循来自于简单的自我利益实现这一动机，而对总体利益的同情认同则产生道德认同的第二个动机。《人性论》里的同情与想象和联想紧密连接；它不同于自然仁慈，自然仁慈范围有限，不涵盖人类。

休谟在《道德原则研究》中对正义的解释更为直接明了。他这项工作的目标就是通过分析各种形式的"个人价值"来找到道德的"起源"，他还总结道：赞美的对象总是那些令人愉快的或有益于自己或他人的人。他从仁慈和正义这两个社会美德入手。仁慈被推崇至少是由于其社会公益性被称赞，而休谟很快就结束了这一块内容。然后他转而论述正义，说正义的价值完全由于其社会公益性，但论述不够明显需大量论证。休谟甚少涉及人为美德的概念，但在附录中休谟简要回忆了《人性论》里的一个讨论点,即"自然"的多种感官。对于那些不寻常的或者不可思议的事物来说，正义也可以正确地被称为自然；但如果自然与人工相对立，也许严格意义上来说正义不能被称为自然。❶ 同样在《道德原则研究》中，他也没有说正义道德的认同是在自我利益初始动机之上的第二层动机；休谟简单陈述了一下功利性是可以愉悦人类自然感官的（他有时称之为同感、同情，甚至仁慈）。

乍看起来，好像休谟大幅修改《道德原则研究》中的理论。《人性论》花很多篇幅论证正义是人为美德，而在《道德原则研究》中，他忽略了正义问题，仅仅认为其是一个"书面"争议而已，将更多精力放在了正义的实用性方面。《人性论》还暗含了仁爱之特性——"一种热情与同情，其产生伴随一系列复杂过程"，而《道德原则研究》中却未对仁爱作深入探讨。个人觉得变化会发生在重点与呈现方面，而不是实体。《人性论》为有哲学意识之读者而写；而《道德原则研究》则面向大众，本质上仍为哲学著作，但避免了那些会让外行人困惑且不知所云的深奥的参数与辨析。即使那些大家学者在读《人性论》时，也会对休谟文章主题产生误解——即正义是人类依赖于习俗基础上的人为美德；他可能希望人们能更好理解文章主题，但如果相反，他强调效用作为某些传统习俗产生的原因，然后成为正义的规则。

《道德原则研究》中正义的人为属性并不如在《人性论》中一样作为极其重要的主题。文章第三章的结构如下：第一部分解决道德区别是来源于理智还是道德感（也就是说，感觉）。第二部分大概主旨为公正和不公正，以主张正义是一种人为美德，开始和最终延伸到讨论剩余类型的人为美德。最后第三部分转向其他美德和罪恶，

---

❶ *Enquiry concerning Morals*, app.iii, n. 2（Beauchamp, 99, shown as n.64；Selby-Bigge, §258）。

这意味着这些包括自然能力在内的都有自然属性。休谟大概觉得他有充分的理由展开理智与道德感之间的争论，继而立即转向正义是否是人为的这一争议上。《道德原则研究》中这两个问题都附在了附录中，之所以在之前著作中这两问题如此重要也主要是由于哲学史与近代哲学史中的发现。后面为了迎合《道德原则研究》读者的兴趣，休谟将文章的重心进行了转移。

休谟在18世纪30年代写《人性论》时，深受法兰西斯·哈奇森影响，那时这位伦理学泰斗在格拉斯哥大学。休谟所知的哈奇森的书是1725年出版的《激情与情感》和1728年首次出版的《道德感》（哈奇森最有影响力的两本书）。肯普·史密斯教授在对休谟哲学❶进行深入研究时，发现哈奇森的伦理学理论是影响休谟哲学的主要思想，启发休谟形成自己的伦理学理论，并将其上升到理论高度。哈奇森的主要思想是，美德正如美一般，能够部分投射一个旁观者的感受；而良性的动机是一个客观事实，但美德的本质归因于先在的认同感受，或者说，情人眼里出西施。哈奇森称感知认可的能力即为道德感，并将其比作美感，洛克将其称为"内心感受"，意味着感觉或情感。

理性哲学家批判了哈奇森的理论，他们认为道德品质是客观存在于行为和动机中的，不是通过感觉而是通过理性来感知的。对于经验主义者来说，例如哈奇森和休谟，他们对经验主义给出的答案不尽如人意，因为不是依靠感觉的经验，而是模仿数学实体来断定

---

❶ Norman Kemp Smith, *The Philosophy of David Hume* (London: Macmillan, 1941).

的神秘特质。休谟在自己的伦理学理论中继承了哈奇森的观点（根据肯普·史密斯），并意识到他可以用同样的方式来解释原因。就像美德，必要的因果关系连接的并不是一个感觉对象。然而，与理性主义哲学家眼中由理性考量而得出因果关系的看法不同（他们看待道德品质也是这样的），休谟认为，代替因果观念的是为一般性连续发生事件总和进行观察的后果。这要借由一种必然性观念。这种观念不是基于所观察之物，而是由观察者在希冀先发之事产生继发之事时产生的强制感所建构的"观察事实"。

肯普·史密斯认为休谟对其引文的解释仅仅是一个聪明的遐想连接。但哈奇森对休谟思想的影响却是既成事实，有利又有弊。

哈奇森在他第一本书中提到道德感时，他并不担心会给理性主义者提供一种途径。他像打破旧习的思想家霍布斯和曼德维尔等人，他们认为道德行为和道德认可是基于个人的，是自私自利的。哈奇森通过编组参数和例子来表明动机和对美德行为的称赞本质上是无私的。传统理性主义思想家不仅不赞同霍布斯的利己主义；他们怀疑霍布斯有关对与错、正义与不公的观点，不存在于自然状态而是深受人类协议的影响。支持哈奇森反对理性主义者，认为他传授给霍布斯的承认价值并非客观真实，而是人类经验在崭露头角。哈奇森在《道德感》里回应了他们的不同观点，这部分内容是他第二本书中较为重要的内容，且将自己精力更多集中于塞缪尔·克拉克和威廉·渥拉斯顿。

很显然休谟深受哈奇森的影响。《人性论》第 3 卷第一部分一直在探讨道德区别的起源问题，是源于理性还是道德感？休谟坚信哈奇森是对的，但他又言之有理地改进了哈奇森的论证并添加了一些新内容。和哈奇森一样，休谟也集中火力抨击克拉克和渥拉斯顿。他明确地在一个有趣的长脚注指出渥拉斯顿的理论中所有不道德行为均以谎言方式出现。至于克拉克，休谟在引用"持久健美和能力不足"时显然是针对克拉克的，他响应哈奇森而将克拉克作为主要的抨击对象。此外，休谟的（现在闻名遐迩的）最后论点——"应该"不能由"是"所推导——简单而言，就是他发现了所有道德系统里的行为，但这显然不能成立。我只在塞缪尔·克拉克的著作中发现了这一点。自从克拉克创立伦理理性论以来，一直都是影响最为深远的一个教条。休谟这样说也毫不夸张：舌头长在脸颊上———不留心注意到他的观点会破坏所有的低俗的道德体系。

处理完理性主义问题后，休谟在下一章节继续论述道德区分源于道德感。他是这样描述和标注主题的：这是支持哈奇森观点的典型例子。但他只在标题中使用了"道德感"；在主体部分以及在卷三的描述中，他没有写"情绪"或"感觉"，这有助于区别他和哈奇森理论之间的不同。"道德感"会误导暗示与外部感官密切的类比。更重要的是，哈奇森将道德感描述为仁爱的无私动机未免也太简单。休谟认为他能给认同感和起源一个更明确的解释。他还认为哈奇森将所有美德置于仁爱之下是错误的。甚至在广义上，仁爱只是美德的一部分，人们可以称之为自然美德，因为其是由利他主义的自然延伸所催生出来的。而其美德行为的形成是由责任感或诚信感激发的，即无须善意促使而自觉遵守道德规律的行为，有的甚至在相反情况也是如此。为了区别差异，休谟将其称为人为美德。他在道德感章节中做出区别,然后接着在下一节即第二部分的开始,探讨正义是一个自然或人为美德的问题。

休谟可能觉得理性和道德感之间的争论是18世纪30年代哲学家里最突出的主题。他觉得哈奇森取得一个重要的进步但还存在不足,所以仍需改进。这就能解释为什么他开始探索理性和道德感的争论。在这个问题上,休谟和哈奇森结成同盟,休谟很自信地认为,哈奇森的理论会显得太过简单。理性主义者曾批评哈奇森不够重视对与错、责任和义务的观念。如果人们只考虑认可仁爱(爱的一种形式)的话,很容易假设道德纯粹是一种感觉;但判断对与错,出于这样的判断行为,认为人们应该做什么,不能被视为简单的情绪反应。哈奇森对道德感的客观解释虽简洁但仍显不足,休谟进一步探讨人为美德,从正义、诚实或责任感方面对比自然动机与行为。

为什么他把重点放在正义上?哈奇森几乎没对正义进行概念解释,由于受格拉斯哥的老师卡迈克尔和法学界泰斗普芬道夫的影响,他就权利进行了诸多阐述。哈奇森的权利理论独特性在于它是一种新颖的功利主义思想。哈奇森认为美德是一种被认可的仁爱并会转化为功利主义的新形式,他发现仁爱意图提升人们幸福感,降低不幸感,也就是"行动能产生大量幸福感"[1]。涉及权利时,他意识到,尽管权利基于义务,但这并不是最触手可及的行为。他发现人们通过遵守规则来提升整体社会和团体的利益,可以将权利与功利主义的思想联系起来。这个公式证明法律在实践中坚持一个普遍规则,

---

[1] Francis Hutcheson, *Inquiry concerning Virtue*, iii. 8; in D.D. Raphael, British *Moralists* 1650–1800 (Oxford: Clarendon Press, 1969; repr. Indianapolis: Hackett, 1991), §333.

尽管有时会导致困难情形（如律师所称）。哈奇森的权利理论在早期表达中被称为"规则功利主义"，但哈奇森的优势只适用于权利，也就是说有法律实践的理由。

休谟对正义的实用性阐述源于哈奇森的权利理论。他也解释了功利主义的版本，他也明智地将其限制于权利的行动而非扩展，正如现代规则功利主义者一样，所有的行为都是为了道德权利或义务。然而休谟的正义理论并不是简单地重复哈奇森的权利理论。休谟看到道德的权利的相对复杂性显示了哈奇森伦理的局限性，即所有道德价值可以解释为自然产生的仁爱而产生的自然性尊重。这让休谟重新考虑道德的本质是正义，但这种解释又落入传统观点之中了。他对习俗的解释比之前那些习俗学家的社会契约假设更有实际依据。在工作的过程中，休谟发觉关于承诺的一个全新而让人困惑的问题，通过与正义习俗联系得以解决。

解决这些问题时，休谟受到霍布斯与哈奇森的影响。这充分表明，他非常尊重霍布斯。《人性论》的标题下有一句短语——"人类自然的天性"，霍布斯将此描述他的第一本著作《人性》；保罗·拉塞尔教授认为霍布斯的《法律元素》（最初出版名为《人性和国家政体》）与休谟的《人性论》之间有惊人的相似结构。显然，休谟从霍布斯的著作中"借"了很多例子和关键短语。[1]在第7章我有理

---

[1] Paul Russel, 'Hume's Treatise and Hobbes's The Elements of Law', Journal of the History of Ideas, 46（1985）,51, ff. 我认为，拉塞尔稍稍夸大了一点，至少在分析《人性论》第3卷时，拉塞尔认为休谟模仿了霍布斯的问题上夸大了。然而，这种夸大造成的影响是深远而广泛的。在我所著的《英国的道德论者：1650—1800》中，我曾指出，休谟可能是从霍布斯那里找到了《人性论》这一论题。

由相信休谟人为美德的概念来源于霍布斯的自然与艺术之间的区别，正如其运用到法律和契约一样。霍布斯称契约为人工债券和实在法律规则的人工链，并模仿自然法律的强制力。在我看来，霍布斯认为道德有两个系统，一个基于审慎利己主义方面的自然主义，另一个建立于契约之上。霍布斯夸大了自身利益在人类行为的比例，这一点休谟和哈奇森等其他批评者观点比较一致，但他并不积极反对霍布斯复兴的古典诡辩学者的教条，这些教条宗旨是正义存在于习俗之中，而非自然。虽然休谟摒弃了正义建立于社会契约的观点，视其为神话且自相矛盾，但他意识到这不是诡辩家和霍布斯的核心观点，他还发现霍布斯在评论中阐释义务的承诺及其人工角色这些重要内容。

我认为，洛克的著作中还存在一些较小的负面影响。休谟在《人性论》中批评伦理理性主义时，他写道："某些哲学家会非常勤奋地传播意见，但他们认为道德是显而易见的"，"这一科学可能带来同等的几何或代数确定性"。❶ 由于发起了经验主义复兴，因此洛克支持知识理论，但在伦理方面，他接受了传统的理性主义的自然法理论。他未发表的论文《自然规律》并不为休谟所知。然而洛克的《人类理解论》几乎和休谟一样用简短的篇幅描述伦理学。该文以"道德"开头，通过从不证自明的命题推导出必要的后果，将"道德置于科学中，充满论证"。它给了两个简单的例子，一个据说是"与欧几里得证明一样确定"，另一个则如数学中的命题一样确定。更重要

---

❶ *Treatise*, Ⅲ.i.1（Selby-Bigge,463）.

的是，第一个例子实质上用财产权定义了正义。被证明的命题是"没有财产就没有不公"。借由给定的定义加以证明会使得命题具有分析性：财产是任何事物具有的属性，而不公则是"入侵或违反了权利"的名称。❶ 在我看来，当休谟写到道德易于证明，且集中于正义的本质来关注权利时，他将这一点铭记于心。（在出版于1748年的《人类理解的探索》中，休谟几乎完全再现了洛克的命题，将其作为一个例证进行说明，而不仅仅将其呈现为一个不完美的定义。❷）

值得回顾的是，洛克《政府论》下篇中对自然权利进行宣传时，将人类本身固有的财产权囊括其中，通过论证每个人都拥有自己的身体与四肢，再辅以劳动，因此证明人类就具有天然的财产权。休谟的理论认为，正义作为一种财产权，不是自然的美德，而是人为的美德，这（在其他事物之中）间接批判了洛克的自然财产权观点。当论及财产权其优先占有即在法律上称为"占有"时，他直接和有效地批评了洛克的观点，他指出：某些财产权和有人类参与的劳动产品无关，在任何情况下，加入某一劳动的想法仅仅是一种隐喻，即想通过劳动改变事物，因此并未涉及人身拥有权。❸

休谟认为正义是一种人为的美德是有点让人难以捉摸，说服力不强。它具有如下解释：一个良性行为的价值只在于它的动机。由于需要推理的循环，良性的动机不能是责任感：赋予行为的美德在于"关于美德的行动"。所以，虽然一种正义或诚信的动机，如支付

---

❶ John Locke, *Essay concerning the Human Understanding*, ⅠV,iii.18.
❷ Hume, Enquiry concerning the Human Understanding, Ⅻ.iii（Selby-Bigge,§131）.
❸ *Treatise*, Ⅲ.ii.3（Selby-Bigge505–506）.

债务，可能是出于正义和诚实，却不能构成美德，美德必须来自一些先天自然的动机。这可以不是出于自我利益或公众利益，或私人仁爱（也就是说，造福于人，接受福祉之人则是负债者）。休谟给出合理的理由否定了这些可能性。毕竟除了考虑正义，似乎就没有动机作用。只要我们允许的正义感不是源于自然的动机而出现"人为的必然性"，即从人类约定出发，我们就可以避免循环推理。❶

这个论点的三个步骤令人费解。首先，我们为何要同意一个良性行动的价值只在于它的动机且不受休谟所说外部性能影响。休谟说，"诚然，如果一个人存在于一个良性动机中，由于不可预见性不能做一些事情，我们不怪他。"这确实表明，优缺点、赞美和责备，不取决于外在的表现，但这并不能说明外部表现是无关紧要的。我们可以问为什么某些动机会得到赞扬或指责。以赞美善良和勇气为例，这不仅是一个机会问题。正是因为这些动机旨在帮助别人，所以通常会成功。如果有时不能克服困难，继续造福他人，人们仍认为这些是值得赞美的，因为失败是例外，大多数好的出发点会孕育好的结果。诚然，当我们赞美诸如善良或勇气的时候，我们不会下意识地去考虑会有什么好处；这种赞美是油然而生的。因此哈奇森能够比较仁慈的爱（自尊）与赞赏（崇拜）。但他也指出，仁爱是恰当的自尊，因为仁爱旨在提升幸福。尽管哈奇森不这么说，但因为仁爱通常提升幸福，推断赞美仁爱这种自然反应是合理的。

令人惊讶的是，当休谟写到一个良性的价值行动与外部行为无

---

❶ *Treatise*，Ⅲ.ii.1（Selby-Bigge, 477–484）.

联系时，他本不应该考虑这个的。在他解释了更多道德美德的认可时，他说，幸福来自于我们的同情与这些美德产生的幸福感。他甚至说，某个地方一旦建立惯例，那么法律和正义的方案就"自然融入了强烈的道德情感"，只源于人们的同情与社会的利益。❶ 他还说，人们对自然美德的认可（《道德原则研究》里也有讲过）同样也可以被解释为受到同情的影响。所有这些都与最初的论点相悖，即对美德的赞美完全取决于动机，而对外部表现则一无所知。

最初的陈述不适用于正义。乍一看仁爱的优点或赞美只取决于动机是合理的。但能用同一事来论述正义吗？正义是一个道德终点或理想追求。即使休谟狭义地解释正义的一个特定的实例，它也不出于一种特定的动机，而是人与事物之间的关系。古希腊人将正义置于"美德"中，但这个词作为一种道德形式，翻译成美德意味着卓越，不一定是一个人的品质。虽然"*dikaiosyne*"这个词意为正义，但可能意指个人品质、正直等一系列相关词汇。我们也认为正直或责任心是一种美德，这是休谟的思想，人为美德也是责任感。毫无疑问这不同于他所谓的自然美德，如像仁慈一般的动机。但责任与外部行为无关系的说法是荒谬的。如果说动机是出于责任心的话，责备会产生坏的结果是错的；有些人的责任感（希特勒除外）会严重侵犯他人的权利，而不能被有正常价值的责任感所宽恕。

对休谟论述的第二个可疑之处是其对某种先在的自然动机所做的排除可能性的简化列举。他将债务偿还作为正义性例子，他考虑

---

❶ *Treatise*, Ⅲ.iii.1（Selby-Bigge，579–580）.

了出于自我利益考虑的可能性与公众利益，以及出于私心的仁爱。这些因素没有一个可以作为常规的自然动机来支付债务，显示起来也毫无困难。是否还有其他自然动机来影响正义？我认为不存在任何想要支付债务的自然动机，但也从来没人想要建立一个信贷系统。然而，考虑到刑事司法，就表明对于受伤的怨恨而产生报复的心理会形成一个自然动机，这个概念存在于惩罚之前。如果和休谟一样，集中于财产权利，那么洛克的错误争论也会变得合理。孩童利用材料建造东西，如沙塔，那么就会认为沙塔是他的创造与财产；如果被别人没收的话，就会觉得很不公平。再次，如果父母或监护人在分发物品时漏掉了某个孩子，孩子就会自然感觉不公平。显然自然意义上的公平和不公平构成正义基本动机的某些方面。

第三个也是最后一个困惑之处在于休谟的结论。他说因为没有支付债务的先天自然动机，那么就会有义务或责任心来担当动机。至于他早些时候的言论，说这将涉及循环论证（行动的可贵之处在于对美德的行动），他说，现在我们允许正义不是源于自然而是习俗基础之上的人为特性，那么就可以避免诡辩法。我们避免用诡辩与循环理性来解释自然。由于人为性，是否还存在诡辩与循环理性？如果是这样的话，会是一个令人满意的结果吗？不意味着正义是虚假的吗？

或者我们避免循环理性论证是因为最初的前提是一个良性的价值行动必须依赖于自然的动机？但是如果我们不再坚持这一前提，那么正义的价值在哪里呢？休谟是要展示正义扩大后的规则，因为他们通常是有用的，他们出于自身利益而举此例证，而这非道德动机辅以对大众利益的同情。如何站在初始论证角度即由正义必为人为美德推论出这点呢？因为它是一种美德，它的价值仍需依赖于一个动机。美德的动机显然不是个人利益，而是对社会效用加以道德确证的后天累积。根据休谟的理论，这不是一种自然的，而是一个人为的动机，一个源自人类的约定。然而他说，它"一定"出现，就像我们以前说的那样，他认为一旦按照惯例建立正义，那么从同情出发的道德感就会与大众利益汇成"自然"。❶ 或许休谟以道德动机为终点，是人为性而非自然性。

找到一个合理而有意义的解释是一个曲折的过程。人们不禁会想，如果休谟忽略正义是人为的，且简单地对正义产生的原因进行解释，那么他会做得更好。他在《道德原则研究》中所做的是强调正义完全取决于社会效用。他说这两本书，正义（即产权和特定规则）源于两个因素的结合，一个在于人类的性格，一个在于压抑慷慨而占主导地位的自私；另一个在自然环境中，用相对稀缺的商品来满足人类的欲望。如果大自然能够提供一切我们所需，满足欲望，就不会想占有别人的财产或事物，或当别人拿走我所需的东西而备受困扰时，手边将永远有替代品。如果我们都像爱自己那样爱我们的邻居，产权同样是没有用的，我们理所当然地会帮助他人来满足他们的需求，并将物质视为大家共同可用的，视其为公共资源。

休谟用插图强化了一般性论证。一些美好的事物，比如水和空气，它们资源丰富、数量众多，所以人们不会产生私有财产的概念，

---

❶ See n. 18; and cf. *Treatise*, Ⅲ .ii. 3（Selby-Bigge,500）：'Tho' this progress of the sentiments be *natural*, and even necessary…'.

但在某些情况下，水是稀缺的，因此成为私有化和冲突的来源（休谟是指一个沙漠中争夺水井的圣经故事）。扩大的仁爱影响可以在婚姻和理想社区的共同财产中所见。黄金时代的诗意的神话包括前文所描述的两个假设，一个慷慨的人性和无私的人类，与纯粹的幸福和不需要规则来维持的正义。一种自然状态的哲学神话，借由将人类描述为完全自私的方法颠覆第二个假想，结果是无尽的痛苦以及毫无遵循正义准则的可能。一个现实的例子是，如果一个人遇到强盗，那他必然只想到自我保护而不尊重正义的规则。和现实相反，大自然的饥荒就是一个很好的例子，正义在这里显得那么微不足道。

　　由于自然稀缺和人类自私性（不是绝对的），正义显得很有必要。稀缺性可以通过合作来弥补，可以分工和相互援助。盲目自私则变成了理性地追求自身利益，因为人们认识到合作是颇有成效的。实践证明这富有成效（如两人各用一个桨划船）而因此成为传统。这种合作可以减轻稀缺性。但它并不能消除自私，便会产生另一个问题，物质产品的占有缺乏稳定性。人们占有许多物品，并可以相互传递。在这里，那种理性的自我认同形式再次表明，如果他们能就占有的稳定性规则达成一致的话，那么对所有人都是有用的。这就是说，财产、所有权、专有使用、消费或保留物的规则，与单纯的占有形式（将某物置于你的手中）相比，或许就只是暂时性的了。我们发现在法律里特定规则的产权，源于不同的习俗，但是为一个共同实体与功利服务。或在某些特定情况下，规则可能不是最有用的，但人们严格遵守规则会利大于弊；由于大家共同遵守规则，从大众利益出发且富有同情心，因此这在道德上是备受认可的。

对财产权进行社会心理学解释比较有说服力,这是对这一问题分析的第一步。然而,在特定情况下,它并不是令人满意的方案。解释表明:"公用事业是正义的唯一来源,基于对这种美德有益结果的反思是其价值的唯一基石"❶。对正义的起源是一种猜测,每个人都可以在自我思想的剖析与阐明他人思想的过程中对正义的"价值"或道德有效性加以反思。几乎所有人都认为正义的规则作为一个整体,会产生有益的影响。但是当一个特定的实例主张正义有背道而驰的效用,通过反思正义对一般公用事业的贡献时,我们不认为其具有道德有效性。就效用来说,这是无关紧要的。正义的道德要求自立根基,且被认为与功利无关。休谟告诉我们,这是由于正义的道德价值来自于同情和总体幸福,但是要得到认可需遵守正义的规则,以取得最终效果。他假设这责任感与后一个规则相联系。但当我们面临一个与功利相悖的正义时,正义的要求不仅仅是遵循一个规则,它通常是由于一个或多个个人因事先参与而产生的某种想法,或者是不同个体或群体之间的公平观念。

为了说明第一点,让我们以休谟最初论证——正义的人为性来举例:债权人没有特别需要,债务人需在规定的时间偿还贷款的义务,而债权人可以使用金钱做更多益事。休谟说我们将支付债务的动机是"正义"或"诚实"。人们也能肯定地说:在借贷时债务人需给债权人保证他将在规定的时间偿还债务。义务是针对于特定的人,通常两者之间有事务连接。还款的原因不仅仅是出于正义,而是债

---

❶ *Enquiry concerning Morals*, Ⅲ .i(Beauchamp, 13, §1;Selby-Bigge, §145)。

务人完成给特定某人的承诺。

债务的形成是合同的一种形式，我对休谟讨论债务例子的批评也适用于他的承诺，而这对其他方面是有启发性的。休谟说，承诺是以文字的形式束缚自己去执行某一行为。承诺"实际上"表达了决心并让自己处于"失败便失去信任"的境地。[1] 但此处遗漏了重要的一点。不再被信任的惩罚就是不能遵守承诺的可能性后果，正如习惯性撒谎，这也并不是单个例子；从后果来看，人们是基于自我利益而遵守承诺的。但这并不是希望介入承诺的必要原因。正如休谟自己所言，承诺机制已经"束缚了"自己。债券是一种义务，也是一个对他人的承诺。休谟对后果的关注忽略了这类义务的特定人际角色。毫无疑问，实践系统对其社会效用有用，但参与实践的正义概念不仅是一个简单实用的方面；它可以作为一个限制社会效用的替代品。

基于公平的正义行为与效用相反。在《道德原则研究》中，休谟指出战争的影响取代了法律的公平正义，战争法不再适用，但战争在这种情况下颇具影响。说到交战双方的关系时，毫无疑问，他会将同样的原则运用于一个处于战争状态的国家的内部法律和政策的变化。这里有一个例子来表明，在战争年代，正义和效用也会相互冲突，虽然比重会发生变化，但彼此都不会被取代。

英国在第二次世界大战期间引入了征兵制，但也有某些例外。一是对职业的保留：从事对战争有贡献且必不可少的工作的男性，

---

[1] *Treatise*, III, ii.5 (Selby-Bigge, 522).

其征召会被暂停或推迟。这看似不公平但很有效。但也有其他歧视性措施,例如学科差异,如以下这些学科的男生都会受征入伍:科学技术、人文或社会研究。前者被鼓励来完成(缩短)课程,然后选择在行业进行有用的实验或进入武装部队的技术分支,而后者被允许学习一年,然后被征入军队,不公平但很有用。当战争临近尾声时,有必要进行循序渐进的武装部队复员。可能的政策是遵循保留职业计划,由于任务紧急,议会大力提倡让有技能的男人提前复员,如建造与修理房屋,这是严格遵守"先进先出"原则,如今在战争这一极端紧急状态下公平优先于功利的原则已经不再适用了。政府不情愿地决定修改这一原则,对有限的建筑技术工作者优先考虑。

包括征兵政策与解除兵役政策等采用的政策恰好说明了休谟的观点,即在战争中,正义会被效用取代。然而事实上,在召唤中仍有公平存在,例如允许人文学科学生一年的学习。至于复员政策,过多关注公平是出于谨慎,是基于大体效用的惯性规则,会让人觉得荒谬。"先进先出"原则明确了社会效用的运行和坚持,不只是主张公平,更加引人注目的是它早已经被不公平的效用取代。然而没有人否认效用仍然居于重要位置。

公平的要求有时取决于价值,有时取决于平等。我前面提到休谟忽视绩效在正义中的作用,短暂地提到理想性的平等主义观点,且否认这些是不切实际的。他还将正义与平等相联系。[1] 他提出了这一假设——人类可能是一种混合型生物,也有男性的理性,单力

---

[1] *Enquiry concerning Morals*, Ⅲ.1 (Beauchamp, 18, § §18–19 Selby-Bigge, §152).

量方面的差异使得人类能感知到自身的愤怒。休谟说只有遵循人性，才能温柔对待这些生物，而不是靠正义的力量，因为正义意味着没有绝对的平等。他将人与动物（具备一定程度的理性）加以类比，甚至比作那些受不了诱惑忽视人性以残忍方式对待美国印第安人的欧洲人，也比作社会对女性的奴役和歧视。这些都是合理的社会实际行为的证据。引人注目的是休谟相信只有力量均衡才能与正义相关联。这让人想起霍布斯自然状态中的平等概念。休谟是非常人性化的人，无疑被人性感化并且同情弱势群体。但他的正义观中似乎存在着一个盲点。

第 10 章　批判休谟：凯姆斯和里德

休谟的正义观遭到了三位著名苏格兰哲学家的批判。尽管他们承认，休谟是个卓越的哲学家，但其"人为之德"正义观是存在争议的。凯姆斯勋爵和托马斯·里德两人都对此提出了自己的反驳，而亚当·斯密，尽管他没有指名道姓，但是很明显，他本人反对的"功利正义论"箭头暗指的正是休谟其人。

凯姆斯勋爵是休谟的堂哥，一位著名的法官、法理学家与哲学家。他关于道德与自然宗教原则的论文，1751 年首次发表，1758 年再版，❶ 其中一章，关于正义和非正义的论述（散文集二卷第 7 章），正是对休谟著作中人为之德正义观的批判。凯姆斯首先提出了自己对正义的定义，令人惊讶的是，作为一名法官，他的定义几乎和休谟一样狭窄：正义是保护财产的道德，用以保证契约权威性。但这可能是考虑到，此章节的目的是批判休谟，因此凯姆斯将论述限定在休谟所讨论的正义范围之内。而参考本书中的第 3 章更早的定义，虽然比较模糊，但更为宽泛。在这里，凯姆斯将正义定义为"避免

---

❶ *Essays on the Principles of Morality and Natural Religion* (Edinburgh, 1751 ; 2nd edn., rev., 1758) ; much of the 2nd edn. version of Essay Ⅱ is rcproduced in L.A. Selby-Bigge (ed.), *British Moralists* (Oxford: Clarendon Press, 1897), ii. § § 910–957.

伤害他人"。

假设休谟未曾发表所谓的道德正义论，只是说，财产的概念和产权规则是人类社会契约的产物，因此两者是人为的，还会遭到众多非议么？我曾经认为，虽然洛克早就说过财产权是自然权利，但如果休谟只是这样说说，那可能不会有那么多人去批判他。但是很明显过去的我犯错了。凯姆斯对于休谟的道德正义观和产权观并无非议，唯独对休谟"财产权乃人为而来"的观点提出了批判。在1751的第一版论文中，他跟随洛克提出了自己的反驳，在1758年的再版中，他又修正了观点，做了截然不同的论述。

凯姆斯在1751年发表的论文中提到，人类的劳动源自自我保护的本能，侵占自然资源为己所用，或为方便之欲，或为奢侈之心。但是，如果他们不认为劳动成果归劳动者本人所有，那么劳动就失去了最初的目的。尽管凯姆斯没有重复洛克的术语，将某人身体的劳动和自然某一部分相联系，但是他同意洛克的说法，即我们认为劳动成果归自己所有，就像我们认为我们拥有的手脚和其他身体部位一样。同时，他也赞同了休谟的观点，如果生活的所有方便之物都如同空气和水一样随处可取而不用通过劳动获得，或者我们对劳动成果的分配，是从公共利益而非私利出发，那么这就没有财产权的概念了，至少这一概念将变得多此一举。

在1758年再版的论文中，凯姆斯摒弃了类似于洛克的论述方法，转而依靠自己的直觉去酝酿成文，而这种方式是在首版中几乎未涉及的。他开始明显意识到首版论述的缺陷。也许他也知道，在首版中，尽管他解释了为何财产权概念是必要的，但却并未说明为何财产不是个体劳动产生，也并未从必要性之外的角度解释财产储存行为。他在首版中提到过，人类历史与个体财产相生相随是众所周知的事实，"在农业时代之前财产权就出现了，每个人有自己的牲畜，各自享受牲畜的产品"。而在再版中凯姆斯又说，在比农林牧渔更早的历史时期，那时人类具有野兽般的掠夺性，拿到什么吃什么，在随后的畜牧时代，人类开始储存牲畜，方便以后的营养之需。类似的举动随之而来，人们开始划分耕地，开始储存更多的食物。

凯姆斯在此利用到了一个理论，即人类社会的发展依从四个阶段，猎杀为主的原始社会、畜牧社会、农业社会与最后的商业社会。该理论在其作品中，特别是有关财产权历史类的论述中被大量运用，如在《道德的原则》首版与再版之间发表的——《历史法文集》（1758年）。❶ 事实上该理论还是亚当·斯密法理学讲义的主要内容，也许凯姆斯正是借鉴了斯密的说法。该理论的主要特征在于，认为财产权概念首次出现在畜牧时代，这就表明，它在人类社会的最早期是不存在的。但是，凯姆斯所提到的畜牧以及耕地划分的创举，似乎和休谟论文中财产权来自人为的观点不谋而合。

尽管如此，凯姆斯仍然试图维持自己财产权是自然性的观点，为了证明这一点，他论述了理性和自然天性之间的区别。他提到，的确，人类的理性和反思，极大地推动了畜牧时代和农业时代的进步。

---

❶ 参见 Ronald L. Meek, 'Smith, Turgot, and the "Four Stages" Theory', *History of Political Economy*, 3（1971），15. 米克就亚当·斯密可能是 1750—1751 年间在爱丁堡阐明的该理论提出了自己的理由。在《道德的原则》（第2版）与《自然宗教》中，凯姆斯对财产问题的看法发生了改变，这与其最近写的《历史法文集》不谋而合，具体现在该书第3篇《财产的历史》一文中反复使用的语词中。

但是，我们储存食物并非完全出于自身理性，大自然的存在，使得人类天生具有懈怠和懒惰等风险。其他动物储存食物的天性，被大自然同样地赋予了人类。但是从人类自私性的角度看，如果他们没有财产权的概念感知，那么他们的储存天性将会与其原本目的背道而驰。

凯姆斯认为，人类储存天性的存在明显至极、不容置疑。虽然他的论据仅在于，每个人都追求力量，并且，大部分人急切地想要无限地提升自己的力量，比如人类的贪财行为。该论述不足以让人信服。日常为了雨天所做的储存很明显是理性的产物，并非是无理性的天性所致。并且人类的某些储存行为既非理性也非天性。其他动物的储存行为是一种天性，但是最清楚不过的人类储存行为中的敛财，就如同凯姆斯自己所说，这类行为远不能用天性来解释，而是一种病态的痴狂。

在承诺的论述方面，凯姆斯对休谟的批判可谓一针见血。他指出，信守承诺如同说真话一样，具有义务性。人类交际的两个先决条件，即甲方的信任和乙方的守信，两者都不是人为产生的。休谟对承诺的看法错在，他认为承诺仅仅和单方面即做出承诺的那方有关。而实际上，承诺是两方的行为，其中一方正是基于他对另一方的信任许下承诺。别人对我们的信赖，我们自己许下的承诺，两者构成了一个义务关系。

托马斯·里德是凯姆斯勋爵的好友，理所当然地，他对休谟的批判框架和凯姆斯如出一辙。里德在哲思能力方面比不上凯姆斯，但是他紧跟凯姆斯其后，对承诺这一宽泛的哲学论题做了论述。相关的论述包含在他《关于人的行动能力论文集》(第五篇第5章和第6章)中。❶ 论文发表于1788年,距离亚当·斯密发表《道德情操论》(1759年)已经过了好多年。但我想在斯密之前讨论该文,因为该文和凯姆斯的批判具有一致性,两人都基于休谟"人为之德"正义观提出了反驳。另外,斯密的作品,就本论题而言,实际上相关性并不强,斯密的亮点在于他对于司法正义持积极看法,而这一领域正是休谟和里德两人所忽视的,有其特殊研究价值,值得之后进行深入探讨。

里德首先在区分帮助和伤害行为的角度上讨论了正义。他认为施加给他人的帮助行为是有益的,而伤害行为是有损的。一般情况下,帮助带来感激,伤害招致憎恨。正义介于帮助和伤害这两种行为之间。它的施行既不导致伤害,也不带来益处。正义使人得到应得之物,而帮助除此之外,还使人得到其他益处。

这种观点意味着,正义与伤害、正义与帮助这两种关系是类似的。正义既不带来伤害也不带来益处,而是消极地介于两者之间。实际上这种观点可能并不正确,因为里德接下来又说,正义和伤害是截然相反的;但他绝不会认为正义和帮助是截然相反的。他从权利及权利受损(即伤害)的角度来定义正义和非正义,他认为,"不正义即对个人权利的违背,正义即对个体权利的服从"。因此,正义不仅仅是消极意义上的避免伤害,而且包括积极意义上对他人权

---

❶ Thomas Reid, *Essays on the Active Powers of man* (Edinburgh, 1788); repr. in *Essays on the Powers of the Human Mind* (Edinburgh, 1808), iii.A modern critical edition is in course of preparation as part of *The Edinburgh Edition of Thomas Reid* (Edinburgh University Press), series editor Knud Haakonssen. The most common edition available at present is in Sir William Hamilton (ed.), *The Works of Thomas Reid* (1846 and Later reprints), but it is often inaccurate.

利的尊重。里德曾说，"我认为正义和慈善一样必要"。对于自给不足的人来说，有必要让富足的人给予他们帮助。这就在慈善和帮助的层面上赋予了正义积极的角色。值得注意的是，里德在这句话中并没有明确表明，无助之人拥有被富人帮助的权利。但是总体来说，里德的观点是正义和尊重权利具有一致性，非正义和伤害权利具有一致性。他认为有6种不正义，相对的也有6种权利，或者6种正义的分支。

和先前认为正义介于伤害和帮助之间的观点相比，这种论述更具合理性，但仍然过于宽泛。正义和非正义的概念与权利、伤害的概念是截然不同的，甚至可以说互为矛盾。例如正义的要素，公平的概念，并不是非要和权利联系在一起。例如，很多人会认为税收的二次分配对于帮助穷人来说是公平的，但这并不意味着穷人有这一权利。权利的概念相对公平更为宽泛（里德先前关于正义和慈善的关系那句话表明，可能他自己也意识到了这一点）。并且，某些权利的道德强制性也和公平或正义毫无关系。

也就是说，里德自己对正义的解释并不是很清楚，因此对于后续研究而言显得不够清晰，助益不大。但是他对于权利的分类（或者他对正义的分类）让他清晰地洞察到了休谟论述的漏洞。他依靠自己的法理学知识，列举了个体可能受到的6种伤害，表明了正义或权利的6种类别，即个体的安全权、家庭权、自由权、名誉权、财产权、守信权。他说到，其中前四种权利就是传统上的自然权利。后两种与前四种不同（即劳动的所有权、财产转让权和信守承诺的权利），是在之前的行动及其结果基础上形成的权利，因此后两种权利是后天获得的权利。里德接下来说到，尽管休谟说所有的正义皆由人为而非先天，但是这种论述也只涉及了前文列举的后两种权利。里德进一步提到，后天获得的两种权利也并非完全是人为得来，其产生的基础也离不开自然权利。

在财产权方面，里德同意洛克的观点，土地乃天授所得，为人类私用，因此每个人天然地享有权利，包括获取所得、占有未曾属于他人之物的权利。当某人占有了某块土地或其产品时，也意味着他获得了支配它们的权利。尽管和分享公共资源的原始自然权利存在不同，后天权利也是依靠自然权利形成的，因为，自然权利不仅包括使用权，并且包括占有公共资源以供未来使用的权利。财产权包括两部分，其一是维持当前生命所需的使用权，其二是为保证未来生存所做的储存权。于前者，生命的自然权利意味着人类有权利获取维持生计的必需财富，于后者，生命的自然权利意味着人类有权利占有自己的劳动成果。但是，就这两部分的地位而言，累积财富的权利，从属于维持生存所需的权利。对于家庭而言，正义即对无法赡养自己的孩童和病人，要以公共财富来赡养他们。与之类似，全人类社会也可以类比为上帝的庞大家族，正义和慈善要求我们以富人多余的财富来资助穷人和残疾人士，维持他们生活所需。该论述意味着，穷人和残疾人士天然拥有生存的权利。但是，如同我前文所言，里德从未明确表明，穷人和残疾人士应该拥有被富人帮助的权利。他只是提到，这类人理应受到生存的帮助。

里德对休谟的正义观的局限性做了充分论证：休谟认为所有正义皆人为，但是随后的论述并不完整，其重点只包括后天获得之权，而未提及先天的自然权利。但是里德自己却试图将后天获得的财产权和先天自然权利联系起来，这就有问题了。他假设了一个相当详细的神学理论框架，来说明自然权利中的占有权来自于上帝的旨意。（1）赐予人类土地及其附加产品以维持他们生存。（2）允许人类拥有不受任何阻碍的绝对自由去支配这些馈赠。也就是说，获得某种额外财产或物品的权利，这一概念需要解释。休谟是从人类自身经历的角度来谈这个话题的，而里德所采用的是神学角度，并没有讲明这一概念。如果上帝的旨意是说，全人类应该平等地拥有生存所需之物，为何上帝又赋予人类累积过多的财富供未来使用的权利呢？如果这是因为自由是绝对的好东西，那我们怎么知道，在上帝的眼里，这个好东西在何种意义上比生命所需之物更为廉价？在仅仅维持生存的生活、勉强称得上是生活和相当快活的生活之间，哪一种生活的质量比自由之权更为重要？为何上帝对于全人类家族所有成员的父母之爱，不应该超出仅仅维持生存所需的人人平等？

对于权利之间的矛盾问题，休谟没有给我们一个更为满意的回答，但这并非他的本意。休谟的本意是为了从寻常人类实践出发解释财产权的概念，随之分析了围绕财产权的不同情况。里德认为，我们的道德直觉可以通过神学理论来解释，但是神学本身的解释建立在和人类家庭实践经历的基础之上。这种证明并不清晰，因为适用于家庭的义务及感情具有特殊性，而全人类的义务具有普遍性，两者截然不同。里德不能假设上帝先天地对于全人类灌输了这种差异的概念，因此就打算让人类忽视这种差异并按照上帝本身一样行事。

人类实践对于自然神学非常重要，这种里德式观点意味着他的哲思方法论注定要过时了。然而，里德的独有热忱在于，他发现了语言上的细微不同往往意味着思想上的重要差别这一事实。从这个角度来说，他的哲学与现代方法论十分接近。无论是在他的知识理论，还是道德哲学中都表现得十分明显。里德对于休谟的承诺和契约观的批判，就是一个很好的例子。里德试图证明，财产的相关权利虽然是后天获得的，但其产生并非来自人为而是天授所得，此处他虽然再次引用了自然神学，但是他也充分利用了自己对语言的敏锐洞察力。

凯姆斯强调，守诺和说实话两者之间息息相关。他指出休谟忽视了两种情况下义务的两面性：承诺和说实话两者都建立在信任另一方的前提之上。承诺最关键的因素是信任，承诺方通过让对方信赖自己许下的诺言，造就了一种义务关系。

里德的观点和凯姆斯类似，但是与之不同的是，里德的论述语境更为宏大，他将自己的论述，建立在对意识的两种不同活动（独处和社交）存在差别的论述之上。独处类的活动，例如感知、推理、意志活动，都不必非得包括与另一个智慧生物的交流。而社交类的活动，例如提问、发布指令、许诺，都必需另一方的参与。语言（或其他符号）对于独处类活动可有可无，但对社交类的活动则是必要前提。里德强调，哲学家们一直以来的假设，即意识的社会化活动被包括在意识的独处类活动之内，因此可以被分解成独处类活动进行研究，这种假设是错误的。实际上，意识的社会化活动有自己的特殊性，和独处类活动相比，它们更为基础，产生时间也更早。

里德接下来的论述略显不足。他表明，如果意识的社会化活动是人为而生的话，那么这个人可以是我们中的任何一员。因为，社会交往实践或者语言、自然符号类的交流工具，将使我们学会假设自己想要解释的为何物的能力。但是他忽视了一些事实，比如人类不用他人教学，也可以通过自身的观察和想象进行学习。我们可以合理假设，许多动物就是利用这种方式学习到生存技能的。

里德也意识到，除人类之外的其他动物，它们自己之间或者与人类之间也存在社交活动（包括意识活动）。他对此作了补充论述，这些社交活动与人类的社交活动是不同的，因为它不包括语言或其他符号的交流。并且，这些行为既不包括证明，也不包括契约的订立。狐狸可能诡计多端，但绝对不可能说谎，小狗可能看上去非常忠诚，但这只是一种情绪而已（里德的错误说法），因为忠诚是与契约紧密联系的。证明和约定两者都需要使用语言，没有语言，就无法分辨真假，因此也就没有守信或失信一说了。两方中一方的信任和另一方的忠诚是证明和约定活动的必要前提。

语言交流活动不仅仅包括明确的口头表达、自然符号，例如浅显易懂的肢体语言，也属于其中之列。但是，根据里德的说法，语言交流活动仅限于人类。证据在于，这是上帝为造福人类所设计赐予的特殊礼物。因此我们可以断言，证明、约定类的社会行为依靠语言交流进行，是上帝伟大创世的一部分，可以说是天授而生，并非人为创造。

里德此类的神学假设，不比前文对财产权的论述更为令人信服。如果将原因归于上帝的馈赠，那么不管是人类还是其他动物，语言都是有用的工具，从而自然遗传和人为创造之间的那道鸿沟就不存在。我们可以把人类或黑猩猩发明工具的能力说成是上帝给予的，也可以把发明的产品说成是自然产生的。那么结果就是，如同休谟在《人类理解论》中所说的那样，关于自然和人为两者区别的争端到最后可能会变成纯粹的语义之辩。

另一方面，里德对意识的社交活动和独处活动的区分阐述，以及对证明和约定含义的说明和关于个体的个人哲学概括分析一起，强化了凯姆斯对休谟的批判。

凯姆斯和里德对承诺的讨论都忽视了一点。如果说守信和说真话的相似性是承诺并非人为发明的证据，那么正义包括守信这一论述就值得质疑。我们不会把说谎归于非正义，只会说它是错的或者是义务的未履行。对于失信也是同理。这两种错误行为表明，正义与权利并非共存。我们可以说承诺的接受方有保证守信的权利，也可以说提问的人有被给予真实回答的权利，但是，我们不能说，一旦这些权利没有实现，那就是不正义的。因为，某些权利拥有除正义之外的道德强制力，并且如同上文所说，正义中公平的道德强制力也并非总是和权利联系在一起。

凯姆斯和里德都忽视了这些差别，因为他们的正义观都受到了自身法理学知识的影响。两人的首要目的，当然是为了驳斥休谟人为之德的正义观（正义在这里指代财产权），因为休谟曾经对承诺做了类似的论述，因此两人的驳论也包括了承诺这一话题。虽然休谟在其著作里，并没有说承诺的义务和权利都是正义的一部分，但是，凯姆斯却将正义的内涵延伸到了财产和契约的讨论，因为凯姆斯知道，市民诉讼中很大部分都与财产和契约两类权利相关。尽管他对守信和说真话两者进行了比较，但是，他并未将说真话视为正当的义务，因为说真话并非是法律的要求，而法律自身是有严格界限的，法律只限定可以被强制之事。

和凯姆斯不同，里德并非法律的实践者，但是他对法理学的细节了如指掌，在有关此类讲座的手稿中，他关注的是更具体的权利，而非抽象的正义概念。他的讲座中（里德本人没有发表此类手稿），对于正义概念的论述不超过一页纸。他最初将正义定义为免受伤害，随后比较了社交和分配两种行为的不同正义。第一种正义，即社交行为中的正义，他的分析从权利的角度出发，和《行动能力》一文相比，相关论述更为具体，占据了很多篇幅。而在《行动能力》中，里德曾将正义表述为"公平交易，诚实正直"的近义词（我们必须承认，里德退休后完成的《行动能力》一文，是他思想最为成熟的文章）。在大篇幅讨论了交换正义之后，里德对分配正义的讨论是只言片语，"审判正义在于法律的执行，分配正义在于奖惩分明"❶。如此简短的描述明显表明，审判官对于奖励和惩罚的频繁施行给里德造成了影响，使他在那个时代，还不能对正义的概念进行深度分析。《行动能力》中的两章是深思熟虑而成，但里德对权利的分析有点喧宾夺主了。

---

❶ Thomas Reid, *Practical Ethics*, ed. Knud Haakonssen（Princeton: Princeton University Press, 1990）,139.

第 11 章 亚当·斯密

亚当·斯密真正有关正义概念的思想体现在他的道德哲学书中，即 1759 年首次出版的《道德情操论》。主要的讨论集中在第 2 章里，重点关注了优缺点、奖与罚。斯密将正义与"应得"相联系，并特别注重刑事司法正义。本书的最后一部分也对"正义"的不同意义作了简要回顾（详见第 1—5 版的第 6 章，第 6 版的第 7 章）。在 1790 年出版的第 6 版中，有一个全新的第 6 章来论述美德性质。斯密认为有四大特定的美德，其一就是正义。对此，他只对之前写过的东西新增了一点内容。

斯密更著名的经济学著作《国富论》（1776 年）中，有一章写的是正义的成本，也就是说管理法律的成本。在摘要部分，正义偶尔也与天赋自由一起提及，但没有详述。有关正义的更具体的引用是在斯密对税收的论述中，从"正义与功利"四大原则开始。"正义"一词与第一条原则有关，即个人的纳税义务与其"能力"成正比，即"他们在国家保护下获得的收入"。这也就是斯密所说的"纳税正义"，这意味着牺牲之平等❶。书中也偶尔提到公平，将之与工资、交通费相联系。在工资部分，斯密认为改善工人待遇是受欢迎的，一是因为符合公众利益，二是因为那些为他人提供食物、衣服、住房的人"应该有享受其自身劳动成果"来使自己衣食无忧、安居乐业的权利。❷在支付道路、桥梁、运河的维护费时，斯密认为，显然，根据车辆或船只的重量收费是公平的，这样能分摊"磨损"的比例。在这种情况下（不包括其他情况），这种方法形成了"一种极公平税"❸。这些论述都将正义与公平视为一种"比例平等"，即由相关因素来分担赋税或分享收益。相关因素不一定是一样的：如赋税是根据税收方法，工资是根据创造的价值，而交通费是根据资源的使用情况。但它们都包含着相同的因素——补偿，虽然斯密没有直接提及这个词。所得税是对"保卫国家"的补偿，劳动报酬是对社会利益的补偿，交通费则是对磨损的补偿。

值得注意的是，相关因素不考虑需求。伊斯特凡·洪特（Istvan Hont）和迈克尔·伊格纳蒂夫（Michael Ignatieff）在他们的责编前言中写道："《国富论》一书就是关于公平的，它旨在寻找调和财产不平等的市场机制，对排除在外者有足够的规定。"他们认为，"公平的问题"是一组"在穷人需求与富人权利之间的矛盾"，是一个"调

---

❶ Adam Smith, *An Inquiry into the Nature and Causes of the Wealth of Nations*, ed. R. H. Campbell, A. S. Skinner, and W. B. Todd（Oxford：Clarendon Press, 1976）, v.ii. b.3,7；pp. 825, 827.

❷ Ibid.I.viii.36；p.96.

❸ Smith, *Wealth of Nations*, v.i.d.4-5,13；pp. 724-725, 728.

和财产要求与需求要求"的问题。❶ 无论他们对《国富论》的本质诠释如何,说斯密所言"穷人的需求"就是对公平的宣称肯定是理解错误了。正如我们看到的,在《道德情操论》中,斯密确实认为"公平"一词包罗万象,包括慈善与慷慨的恰当实践,但"公平"在此语境中"包含所有社会美德",不再是具体的特指。在斯密的法理学书中,他明确否认慈善的受益人获得捐助是一种权利、一种正义。他认为这类"权利"的用语是一种隐喻。❷

亚当·斯密总是想要独立地写一本法理学的书。在《道德情操论》原版的结尾,他将此计划描述为"有关法律与政府的一系列原则"及其历史,这不仅包含"法律",也包含"警察(意指经济政策)、岁入及军备"。在第6版《道德情操论》的序言中,斯密重新提起这一段,说他已经在《国富论》中处理过有关警察、岁入及军队的问题,但他仍然渴望(虽然没有太大的期望)完成剩下的部分——"法理理论"❸。他已经在此问题上孜孜以求数年,但到18世纪90年代,他逝世之时依旧没能完成,而这些遗稿与其他的一起,按照他生前嘱咐,全都被付之一炬。

斯密有两个法理学的讲座报告,分别在1762年3月和1763年4月于格拉斯哥发表。它们都粗略地概括了对正义的定义。第一个

---

❶ 'Needs and justice in the *Wealth of Nations*: an introductory essay', in Istvan Hont and Michael Ignatieff (eds.), *Wealth and Virtue* (Cambridge: Cambridge University Press, 1983), 2, 42.

❷ See Ch, 6n. 16 above.

❸ Adam Smith, *The Theory of Moral Sentiments*, ed. D.D. Raphael and A .L.Macfie (Oxford : Clarendon Press, 1976; corrected reprint, 1991 ; hereafter cited as TMS), VII. iv.37, advertisement 2 ; pp.342, 3.

报告认为，正义的目的是保持完美的权利；第二个报告修正了前者，但这并不是说正义的目的就是为了免受伤害。接着，斯密将权利进行分类（对权利的破坏构成伤害），并细致地探讨了法律原则。法理书的初稿可能在正义概念上还有诸多内容想要阐明。《国富论》也在此法理学报告的基础上丰富发展，但在理论内容及其他内容上则远超于此。而法理书很可能也是如此，1790年版的《道德情操论》新增的第六部分似乎告诉我们，法理书会对正义的概念进行大量的讨论。可以从讲座报告中推测的是，其中可能反映了正义和自由之间的关系，并引用了他自己的"公正的旁观者"的概念，但这也没有什么明确的证据可以说明。斯密坚持将其手稿摧毁说明了他并不满意自己努力的结果。

因此，我们必须对斯密在《道德情操论》中所写的内容感到满意。我先简单引用书中最后一部分有关不同含义的"正义"一词的论述。第一种含义，斯密将之称为"交换正义"。指的是不伤害其他人的人身、财产和声誉。这就如他在第二部分所讨论的那样，遵守正义者昌，破坏正义者罚。第二种含义是"分配正义"——但斯密指出，这并不同于亚里士多德的解释。它意为"适当的仁慈"，即依据他人的应得，对平时与我们联系的人行善，或依照我们自己认为最恰当的目的做慈善。在这一层意义上，正义包含了所有的社会美德。第三种含义更宽泛，正义是用一种尊重与热情去重视与追求"公正的旁观者"认为值得的对象，正如当我们讨论正义或不正义时，是说对一件艺术品，还是实际上是指对我们的自我利益。在这层意义上，正义与"适当的仁慈"一样，包含了所有的社会美德，包括前面描述的两种正义的含义。❶ 很明显,斯密认为"交换正义"是正义最重要的意义。

在1790年版新增的第六部分中,增加了斯密认为的最重要的三大美德,审慎、仁慈、自制。第四种美德,正义,与仁慈一样,是两种直接有关我们与他人关系的美德,但斯密很少特别提到正义。这可能因为在原版中他已经大量叙述了正义而很少提到仁慈。他在新版本中少提正义的理由有两个。第一,正义的原则是"科学的主题,是目前所有的科学最重要的主题,自然法学也是如此",因此不适合在本主题中详细讨论。第二,正直的人拥有一种品质,在宗教方面不去破坏和干扰邻里任何方面的幸福,这是一种被充分认知的品质,无须多加解释。❷ 前者说明了斯密已经在其自然法学书中充分说明了这一问题。后者则说明斯密认为,避免伤害(第二部分的讨论主题)是正义概念的核心。现在我也转而研究这一问题。

亚当·斯密伦理理论中最著名的是处理道德心理问题,尤其是道德判断。《道德情操论》第一部分论述了心理上对正确和错误的判断。第二部分则在此基础上论述了对优缺点的判断。

根据斯密的论述,基本的道德判断形式是由旁观者所作出的。认为他人行为正确的判断反映出了旁观者对其动机的同情。斯密所用的"同情"一词意蕴广泛。首先他提出,尽管"同情"一词常限于怜悯,但它可以表明任何人的感情。他解释道,对正确或错误的判断是对你想象自己身处他人情境的结果。如果你发现你也会像他人一样有此行为的动机,那你就可以说同情他的动机且赞成他的行

---

❶ Smith, *The Theory of Moral Sentiments*, VII,ii.1.10,pp.269-270.

❷ TMS,VI.ii. intro.2;p.218.

为。如果你发现自己不是如此，你可能会反感并表现出不赞成其行为。接着，斯密在第三部分说道，人们对自身的价值判断是将自己想象为旁观者来观察自己的行为，并从以往判断他人行为的经验中，意识到公正的旁观者会怎么想。

但是，与此同时，在第二部分他从原来对优缺点意义的判断出发，依旧加入了旁观者对他人行动的基本道德判断。对优缺点的判断反映出了同情与反感的双重感受，一个针对动机，另一个针对行为的结果。如果鲍勃·克拉奇特（Bob Cratchit）出于善心将一个可怜的流浪儿带回家吃饭，流浪儿会因此心存感激。普通的旁观者想象自己处于鲍勃的位置，会同情鲍勃的动机并认为他的所作所为合乎正道。他也可以想象自己处于流浪儿的位置，并会同情流浪儿的感激之情。增加第二种同情的效果是可以说明其行为是否是正确的或是否值得奖励。这类判断不单单是对第二种情况的反映，不仅仅是同情对仁慈的感激：旁观者必须认为此类行为是正确的，也就是，他必须同情动机。如果这个流浪儿是奥利弗·特威斯特（Oliver Twist），费根（Fagin）把他带到家中吃饭是为了让他帮自己偷东西，那旁观者则不会觉得这样的行为是值当的，即使奥利弗可能会因为饱餐一顿而心怀感激，即使旁观者也会因此感到同情。对优点的判断是对正确行为产生的感激之情。对缺点的判断是针对错误行为的目的，及由此引发的愤恨。如果流浪儿求助于史高治（Scrooge）而不是克拉奇特，史高治可能会说"呵，骗子！"且粗鲁地扇一巴掌，流浪儿则会因此感到愤恨。旁观者可能会反感史高治的麻木不仁而同情流浪儿的愤怒。这样的双重感受可能会形成一种判断，也就是史高治的行为是有过错的,也就是说,他应当受罚。

斯密将第二部分的第一节归为"优缺点之感",第二部分则从正义与仁慈的对比开始,大量讨论有关正义的话题。自从斯密结束了持续的对功利主义正义观的批评,他无疑是考虑了休谟的观点,人们可能会期待他的正义和仁慈之间的对比会涉及对休谟之前的对比的评论。这让我们重新想起休谟在《人性论》中的观点,他认为仁慈是天然的美德而正义则是人为赋予的,而在《人类理解研究》中,休谟认为仁慈是部分依靠功用的,而正义则是全部依靠。事实上,斯密对这两者的区别只字未提。他认为正义是具有强制力的而仁慈则是相对"自由"的,也就是说仁慈不依靠任何强制力。这是因为他想要重点叙述司法正义与惩罚。在此处,他受凯姆斯的影响要大于受休谟的影响。凯姆斯批评哈奇森忽视了正义与责任的概念,从而忽视了相关的对惩罚与悔恨的关注。接着他说道,正义是一种绝对责任,它比慷慨仁慈少一些自由。❶

哈奇森与休谟都忽视了司法正义,斯密强调这一问题后广受欢迎,但他也会因为此转变忽视了他所谓的正义中的公平而受到批评。在讨论的一开始,斯密用正义与仁慈引出优缺点的话题,指出"优点"理应受到奖励,其行为有仁慈的动机与倾向;而"缺点"则应当受罚,其行为则有伤害的动机与倾向。他已在《国富论》中强调,对优点的奖励是平等的,那对缺点的惩罚也是如此,都是正义的一个面向。

然而,他所说的正义意蕴中,"优点"一说有着特定的心理学解

---

❶ *Essays on the Principles of Morality and Natural Religion*, I. ii .4 (1st edn, p.71).

释。根据斯密所言，奖赏的冲动有着心理学基础，即感激以及旁观者对感激的同情；惩罚的冲动的心理学基础则是愤恨及旁观者对愤恨的同情。不仁慈可能会引起不喜欢与不赞成，但一般这都不会引起正面伤害，所以一般不会引起愤恨。

怨恨好像天生就会引起防御，但也仅仅是防御。这是对正义与无罪的保障。这激励我们打败企图伤害我们的事物，反击已经造成的伤害；冒犯者会因其不正义而悔悟，其他人则会因为害怕受到惩罚而警醒不去犯罪犯错。❶
这样的心理反应是报复惩罚的心理基础。有趣的是，斯密谈到同态复仇法时指出，该法对优缺点同样适用，尽管他没有早点指出，平等与正义同样包含了仁慈之优与伤害之过。

每个人的所作所为都应当被同样施加在自己身上，而报复也是自然法告诉我们的一大法则。我们认为仁慈与慷慨仅仅源于慷慨和仁慈。破坏正义法则的人应当为自己对他人的所作所为感到罪恶。❷ 很少有哲学家清楚地阐释出报复正义同时适用于奖赏与惩罚。❸ 我们认为包含正义原则的报复、反击和遗忘都是中性概念上的"偿还"，都以善意作为回报，好坏皆有。从词源上看，拉丁语词中的"同态复仇"talio 一词，就是从 talis 一词演化而来，简单来说就是"以牙还牙"，但这个词被用在了法律中更具体的意义上，比如对伤害

---

❶ TMS Ⅱ.ⅱ.Ⅰ.4;p.79.

❷ Ibid. Ⅱ.ⅱ.Ⅰ.10;p.82.

❸ Two who have are Henry Sidgwick, *The Methods of Ethics*, 7th edn. (London: Macmillan, 1907), 282, and E. F. Carritt, *Ethical and Political Thinking* (Oxford: Clarendon Press, 1947,) 99–100.

的惩罚。这是因为,斯密认为,法律的强制力是用来约束伤害而非增加利益的。我们在实践中的差异遵循自然的例子(follows the example of nature)(正如斯密所说的那样),怨恨往往会比感恩更强烈,这无疑是因为在生活的维系中,受到的威胁比获得的好处更多。

接着,斯密将公平感归因于我们对旁观者反映的态度。自然法使每个人都对自己和自己的利益产生初始偏好,但因为我们可以看到别人的行为,且具有想象力,可以像别人看自己一样看待自身。因此我们知道,在旁观者眼中,我们并没有比别人更好。所以我们明白,为了美好生活,每个人都身处于"竞争"之中,如果我们想要获得旁观者的好感,就必须遵守规则,而我们也都会如此。如果我们只是想跑得比竞争者更快而赢得比赛,那旁观者们会同情这种天然的自尊自爱。

但如果有人想要挤掉或者打倒对手,那旁观者的迁就也就消耗殆尽了。这违反公平的游戏,他们不允许做出不正大光明的行为。这个人在各个方面同他们相差无几:他们不会同情那种自爱之心,这种自爱之心使他热爱自己远胜于热爱别人;并且也不赞成他伤害某个对手的动机。因此,他们乐于同情被伤害者自然产生的愤恨,伤人者也就成为他们怨恨和愤怒的对象。他已然能够察觉到,那些情绪正从四面八方涌来反对他。❶

公平或公正的理念是正义概念的一个元素,斯密将之视为基于

---

❶ TMS Ⅱ.ⅱ.2.1;p.83.

旁观者反应的优点和缺点的一个方面，而非报复正义。而他解释报复正义的方法也如出一辙，认为处罚程度应与损伤程度相匹配。这是因为旁观者的同情感与受害者的愤恨感相匹配（若因受害者已被杀害或仍在襁褓，愤恨感来自于其亲属）。旁观者的反应也是受冒犯者的刺激而产生羞耻和懊悔。他担心他们的敌意和惩罚。在反思它的原因时，他也运用想象，把自己置于他们的位置，发现自己同情他们的态度。他同样怀有一种羞耻感，判断他的行为是错误的，他们对结果感到悲伤，以及他们对受害者怀有同情。羞耻和害怕惩罚与敌意的感觉相伴，构成了悔恨之意。

在对司法正义作出心理学解释后，斯密开始转而相对地从功用角度思考问题。他认为正义与仁慈都是有社会效用的，此外，正义对维系社会至关重要，而仁慈则不然。一个社会，如同商业社区一样，就算没有互爱之情，也可以靠毫无偏私的实用意识而运转起来；但是没有一个社会可以不靠公平而存在，那是一种普遍避免伤害的法则。这就是为什么自然使我们对应得的惩罚有强烈的主观感受，使我们更加遵从正义。

斯密指出，对惩罚的功利主义解释是一种常见的错误，假设人类行为的有用结果都是有目的的并且这些动机是导致最终结果的原因。他考虑了有用性与最终原因之间的区别。在生物学现象中，常会以"最巧妙的"方法去达到目的，且我们会人为拓展自然的两个伟大目的而感到崇敬，一是个体的帮助，二是物种的拓展。❶ 但我

---

❶ TMS Ⅱ.ⅱ.3.5；p.87.

们不认为导致有利结果的过程本就具备产生这些效果的动机。举例而言，我们不认为血液循环有自主意识去维系生命。同样的，我们可以假设弹簧及手表的齿轮导致手部的活动和导致伸手看时间的行为，且人有这样的意愿来做这些事。我们将导致有利结果的有效原因与其最终原因相区别。在看手表这一人为现象的例子中，我们知道最终原因来自于钟表师的意愿，不会混淆有效原因和最终原因。在自然物体的例子中，虽然我们无法洞悉谁是有目的的设计者，我们依旧不会将两种原因混淆。但是考虑到思维的运作，我们有可能将两者混为一谈。当我们受自然思维的主导去做一件有用的事情，有时可能是深受精妙的、启发性的理由所支持，我们易于认为是技术性原因也就是有效原因导致了自己的思维与行动。我们"将其想象为人类的智慧，但实际上却是上帝的智慧。从表面上看，人类不同的行动都来源于同一个简单的原则，这样来说人类本性的系统似乎更加简单一致"。斯密心中大概有着一些哲学理论，来用仁慈的结果解释所有人类行为，或是独善其身的（享乐主义），或是兼济天下的（功利主义）。

他对功利主义惩罚理论的批评是，对有害结果的思考既不是原生性的，也不是我们对刑事司法的普遍认识。"所有人，即使是最愚蠢最无思考能力的人，都厌恶欺诈虚伪、背信弃义、违反正义的人，都乐于看到他们遭受惩罚。但是，无论正义对社会存在的必要性表现得如何明显，也很少有人考虑到这一点。"❶ 斯密也认同功用思想

---

❶ TMS II.ii.3.9; p. 89.

可用于加强原有的道德情操。当一个犯人面对自己的罪行时，仁慈之人内心的同情感会替代愤恨感，而考虑到其中的利害关系，可以使他们权衡这种部分的人性与更全面的人性。或者如果"年轻人和放荡者"嘲笑道德规则，则反映出他们怀疑"一致性"所包含的正规而自然的理由，所以我们寻找其他的论调，其中最明显的是，如果大家都信奉反叛者，则社会必将混乱无序。

一个现代功利主义者不会被这些言论所劝服。他会说，"所有人"，包括"最愚蠢最无思考能力的人"，他们通常不会理性地接受人们的行为必须具备正当的理由，因为这句话本身就是罪恶的，它施加了痛苦，剥夺了自由。既然惩罚和道德的其他各方面都可以被年轻人或其他没有被规则蒙蔽之人质疑，且既然对这一挑战最明显的答案就是展示规则系统的效用，那么比起自然情绪，功用是更令人满意的理由。

但是，斯密遵循他的论点有两点具体的考虑不容忽略。第一是对个人正义的考虑，这不取决于对社会整体幸福的考虑。斯密将个人的受伤与失去一个畿尼（a single guinea）相比较。这两者，无论是个人还是金币，都不会将之考虑为整体的一部分。如果我们起诉被骗一小笔钱，那我们关心的是那笔钱，不是我们的全部财产；如果我们要求对伤害他人之人进行惩罚，那我们关心的是个人，不是社会。

斯密述及犯罪行为的受害者受到的亏欠，但他的说法并不完全令人信服，因为犯罪是因其冒犯国家而被起诉，而不是因为其伤害了受害者；如果后者是要受到法律的制裁，那它应该被视作一种破坏秩序的公民行为，而不是应当受罚的犯罪行为。斯密试图解释正义与惩罚的起源，在此语境下他指的既是缘起的原因也是证明的理由。在解释缘起原因时，他举了一个非功利主义的彻底令人信服的例子。但当他写到我们对个人的顾虑时，他心里有着正当理由，在这一点上，他为不同意见留有余地。他的观点涉及一个发达的刑法体系的实践和概念，而且其对"我们"，普通大众要求惩罚的诉求忽视了法律的合规性立场。

他有关个人正义的观点可被理解为有关民事诉讼。当有人起诉时，原告正如斯密所言，关心的是钱的具体数目；但他也可以说，正义的目的是维护个人的主张，而非社会利益与稳定。如果我们认为民法的设立不是为了受害者所受的伤害，而是为了刑事审判中被指控的人的权利，这一点也可成立。在这种情况下，社会效用会允许甚至要求通过间接证据对被告人进行定罪处罚，但事实上被告人是清白无辜的；如果法官们像其他人一样，被间接证据说服的话，惩罚则可以如犯罪一样，对潜在的行凶者进行威慑。但没有人会因此认为社会效用导致了定罪和司法正义。尽管存在社会效用的主张，但正义仍然是保护无辜之人的权利的。真诚追求正义的司法审判要历经万难才能忽视社会效用而保护被告人的权利。因此，有句格言说道："让十个有罪之人逃离法网好过让一个无辜之人平白蒙冤。" ❶

斯密的第二种具体考量更能说明问题，尽管斯密没有（在《道德情操论》中）全力叙述这一点。他指出，有一些特殊的情况下，

---

❶ Sir William Blackstone, *Commentaries on the Laws of England*, 1.7.

施加处罚仅仅依据社会效用，他认为这种例外情况说明我们在对待特殊情况和一般情况时的态度截然不同。他引用一个例证来说明这一特殊情况：军队中，一位哨兵因在岗时睡着而被处死。这是一个真实的案例，矛盾的感情让斯密印象深刻，从而唤起他成为一名典型的旁观者。不仅在《道德情操论》中，而且在早期被保存下来的有关正义演讲的手稿中斯密都提到了这个例子。此外，在《道德情操论》发表后他所作的有关司法正义的演讲中，这个例子也被述及。在哨兵的案例中，斯密认为，他没有直接伤害任何人，但它被认为是事实上或潜在地对社会有害（在这种情况下，指的是军队）。严重处罚可能是"必要的，且在这一问题上是公正而合理的"。当个人的行为与大多数人的安全相悖时，没有什么比考虑多数人的利益更为正义的了。尽管如此，惩罚"总是显得过于严厉了"。"罪行之小与刑法之重总是使我们的内心无法平衡两者"。因为我们认为罪不当罚。"人类之人"必须作出努力克服它。不然当他听到类似于"忘恩负义的凶手或弑父"的案例时，他将欣然赞同"正义的报复"。

与旁观者的意见不同的处罚，就说明旁观者所认可的与持同样原则的其他人的想法相差十万八千里。在他看来，哨兵是一个不幸的受害者。哨兵确实、必须、应该致力于大多数人的安全，在他心里，他仍愿意救他；他只是遗憾，多数人的利益会持反对意见。但如果凶手应该免受惩罚，这会激发他的最强烈的愤慨，他会在另一个世界召唤上帝来报仇，不公正的人类之罪无视了地球上的惩罚。❶

---

❶ TMS Ⅱ.ⅱ.3.11; pp. 90-91.

斯密更喜欢说没有什么比牺牲一人而保障众人的安全更正义的了，他考虑了太多功利学说。在多数人的安全这一效用之下，军事法被认为是正当的、正确的；但这并不意味着它是正义的，除非在广泛正义的概念之上，即斯密在第七部分谈到的广泛正义涵盖了所有美德，或多或少与"何为正确"同义。与第二部分所谈到的特殊美德相比，这不是一种本质意义上的正义。

斯密模棱两可的立场最早在其演讲的手稿中显现出来。在其中他也对功利主义进行了妥协："没有什么比牺牲一人而保障众人的安全更正义的了"。但在演讲的最后他又加了一些前后矛盾的话："不当的惩罚，无论是惩罚过轻或过重，都是对罪犯的是一种伤害……"❶《道德情操论》中提到对哨兵的处罚似乎过于严厉，因为"罪行过小而刑罚过重"，这种情况下是惩罚"超过了罪犯的过失"，因此这是一种"对罪犯的伤害"。伤害则违反了正义。所以哨兵被判死刑不能说"没有什么是更加正义的了"。哨兵的玩忽职守违反军事法，这一认定是正义的；但其惩罚是非正义的，因为它的严重程度超过了犯罪的过失。人们仍然可以认为严厉的惩罚是必要的，因为可以进行有效的威慑，且社会效用的功用之大足以推翻不公正，但不公正依旧存在。哨兵就是一个必须"致力于多数人安全"的"不幸的受害者"。

斯密把他的演讲整合进书中并于 1759 年出版，他删掉了有关不合理判罚的内容，毫无疑问，他发现了自己的前后矛盾。他是认为判罚是错误的，还是他不知如何解决演讲的前后矛盾？在 1762 至

---

❶ TMS, appendix ⅱ, pp. 389, 394.

1763 年间斯密一系列法理学讲座的学生报告中，斯密似乎表示出对正当性的一些疑问，更不用说对哨兵死刑之正义的疑虑：

军事法判处在岗时睡觉的哨兵以死刑，这完全基于对公共利益的考虑。尽管我们或许会赞同牺牲一个人而保全另一部分人的安全，但此类惩罚会影响我们以不同的方式判断残酷的谋杀或其他恶劣的违法犯罪行为。

为"多数人"而牺牲"少数人"或许存在一种疑虑，即"我们可能会同意"。1763 至 1764 年间的讲座重提了先前的一些观点，但也（如果不是演讲者之误的话）替换了一些更为严重的犯罪行为，使得审判显得不那么令人瞠目结舌："如果哨兵因擅离职守而被判死刑，尽管这一审判是公正的，且伤害也是巨大的，但如果哨兵之前是一名小偷或强盗的话，人们也不会如此关注这一判罚了。"❶

在两篇法理学讲座的报告中，斯密都将哨兵的例子放在前面，因为功利学的例子更有难度。由于羊毛被认为是英格兰国民财富的主要来源，查理二世统治时期，法令规定禁止羊毛出口，如若违反将被处以死刑。

格劳秀斯和其他作者通常会对刑罚进行原始考量，即考虑公共利益，并不会充分考虑刑罚的构成。到目前为止，他们说，作为公共效用的需要，我们同意对罪犯进行惩罚，这是所有惩罚的自然意图。但我们会发现存在另外的情况……在这些罪行中，基本都简单地从

---

❶ Adam Smith, *Lectures on Jurisprudence*, ed. R. L. Meek, D. D. Raphael, and P.G. Stein (Oxford: Clarendon Press, 1978; hereafter cited as LJ), LJ（A）, ii. 92, LJ（B）, 182；pp.105,475-476,Cf.TMS, appendix ii . pp.394-395.

社会功用的角度进行判罚，而从法律制定的角度判罚，我们则可以很容易地进入另一种判断中。因此，几年前，英国描绘了一幅蓝图（一个确实异想天开的想法），这个国家的财富和力量完全依靠羊毛贸易的蓬勃发展，而如果允许羊毛出口的话，繁荣或许将成为明日黄花。为了防止这一问题的出现，规定出口羊毛将被处以死刑。从自然公平的角度看，出口根本没有犯罪，并且在人们眼中，这一行为也不该受此重罚；因此他们发现，这一惩罚中没有陪审团也没有告密者。没有人会同意无辜的行为要遭受如此重的刑罚。❶

在这种情况下社会功利思想显然被正义的理念或"自然公平"的理念所超越。总之，斯密展现了自己对功利主义的犀利批判。

---

❶ LJ（A），ii .90-92;pp.104-105.Cf.LJ.（B），182,p.475.

第 12 章 约翰·斯图亚特·密尔

亚当·斯密（Adam Smith）发现，正义的概念给功利主义伦理学理论造成一种困境。19世纪的主流功利主义发现了这一困境并提出了应对之策，但是并没有引起杰里米·边沁这位功利主义最初期旗手的重视。正义概念在边沁关于功利主义的大量的理论阐释中难觅踪影。《道德与立法原则概论》（1789年）（本章以下简称《原则》）一书仅仅在谈到"宗教信奉"（the votaries of religion）时，在一个脚注中大略地提到了正义，即指出宗教信奉认为正义之命令与慈善之命令是相矛盾的。边沁认为此种观念是空中楼阁，同时直截了当地提出正义之命令（dictates of justice）是慈善之命令的一个部分，"在某些情况下，（正义之命令）适用于特定主体"❶。在《道义论》（编于1814—1819年）中，这一观点被论述得更为精细。该书在最初提及正义概念时重申了《原则》一书中的脚注，虽然依旧只有只言片语但却更加清晰，"考虑到实际的特定情况，慈善会假以正义之名……正义就是慈善的别名，迄今为止实际就是被视为义务的

---

❶ Jeremy Bentham, *An Introduction to the Principles of Morals and Legislation*, ch.10, § 40, note b2; ed. J. H. Burns and H. L. A. Hart（London: Athlone Press, 1970）, 120.

问题"❶。这一观点占据了紧接着的下文，其专门讨论了正义但却没有增加什么实质内容。在那里，边沁区分了正义这个术语的法律意义与道德意义，进而重申正义不过是与义务相关联的慈善的"变型"，其认为"迄今为止，在考虑到主体义务性的前提下，正义之命令在考量任何行动时都占有一席之地"❷。

在《功利主义》（Article on Utilitarianism）的两个版本（编于 1829 年）中，边沁援引并支持贺拉斯（Horace）的观点，即功利实际上就是正义与平等之母。显然，边沁认为这是不证自明的事实。在不同的语境下，《功利主义》（完整版）确实包含了一个令人费解的段落。❸这段文字指出，假如正义规则或准则是与由功利原则中引申而出的准则（precept）相一致，那么它们可以被看作是与功利原则相一致的，而且是从属于功利原则的。这一论述忽视了正义准则可能会与功利准则不相一致的可能性。

如此简约又模糊的论述似乎昭示出边沁并不在意正义概念，不过凯利博士（Dr P.J.Kelly）在他的新书❹中却认为上述结论是错误的。他赞同边沁在其著作中对正义没有什么实质性的阐述。这些著作对功利主义进行了详细解释，但是他进一步指出边沁在其民法著作中（大多是未出版的手稿）对分配正义进行了细致入微的分析，并总结

---

❶ Bentham, *Deontology*, I.2; ed. Amnon Goldworth（Oxford: Clarendon Press, 1983），127.

❷ I. 19; p. 221.

❸ 'Article on Utilitarianism: Long Version'，§ 50; in *Deontology*, ed. Goldworth, 308.

❹ *Utilitarianism and Distributive Justice : Jeremy Bentham and the Civil Law*（Oxford: Clarendon Press, 1990）.

出了两个原则，即"安全供给原则"（security-providing principle），以此保障既存权利；"失望预防原则"（disappointment-preventing principle），是用于指导通过平衡既存权利之诉求与失败者的生存和平等之间矛盾而进行的改革。然而，在我看来，人们很难在边沁纷繁复杂的论述中清楚地辨别出任何整体性的正义概念，而且事实依然是边沁没有直面正义对功利主义提出的挑战。因此，我必须在这里略过边沁，而转向边沁最忠实的拥趸——约翰·斯图亚特·密尔，他的论述更为接近正义概念。

密尔的论著《功利主义》（*Utilitarianism*，初版于1861年）夯实了正义准则的阐释，立论有据、驳论有力。这一阐释主要体现在该书的最后一章即第五章《论功利与正义的联系》之中。本章的开篇与结尾部分的文字中，密尔都直接论述了这一主题，可见其是特别重要的。本章第一句话就指出正义观念通常都是功利作为对错标准的最有力的阻碍之一。而本章尾段则更进一步，认为密尔在本章的论述已然解决了功利主义道德理论中唯一真正的困境。

这一部分的论述始于对正义与偏私（expediency）之间的一般性比较。在密尔看来，这关系到"主体性感受"，而与之相伴的是，正义之命令客观上有助于普遍功利（general utility）。为了解释这一与正义观念有关的特殊感觉，密尔开始对此分析。他认为，所有可被称为正义的或不正义的行动与境况都有一个共性或一组共性。对此，在正义概念项下，密尔列举了六类共性。

首先是法定权利（*legal rights*）；遵守法定权利是正义的，而侵犯法定权利则是不正义的。第二，道德权利（*moral rights*）；之所以某些特定法律被看作是不正义的，就是因为它们侵犯了某些人的道德权利而非法定权利。正义的第三类共性是"回报性应得"（requital of desert），即善有善报、恶有恶报。第四类则关注的是守信（keeping faith），即履行承诺，而无论承诺是否公开表示（either express or implied）。密尔在这里之所以加上了"隐性表示"是考虑到承诺所包含的不仅有许诺与债务，而且包含了任何旨在产生利益期待的行为。第五类是在表现出的偏袒或偏爱是不适当的具体境况中的公正，如公职人员的所作所为；密尔说，这归结为"完全受其认为应该影响手头特定案件的考虑因素的影响。与此种观念相合的就是平等，即正义项下的第六类共性，其通常内置于正义的概念与实践；而且在多数人眼中，尽管在平等和正义所要求的范围与类别的观点上二者存在显著的差异性，平等仍然构成了正义的本质。

在本书的第 7 章中，我已经指出，在假定正义观念可以普遍地运用到守约（或更为一般的守信）的问题上，密尔是错误的。按照正常的说法，我们谈到诺言或其他承诺就意味着提出了一项义务与权利，但这并非是正义的要求；无法履约被认定为错误的且违反了义务，但这并不等同于不正义。正如我们所见，密尔并不是唯一一位将守约纳入正义概念的哲学家。权且不说霍布斯也是如此，霍布斯还曾指出克姆斯（Kames）与里德（Reid）也将守约看作是正义的事，因其包含一项权利。密尔也可能是这样考虑的，即任何含有一项权利的事情就因此是正义构成要素。但是，正如本书在分析克姆斯和

里德正义观的最后部分所指出的那样，这种看法并不正确。❶

密尔的列举所存在的这一商榷之处并没有对其后的论证过程产生明显的影响。密尔认为，尽管他所列举的正义要素是多样化的，且不同要素间似具有某些共同特点或联系难以辨明，但是正义的概念却不能因此而被认为是模糊的。在他所列举的六类要素中，两两呈现有限的近似性：前两类要素共享了一个权利理念；最后两个则在禁止歧视上彼此类同。不过，在全部六类要素中却没有明显的共性特点。

密尔指望语源学能有所帮助，因为（在语源学视域中）词语的历史可能反映其意义的历史是一种合理性变迁。但遗憾的是，密尔从语源学中的努力所得没有什么说服力。《功利主义》第一版的解释显得过于简单，而且似乎是因为他在这里受到了很多批评，因而到第二版（1864年）时，密尔加入了很多限定性条件，但仍然难以自圆其说。对此，读者会留下这样的印象：密尔在最初的版本中用简单推理来支撑自己的想法而完全没有考虑到批评。在下面的引文中，我用尖括号标注了第二版增加的内容，而用方括号标注第二版删除的内容。

根据正义（Just）一词的语源学，我们在大多数语言中，尽管不是在所有的语言中，都可以［明确地］看到，正义与［法律之条令］〈要么与制定法，要么在大多数情况下与法律的原初形态——权威性习俗〉存在本初性关联。拉丁语的"*Justum*"是"*Jussum*"的一种

---

❶ Ch.10 above.

形式,意指"已被命令的"。〈Jus 一词,语出同源〉。"Δίκαιον"［直接］来源于"δίκη",〈这个词最主要的意思,至少在古希腊时代是〉依据法律的诉讼（a suit at law）。〈事实上,其原本仅仅是指做事情的模式或方式,但是其早早地就意指规定的方式；即被认可权威显示出的强制性,这种权威包括家长式的、法律的或政治的〉。"Recht"来源于"right"与"righteous",其与法律同义。〈事实上,"Recht"最初的含义并不指向法律,而是指向符合自然法则的正直（physical straightness）；正如错误（wrong）及其拉丁文同义词意思本是扭曲的（twisted or tortuous）；由此可见,right 最初并不意味着法律,不过反过来,法律意味着 right。然而,这或许表明这样一个事实,尽管大量的不是法律所要求的"recht"与"droit"对于道德上的正直与诚实（rectitude）而言是同样必要的。但,将"recht"与"droit"的意义严格限定于制定法中的做法就如同从完全相反的路径引申出的词义一样将"recht"与"droit"作为道德观念的最初特征的显著性（忽略了）〉。正义之庭、正义之治（administration of justice）就是法庭与法律之治。法语中的 La justice 是为了司法而创设出来的术语。［人们曾经不无道理地将一个错误,即认为语词的最初含义必定也是其现在的含义,归咎于图克先生（Horne Tooke）,但我并不想犯同一个错误。要证明一个语词现在表示的是什么观念,语源学所能提供的证据十分无力,但语源学却很有力地证明了这一观念是如何出现的］。我认为,毫无疑问的是,构成正义观念的原初要素与法律是相一致的。直到基督教诞生之前,这一原初要素构成了希伯来人的全

部观念。❶

密尔关于拉丁语中"*justum*"是"*jussum*"的一种形式的最初看法已经遭到批评者的挑战，其认为"*justum*"是由"*jus*"变形而来；正因为如此，密尔才试图通过在《功利主义》第二版中增加"*jus*"具有相同词源的论述来为自己论辩。但是，他还是错了。"*Justum*"与"*Jus*"与动词"*Jubeo*"（即我命令）毫无关系，而"*Jussum*"则是"*Jubeo*"的过去式被动分词。语言学家（Philologists）指出，"*Jus*"来源于梵语，本意是参与或约束，又引申为动词"*Jungo*"（即我参加），可见这个理念最初表达的是一种约定的意思。（关于这里涉及的"*Jubeo*"，语言学家已然指出其含义与密尔所认为的截然相反，换言之，这个词是"*jus habeo*"的变形即"我有权利"的意思，不过语言学家们对此也没有十足的把握。）语言学家们认为，密尔对古希腊词语"$\delta\acute{\iota}\kappa\eta$"（*dike*）所作的扩充解释较好地反映了该词的语义，但是对于密尔所主张的该词的原初含义与法律相关的这一初始假设及其总体性论证，他们仍持反对意见。

密尔对关于德语用法的论证完全不着边际，因为名词"*Recht*"及其形容词"*recht*"在通常情况下并不用于正义与正义的。正如密尔所发现的，这个德语术语与英语的"right"和拉丁语的"*rectus*"相关，它们的本义都是正直的，而这导致密尔的批评者提出："*Recht*"的法律用法取决于"right"一词的初期含义。对此，密尔的回应毫

---

❶ J. S. Mill, *Utilitarianism*, ch. 5; in *Essays on Ethics, Religion and Society, Collected Works of John Stuart Mill*, ed. F. E. L. Priestley and J. M. Robson, x (Toronto: University of Toronto Press; London: Routledge & Kegan Paul, 1969) 244-245.

无用处。正如密尔所指出的，我们也不能简单地认为"*recht*"即法文术语"*droit*"逐渐将自己的意义限定于制定法中是错误的。不过，即便这种看法是对的，其也不是道德观念最显著的原初特点。在英文和法文后来的语句中，与法律制度相关的术语"justice"仅仅指明了该词的一种意蕴，而对于澄清它的语源毫无帮助。

上述引文的最后一句告诉我们，在基督教的《旧约全书》中，可以找到与"法律建构了正义的整体理念"相吻合的思想。对于与此相关的语言，密尔却一语不发，又或许是一无所知。对于基督教《旧约全书》伦理思想的总体特点，密尔只能对那些人尽皆知的观点"鹦鹉学舌"。本书的第2章中，我已经详细地论述了基督教《旧约全书》中的正义观念（conception of justice）。在这里复述一下就够了。表示 justice 的最主要的词语是 *tzedek*，该词在本质上是伦理性的，而且它既为法律决定也对人的行为提供了评价其道德正确性的标准。仅次于 *tzedek*，*mishpat* 也表达了 justice 的意思，其原初含义的确是法院做出的判定，不过在规范意义上，其被意指为一种道德正确的判定。在第2章中，我曾指出正义这个词最初仅仅具有描述性意义，但这一点在其实际用法甚至在《圣经》的早期部分中却踪迹全无。一个人几乎可以将密尔的断言反转过来，认为基督教《旧约全书》中判例法（judge-made law）观念要求与正义的道德观念相吻合。这种观点无法适用于成文法（*hok* 或者 *hukkah*，即铭刻之法），成文法既不决定正义概念也不由正义概念所决定。（或许，我应该再补充一个词 *torah*，这是《摩西五经》的完整标题，通常被译为"法律"，其意是"指出"。由此可见，不论指令或是准则在字面上都没有涉及法律）。一旦人们不再认为密尔了解这些希伯来文本中语言的真实意义，那么对《圣经》译传的理性认知就应该让密尔的论点遭受怀疑，即便不被彻底抛弃，也要质疑他的主观概括。

相对于《圣经》，密尔更了解古希腊与古罗马。尽管他的语源学研究的结论是自说自话，但是他仍然认为除了希伯来人，其他民族尤其是古希腊人和古罗马人懂得法律是由人制定的而且有可能是恶法。因此，人们并不畏惧承认，制定恶法的人可能是"依法"而行，这里"依法"中的"法"是由法律不授权之人所制定的，那么这种法律就被认为是不正义的。密尔显然没有意识到，即便那些承认这一点的人，也并不意味着违背法律是将不正义作为理由的。他认为，这样一来，正义情感被限定在违反的仅仅是应该存在的法律，这包括了本应存在却尚未存在的法律；而且对于法律自身而言，这就是假设所违背的是应该存在的法律。这个思维框架毫无疑问地认为正义情感并不取决于法律。不过，密尔并没意识到，他被自己关于正义观念起源（idée mère）的偏见所蒙蔽。在这种认识方式下，即便在现实运行的法律被认为是违背法律自身的标准而不再被人们接受的时候，法律理念及其律令仍然是正义观念的前提。

紧接着，密尔还认同正义概念适用于大多数事情。这些事情不为法律所规制，而且人们也不认为应该由法律来规制。但是，他认为即便如此,正义概念与法律的关联性仍然存在。怎么会这样呢?（在密尔看来），我们认为不正义的行为应该被惩罚，尽管这并不一定需要由法院来执行这种惩罚。而这常常带给人们以愉悦，而且与人们的适当性感觉相契合。在我看来，这似乎并不是正义概念的必然衍生品。更何况惩罚通常会带给人们（我们所有人？）以愉悦、惩罚的适当性仅仅适用于某些不正义的行为等就是无端的设想。甚至就是在法律领域，人们并不认为民事案件领域的惩罚是因为不正义，例如侵犯一个人的权利；在这里，适当的反馈只是恢复原状或者赔偿损失。惩罚是对错误的犯罪行为的矫正，无论如何不是针对任何以不正义观念为特点的行为。在对法律与正义相关联的问题上，密尔显然修正了自己对刑法的关注点。与此同时，他完全忽视了民法。（然而，）我们为何应该假设刑法的核心特征是不由任何法律形式所规制的正义概念的自身渊源或它的一个关键因素呢？

密尔混乱的思想线路很快就让其因千差万别的推理而陷入"万劫不复之境"。密尔主张的正义与惩罚的关联性仅仅适用于不正义的行为，然而他却将这一思想推而广之，以期同样涵盖所有肯定性正义行为（positively just acts）。"我们应该欣然看到正义行为得以实施而不正义行为则被压制……当我们认为一个人是因正义而有所为时，这换成日常话语来说就是，他应该被强迫去这样做。"如果这才是运用这句话的自然形式，那么这是因为人受制于正义呢，还是仅仅因为人就是受限制的？就密尔所论及的功利主义来看，答案是第二个。

密尔的理论可以由《功利主义》的前面几章与其更早期的一部著作《逻辑学体系》（A System of Logic）的最后一章共同组成。而《逻辑学体系》的最后一章表明密尔在诸多实践技艺中将道德置于何种位置的观点。（相对于《功利主义》，该书还更加清楚地指出密尔认为伦理学语言所使用的是一种祈使语气。）对于密尔而言，道德行动的标准并不仅仅只是效用性（utility）。道德领域是责任领域或关于对错的领域,而且其应该与善或应得这一更大的领域相区别,前者只是后者的一部分。善的或应得的总是幸福的,而功利主义原则认为幸福是唯一终极的目的,其所涵盖的要多于道德。功利主义原则包括"生活的技艺,其由三部分构成,即道德、审慎或政策以及美学;换言之,就是在人类的行为或作品中的权利、权宜之计以及美或高尚"❶。对于那些超越了严格责任要求的德性,密尔将它们划入美学范畴(即美的或高尚的),而非道德的范畴。

那么,道德是善与应得的一个种类,而正义则是道德的子类。我们在整个道德范畴中讨论责任或义务、正确与错误以及应为与不应为。这些词语要比我们准备在审慎与美学范畴中所使用的任何术语都更具强制力。它们之所以更具强制力,不仅仅是因为其更加强烈地表达了我们的愿望与感受,而且还因为其表达了这样一种要求,即在必要的时候,可使用强制的方法迫使人们做出服从的行动。简而言之,密尔眼中的道德是这样一类行为,即我们应该希望看到的是,道德是通过支持对破坏行为加以惩罚的方式而得以实现的。

然而,在讨论完正义概念的起源与发展后,密尔所提出的恰恰就是正义的本质。密尔自己清楚地意识到了这一点,而且自己尚未将正义与一般性道德义务区别开来,使应得性具有强制性与对惩罚加以支持的理念掺入(attends)到了责任、义务以及错误行为的观

---

❶ *A System of Logic*, VI.12.6; in *Collected Works*, viii(1974), 949. 密尔在该书第三版(1851年)中重写了本章的这一部分,而本书的第一版(1843年)与第二版(1846年)并不包含我所援引的这一段落。然而,前两版确实在本章开始的部分提出这样一个精确的论断,即道德评价"要按照祈使语气或者与此相类似的方式加以表达"。在第三版的第六章中,密尔认为"当与科学命题相比时,技艺命题禁止或主张那些应然之事"。

念中。事实上,"不仅是正义,而且一般性的道德都与利益与价值之外的其余部分纷纷出现了明显的差异性"。密尔仍旧必须找到使正义区别于其他道德的差异性。

密尔认为,这种差异性可以通过哲学家或正义理论家对完备性义务的责任与非完备性义务的责任的区分的运用而得以发现。完备性义务的责任对时间和受行动影响的个体进行了严格的规定;而非完备性义务的责任则任由对象自由选择行动的时机与那些反对其行动的特定人群。完备性义务的责任出现之时,人(或人们)对他者的应负之责的相关性权利也就出现了。而非完备性义务的责任并没有连带相关性权利。密尔讨厌"不当的选择性表述,即完备性义务责任和不完备性义务责任";他认为一种相关性权利的存在与缺失就是一个更加明显的区分标志,因此他总结道:"该情况下的此种特征——某些人的一项权利与一定道德义务是相关的——构成了正义与慷慨或慈善之间的明确差异。"他将这样的权利称之为道德权利,因而他使正义与道德诸权利同延化(coextensive)了。尽管在密尔关于道德权利的较早分类中道德权利仅仅是正义这个术语所运用的六个基本范畴之一。他如今认为,在先前考察中,"正义这个术语一般出现于与个人的权利相关涉的理念中",这类似于经由法律授权的财产诸权利,继而密尔概要地阐明了正义这一术语如何运用于其他五个范畴。如果你剥夺了某人的占有权(对合法权利的侵犯),抑或毁掉了与此人之间的信任,又或其没有得到应得的待遇或者在无更好的理由下使其遭受更糟糕的对待(有违公道或平等),那么你就对"那些可指配的人"(some assignable person)犯了错,这就是密尔所认为的你侵犯了一项道德权利。

对我而言，这就似乎是说密尔的道德权利观念的最显著特点以及他对于正义和其他道德的区分就体现在他对于个体之人（*individual persons*）的强调。密尔提出，正义关涉"个人权利的理念——即一种基于一个或多个个体的诉求"。不正义意味着"一种错误的做法，以及那些被错待的可指配的人"；而正义则意味着"那些个体之人以其道德权利之名对我们提出诉求"的某些事情。相比之下，并不存在所谓慷慨或慈善的道德权利，因为"我们对于任何特定的个体，不是基于道德性而践行这些德性"。密尔总结指出，其分析结论表明他承认"在正义情感之中，有两个本质性的组成要件，其一是惩罚犯错之人的欲求，另一个是某个确定的个体或某些确定个体已然遭受侵害的认知或信念"。然而，在接下来的阐述中，密尔忽视或遗忘了这种对个体主义的强调；取而代之的是，他简单地认为第二个组成要件就构成了权利理念。

在完成了其对于正义的分析后，密尔开始解释两个组成要件的起源及其与功利的关系。他告诉我们，人们之所以有惩罚的欲求是因为人们对伤害我们以及与我们极其亲密之人的行为有一种"厌恶和抵制或矫正"的自然冲动。当这种自然情感在趋向社会利益而不是局限我们自身狭隘的利益的社会同情心引导下就具备道德性了。对于第二个组成要件，密尔没有解释正义为何强调个体的诉求；他仅仅关注一种权利的观念（the notion of a right），并提出其是一个特别重要的功利的要素，即至关重要的安全利益。正因为它极其重要，所以为其辩护就要考虑到一种作为完整的以及具备排他性特征的社会的特殊义务，这使得此种权利有别于"一般的私利"（ordinary expediency）。

当密尔将此种考量运用到形形色色的正义表象时，他遭遇了一些困境，这是因为一个人无法将正义完全等同于免于伤害的权利。密尔已然指出毁约、背信弃义或无法依应得而回报（reward good desert）的不正义归于无法实现合理期望的范畴中，而此种辜负行为是伤害的一种，同因直接伤害而产生的厌恶情绪一样，这种辜负行为也会催生一种不满情绪。当密尔坚称守信是正义的一种范畴时，他已然就认为这是包括了"隐性的"参与，在这里，知情自愿的期待就出现了；不过，密尔却没有涉及对回报性应得或表达感激的义务以及"以善报善"的正义。如果有人拾到一个钱包并将其物归原主，他应该得到褒奖且或许可以期待得到褒奖（尽管他更多的是希望而不是期待），但是钱包的主人没有可能知情自愿地产生此种期待——除非钱包的主人已经宣布了一种奖励。在这种情况下，就存在一个承诺的义务而不是简单的承认应受报答的义务。一个功利主义者会说奖惩分明的正义取决于鼓励道德（其本身尤为有用）行动的社会功利；这毋庸置疑就是说，正义取决于对失望期待所造成的伤害的规避。就像对感激的期待并不是由受益之人的任何协商而产生的一样，其是让人想要表示感谢并有所回报的欲念。施惠者很可能认为他自己的行为使他有资格去期待得到感激并或许在某些时候还可以得到回报，尽管我们通常并不认为这可以作为正义的实例甚至将其成为一项权利也会有疑虑。

在全部这些情况中，功利主义伦理学所面对的困境都是取决于过往的义务,而不是取决于未来的义务。对此,功利主义者可能这样回应,通常的实践已然出现而且其之所以备受推崇是因为其符合普遍利益的功利。期待落空的伤痛当然是欢愉与痛苦总量的一部分,其构成了一般性利益,但是它只是微乎其微的一部分。我假设密尔之所以对此坚定不移是为了表现出受相关行动影响的诸个体的诸权利之间的关联性。然而,我们应该想起密尔关于权利是与由至关重要的安全利益产生的功利相关的论辩。认为为了行善而对回报或感激的期待是一个至关重要的安全利益,这种看法看上去十分怪异。

当密尔开始讨论正义的六个范畴的最后一对时,即公道与平等,他要面对的是一种完全不同的困境。这里出现的义务,并不是由某些特定的过去行为造成的,而是从一种不受时间影响的一般性原则中出现的。对此,密尔的解释十分复杂。首先,他很自然地指出,公道是作为实现其他正义之义务的必要条件而被要求存在的评价。换句话说,司法的公道之所以被强制执行是因为它的功利性。但是,密尔认识到相较于上面的例子,一般性的公道和平等的义务要运用得更为广泛,因而他提出了第二点,即回报性应得(requiting desert)、同等应得(equal desert)的同等对待的特定实例。这一观点假设,如果我们不知道在应得性方面的任何差别,那么我们应该假定其就不存在任何差别。这是一个颇有问题的假定,因为其有悖于人们的常识经验。我们的确可以认为,当我们并不知道人们所应得的是什么时,以假定的有差别的应得性去对待人们是不公平的(unfair);但是,接下来其潜在地认为,在没有歧视的已知理由的情况下,平等对待之所以是公平的,是因其自身而不是因为那些我们自知不会成立的借口。即便如此，密尔并没有对这一观点"自鸣得意"，而是进而阐述第三个论域，"一个更加深入的基础"，即平等原则是"由道德的第一原则直接衍生而来的"。

这就涉及了功利（Utility）的确切意义，或言之，最大幸福原则。抛开合理性意义，这条原则就仅剩语词的形式，除非假定在某种程度（具有以善意为目的的适当限度）的平等条件下，一个人的幸福与其他人的幸福分毫不差。假如那些条件得以满足，边沁提出的准则——"每个人都只算作一个，没有人会被算作多于一个"——或许可以作为一种解释性评注而纳入功利主义原则之下。

在这里，密尔为斯宾塞所提出的批判主义添加了一个注释，斯宾塞说"功利主义假定了前见性原则，即每个人享有平等的幸福权"。对此，密尔所作回应的第二个命题更具正确性。他指出，"假设平等的幸福数量是一视同仁的（equally desirable）"，并且这不是功利原则的前提而恰恰就是功利原则本身，因为功利原则将"幸福"和"值得"看作一组同义术语。

在书中的第2章中，密尔提出"功利，或最大幸福原则，恰如其分地将正确的行为归结为其实现了幸福的增长，而将错误的行为归结为其造成了幸福的减少"。这只不过与幸福的产生相关，而与其分配无关。然而，我们可以假定密尔意在支持边沁的观点，即如果行为产生了最大数量（或可能最大数量）的最大（或可能最大）幸福，那么这个行为就是正确的。这个标准包含了两个原则，其一为"总和原则"（aggregative）[1]，其指涉得失所产生幸福的总量。另一个是"分配原则"，是指幸福在不同的人们中分享的方式。当边沁提出"每个人都只算作一个，没有人会被算作多于一个"时，他是在解释这样一种分配原则：如果一个行为是正当的，那么由其所产生的最大化幸福应该在尽可能多的人们之中等量分享。（在平等主义理解中）这就是一条正义原则。当边沁将这一原则归入其提出的正当行为标准时，他就是将分配原则添加进了总和原则。

根据每个人都享有平等的权利，赫伯特·斯宾塞的构想提出分配正义原则的特点作为正义的一个特点。我们无须像斯宾塞一样声称这是一条前提性的先见原则，但是我们也不能同意密尔等人所认为的其等同于（抑或从属于？）最大幸福原则。正如密尔所争辩的，"平等的幸福数量是一视同仁的"当然不是同义反复式观点（对于密尔而言，之所以有人认为这是同义反复是因为其将"幸福"和"值得"看作是同义的）。这种认为其是同义反复式观点的质疑并不能自圆其说，而且实际上没有人会想去质疑这一特定论断，哪怕将其看作是自明之理也不会认为这是同义反复。另一方面，对每个人是否享有得到幸福的平等权利提出疑问倒是有意义的，而且有些人会否定它，或者至少会去探寻接受该观点的理由。

密尔本人显然不是平等主义者。他认为，"假定在某种程度的平等（具有以善意为目的的适当限度）"，一个人的幸福与他人的幸福具有同等价值。密尔在第2章告诉人们，他通过一种善意的差异性

---

[1] "总和"一词与"分配"相关，用于表达这种区别，布莱恩·巴里最早提出了这一观点。参见 Brian Barry, *Political Argument*（London: Routledge & Kegan Paul, 1965），ch.3。

阐明了他的想法。一些快乐会比其他的快乐具有更高的品质，而且一些人比其他人更具有体验更高快乐的能力。苏格拉底的幸福是一种在属性上高于那些易于被满足的幸福的能力，这种人的幸福要比极易满足的愚人的幸福要更加高级。在本文中，限定词组——"具有以善意为目的的适当限度"表明愚人得到幸福的权利与苏格拉底得到幸福的权利并不同等。

如果从平等主义的本然性意义上理解分配原则，其必然是边沁所言的"每个人都只算作一个，没有人会被算作多于一个"，这对于功利主义而言却是个难题，因为其与总和原则相冲突。在本书第9章我使用了一个来源于真实生活的例子，我在那里回顾了一个二战期间在英国对征兵与复员进行管理的故事。人因所具有的有用技能而受到差别对待，从整体利益角度来看是值得的，但却与平等主义的公平观相冲突。坚持效用性显然是征兵工作的首要之务，但是对复员工作而言平等主义的公平观却被认为是一条先决性诉求（尽管并非是绝对的）。这个例子对我们这里的论证的作用在于，正义的诉求显然是每个相关的人都要得到平等的对待。在其他情况下，正义的诉求可能更多地依赖于应得或需求（我认为需求的诉求是基础性平等主义，但是这一点却并不明显可见）。

此等冲突体现出了一个与伦理学理论无关的实践问题，而且每一种致力于阐明正当行为标准的理论都必须考虑其是否能够对解决这些冲突提供指导。功利主义理论主张在提供单一的正当行为基础性标准方面要比它的论争对手更有优势。功利主义理论所提出的这条原则是所有常识性道德规则的基础，因而能够在两种以及更多的规则发生冲突时解决这些冲突。然而，如果功利主义具有两条基本原则，而不是一条，而且如果这两条基本原则彼此常常发生冲突，那么功利主义理论就无法实现这种"自负"。功利与正义之间的冲突是诸多最明显的道德困境中的一个，而这就是正义概念已然成为功利主义理论所面对的"一道难以逾越的障碍"的原因。

根据权利将正义从其他道德中剥离出来，密尔一针见血地指出，这些权利是作为特定的或"可指定的"个体的诉求。在本书第 11 章里，亚当·斯密发现正义存在这样一诉求，较之于对整体利益的关注，其特别关注个体利益。很多学者已经忽视了正义概念的这一特点，而密尔则把这一点彰显出来。令人遗憾的是，密尔却没有把握住这个特点的全部意义，对此我们可以在其关于正义的两种"要素"的后续解释中一览无余。

密尔在其很早所作的解释中已然指出对惩罚的欲求产生于对复仇的欲求继而由基于社会整体之利益的同情心所修正。对于一个批评意见，密尔思考后反驳道："毋庸置疑，这条准则是说，当我们感受到义愤填膺的正义感时，我们并不是在考虑整个社会或者什么集体利益，而只是我们个体的情况而已。"密尔所提到的批评意见，准确地说就是斯密的想法，而这深深地烙印在了密尔的脑海中。但是，密尔的回答并没有做到有的放矢。他假设"个体的情况"必须是反对者自己个体的情况。密尔认为，感知自身的厌恶就足够具有普遍性了；不过，"假如只考虑对其个体发生影响的单一行为"，那么一个具有此种感觉的人却还没有关注正义；他必须"感受到其是在主张一种规则，这个规则既对他自己有益也对其他人有益"。

这种观点毫无可取之处。批评意见没能立足于对作为一个人自己情况的"个体的情况"的思考；而其所能发挥的作用就微乎其微了。道德作用在于考虑我们的邻人，或考虑那些陌生人，又或考虑到诸如苏格拉底、圣女贞德、德雷富斯上尉（Captain Dreyfus）等为了社会或国家利益而个人成为不正义的牺牲品的历史人物的品格。谈到不正义，我们断言，无辜之人是可以对抗社会共同利益的。当然，我们支持"待人如待己"这条规则。相对于社会整体的共同利益体，批评意见所提出的观点是，规则所要坚持的是作为个体的他者利益。

我们并不主张正义与功利之间是决然对立的。正如密尔在他著作开篇所言，绝大部分的人会同意一般性正义与"共同利益的部分领域"是一体的。然而，正义与功利之间时不时就能而且的确会发生冲突。当这些冲突出现时，正义原则支持个体诸权利。密尔对于正义概念的分析使得他发现了这一点，但是功利主义传统却使密尔一叶障目，进而导致他舍本逐末而买椟还珠（miss the significance of his own insight）。

第 13 章　亨利·西季威克

西季威克在1874年出版了《伦理学方法》(*The Methods of Ethics*)一书,这是一部博大深邃的传统功利主义的集大成之作。该书对正义的论述有点令人失望,因为他没有直面正义向功利主义提出的特殊难题。不过,这本书对正义概念的分析堪称精妙,相较于早先的论述,有了明显的提升。

在进入西季威克论正义的具体细节之前,我要谈一谈这本书的总体规划。西季威克借由《伦理学方法》之名意欲何为?他提出了三种方法,即利己主义(egoist)、直觉主义(intuitionist)以及功利主义(utilitarian)。人们会认为,这是三种伦理学的理论,是三种不同的道德判断的考量。利己主义认为,合理评价行为正当性取决于它有利于主体的利益。直觉主义认为,合理评价行为正当性并不取决于其他考量因素,而是基于一种直觉意识(a direct awareness)。功利主义则认为一个合理评价要根据行为对总体利益的贡献度。那么,为什么西季威克没有将它们概括为理论呢?这是因为,它们既有理论目的又有实践目的。它们并不仅仅从属于某一公式(unifying formula)的一般性道德判断的实证解释,而是为了修正上述公式的作为解决实践困境指导的规范性评价。上述每种理论都描述了一种趋向于脱离审慎设计而存在的思维方法，并且当我们不确定时，上述每种理论为蓄意使用某种思维方法而对其加以规定。

西季威克相信这三种方法是合理的，但这并不是在同样的程度上。他提出一种论断，要说服利己主义者理性地对待自身幸福（利己的快乐主义）意味着一个人应该同样考量所有人的幸福（普遍的快乐主义，即功利主义）。对于直觉主义，他区分了三种形式，知觉（Perceptional）的直觉主义、教条（Dogmatic）的直觉主义以及哲学（Philosophical）的直觉主义。在西季威克看来，哲学的直觉主义和他所认为的功利主义是完全一样的。

对利己主义者的论述是这样的。利己主义者把自己的幸福看作是一件好事，并且可以从这一点上理解其他人也是如此。因此，我们必须承认，"从广泛的角度来看"，任何一个个体的利益都不比其他任何个体重要；❶ 如果一个人的幸福是美好的，那么每个人的幸福都是美好的。利己的享乐主义可以导致普遍的享乐主义。然而，正如 C. D. 布罗德（C.D.Broad）所认为的那样，❷ 这一论点不太可能与利己主义者达成一致，他们认为他的观点并不是普适的，并且不理解为什么他要采纳这一普适的观点（不管这可能是什么意思）而不是个人的自然的观点。

对于直觉主义者提出的论点更值得关注。最原始形式的知觉直觉主义认为我们只是在每个个体中感知正确的事物。这根本算不上是一种理论，因为在任何统一的原则或法则下，它不会产生更多的

---

❶ Henry Sidgwick, *The Methods of Ethics*, 7th edn. (London: Macmillan, 1907), 382.

❷ C.D.Broad, *Five Types of Ethical Theory* (London: Kegan Paul, 1930), 244-245.

结果。然而，一些关于这种观点的迹象可以在著名的哲学家中找到。例如，亚里士多德不止一次地说，要确定什么是对的，"判断就在知觉中"❶。巴特勒（Butler）主教说，虽然"休闲之人"可能会寻求一条将好的行为与坏的行为区分开来的一般规则，"任何诚实的人"在他提议的行动是对还是错、善或恶之前，只要问问自己，他就能"在几乎任何情况下"给出一个真实的答案。❷ 然而，我们不能满足于此。即使在一个特殊的情况下，我们总能给出一个判断一个行动是对还是错的理由：它是正确的，因为它正在帮助有需要的人；它是错误的，因为它违背了承诺。所以知觉直觉主义不得不被放弃，转而支持教条的直觉主义，这种观点认为，行动是正确的，它体现了一些不言自明的原则。

"教条主义"这个术语似乎带有倾向性，尤其是西季威克认为这种观点准确地描述了常识的道德性。他称之为教条主义，因为它太容易满足于它的几个原则。它们之间的界限不清楚且互相冲突。因此，我们应该质疑他们所谓的自我证明。真正的不言自明的原则是非常清楚的，并且是一致的。西季威克研究了常识道德的各种原则，发现有些是不证自明的，有些则是简单的同义反复，所以缺乏实质内容。他也发现，和他之前的其他人一样，共同原则很大程度上取决于效用。最后，他提出了三个非常普遍的原则，他认为这些原则是不言而喻的，即谨慎、仁慈和平等的原则。他们规定追求自身最大的幸福，追求他人最大的幸福，对每个人都一视同仁。这是他的功利主义观或哲

---

❶ Aristotle, *Nicomachean Ethics*, 1109^{b}23, 1126^{b}4.

❷ Joseph Butler, *Fifteen Sermons*, III（D.D.Raphael, *British Moralists* 1605–1800, § 405）.

学的直觉主义。

它是哲学的，因为它接受的原则只有在经过批判的检验之后才会显现出来。它是直觉主义的，因为这些原则是关于权利和善的重要真理，它们可以直接被理性所理解。西季威克认为一个可行的伦理理论必须依赖于直觉的真理；关于价值的终极原则不能像 J. S. 密尔所设想的那样，从实证中观察事实，例如每个人都渴望自己的幸福。

西季威克理论的另一个显著特征是，其关注于针对常识性道德诉求的非一般性原则的功效。与密尔不同的是，西季威克并不认为这些原则是来自于对其效用的有意识的认可。他很清楚，常识思维把不同的美德和行为准则视为独立于社会效用之外的道德力量，而社会效用是否参与其中并不确定。西季威克提出了"无意识功利主义"的假设：这些原则和美德是可以被遵循和赞扬的，因为它们实际上通常是有用的，但这并没有像一个立法过程一样被刻意地制定出来；它是一种无意识的进化过程，它的特征现在可以通过批判性思维来辨别。在这方面，西季威克的功利主义观是哲学的。这也符合他的观点，一个有价值的伦理学理论应该有一个实用性和解释性的功能：对道德是无意识的功利主义的认识，这使我们能够为进一步的发展提出实用的标准。

在对教条主义直觉主义的批判审视中，西季威克分析了构成常识道德的美德，其中之一就是正义。他对正义的常识性思考的分析(第3卷第5章)是有耐心的，而且完全没有偏见。他首先指出，法律上的正义兼具有更广泛和更狭义的意义。在广义上，正义被看作是整个法律制度，而狭义上则是法律所维护与促进的对象。这种狭义或特定的意义与正义的伦理概念相当接近。

为了描述具体的概念，西季威克强调了它对个体的关注：法律的正义在于对个人的利益和责任的分配（包括损害赔偿的责任和对犯罪的惩罚）。那么这些正义分配的特征是什么呢？第一，平等。正义需要公道的法律，表现为既不"尊崇任何人"（showing no 'respect for persons'），也不因为财富、地位或任何其他"武断"的理由而歧视或反对特定的人。

这并不像人们希望的那样清楚。西季威克认为，在个体的个人行为中，任意的歧视并不一定被认为是不公平的，即使它可以被称为"不合理和反复无常的"❶。通过对违背平等的正当性证明加以具体性阐述，西季威克试图澄清上述观念。它们是契约的要求且类似于"绑定约定"。然后，西季威克考虑了后一个短语的延伸程度。他倾向于认为，它包括"所有这样的期望（服务，等等），这是自然而正常地产生的，通常是出于自愿或非自愿的关系，在这种关系中，我们与其他人站在一起"❷。西季威克认识到，这种说法对于一种被认为是坚定而准确的美德来说是不确定的，但又补充道，这是生活的事实。毫无疑问，在某些情况下，对一个人的自然期望的拒绝被认为是不公平的，而在另一些情况下，对一个没有承诺遵守的人来说，要求维持一种习惯似乎是很苛刻的。西季威克举例说明了常识性态度的不确定性："如果一个穷人因为第一个商人已经变成了贵格会（Quaker——基督教新教的一个派别）而要离开他，和另一个商

---

❶ Sidgwick, *Methods*, 268 n.

❷ Ibid. 269.

人打交道，我们不应该把它叫作不公正的行为，不管我们认为它是多么不合理；但是，如果一个富裕的乡村绅士对一个贫穷的邻居采取同样的行动，许多人会说这是不公正的迫害。"❶

西季威克认为，在对自然期望概念的进一步思考中，它的模糊性比它的不确定性更糟糕。"自然"一词意味着什么是共同的，什么是原始的，什么是理想的。最后两种感觉常常结合成一种信仰，即认为理想是上帝最初建立的。如果我们把这种信念视为神话，我们就会更深刻地看到正义概念的两个显著特征之间的区别和对比：我们认为按照利益和责任的习惯分配是正义的，但我们也认为不同的分配模式也是正义的。因此，我们希望法律保护习惯的权利，并在违反的情况下恢复它们，但我们也以正义的名义寻求对现有制度的改革。西季威克将这两个概念分别称为保守的正义和理想的正义。保守的正义保护了契约的权利和（不准确）正常的预期。后者包括法律将被维持的预期，因此，保守的正义服务于维持现有法律的全部，尽管在理想的正义方面，它的某些部分可能被认为是不公正的。"这两种观点之间的和解是政治正义的主要问题。"❷

西季威克对保守的正义和理想的正义的区分对于我们理解正义观的复杂性作出了非常有益的贡献。虽然我并没有有意这样做过，我必须从他身上得到我自己在保守和假的（prosthetic）（改良的）正

---

❶ Sidgwick, *Methods*, 270.
❷ Ibid.273.

义之间的区别。❶ 西季威克认为保守正义对法律功能尤具启发意义。他对理想正义的分析是有限的。

他对利益和责任的理想分配有不同的看法。一个普遍的观点是，法律应该授予和保护所有人的自然权利。对于确切的内容或自然权利的基础，人们几乎没有达成一致，但是，他说，人们强烈支持这样一种观点，即所有的自然权利都可以归结为对自由权利的干涉。那么，理想的正义会让所有人享有平等的自由。

西季威克在这个建议中发现了一些困难。首先，这意味着任何人都不应仅仅为了自己的利益而被强迫，但除了儿童，我们必须为居于这样一个规则之下的人提供保障；既然我们对他们的自由给予了优先考虑，我们是否应该对那些没有充分准备好去判断或追求自己利益的理智的成年人做同样的事情呢？因此，一些思想家认为，这条规则不适用于没有高度文明的民族。所以，这条规则毕竟不是真正的自我证明和基本原则，但它是一个更广泛的促进人类幸福的原则。

第二，不受干扰的自由是模糊的。如果仅限于对行动的限制，这条规则不包括烦恼，它有时是无法容忍的。(If interference is restricted to action, the rule will not cover annoyance, which can at times be intolerable.) 然而，将所有形式的烦恼都包括在内，将限制他人的自由。为了找到一个合理的平衡，我们必须权衡快乐和痛苦，再

---

❶ 'Conservative and Prosthetic Justice', *Political Studies*, 12 (1964); *Problems of Political Philosophy* (London:Pall Mall,1970), ch.7 (ch,5 in 2nd rev,edu.,London:Macmillan,1990); *Moral Philosophy* (Oxford:Oxford University Press,1981;2nd enlarged edn.,1994), ch.7.

一次将自由原则置于更普遍的功利主义原则之下。

第三，自由的权利必须包括以契约限制自己自由的权利。因为我们从具有法律效力的契约得到了自由导致不自由的矛盾后果，甚至允许一个人将自己从自由中解放出来成为奴隶。

第四，实现自由的权利通常包括实现财产权利。但如何实现呢？一种免于干涉的自由权利明确禁止现实中具体事物活动而产生的干涉。它是否禁止干扰未来使用的可能性，也就是说，它是否保护财产？如果是这样，这是否限制了另一个潜在用户的自由？如果你说他有权利使用类似的东西，他可能找不到适合他的用途的东西。

因此，平等自由免受干涉的权利尚不明确，也不能涵盖所有的自然权利。此外，它没有彻底探讨（exhaust）正义的概念，这也影响其他利益和责任的分配。它也不是不言自明的，它承认有例外，并可能导致自我矛盾；当我们试图解释这些弱点时，我们发现我们不得不求助于效用作为一个更基本的原则。因此，西季威克指出，另一种关于理想正义的看法必然无法被接受。

让人吃惊的是，他竟然把这个建议当真了。人们可以理解，有些人可能认为理想的正义是由自然权利构成的，但是为什么他们应该认为它是由不受干涉的自由构成的呢？常识性的思想认为正义和自由的思想是互不相同的，有时也容易发生冲突。西季威克认为，在自由不受干涉的情况下，自然权利的统一被"有影响力的思想家"所持有，并且"虽然现在可能有点过时了，但仍有足够的趋势值得仔细考察"❶。

我想他是在考虑洛克关于自然权利的观点。洛克列出了三个：生命、自由和财产。生命权主要是不被杀害的权利。我在第6章的最后建议，如果有人受到饥饿的威胁，洛克可能会认为他有权获得帮助；但当然，主要的，如果不是唯一的，洛克的思想是消极的，即没有被杀害。人们可以合理地认为这是一种不受干涉的形式。作为洛克的"遗产"的自然权利是为了证明获得财产的正当性。而财产的权利所包含的内容远多于免于干涉的占有与使用，而且这是它的一个主要特征。在美国《独立宣言》中代替财产权的自然权利，旨在追求幸福，显然比免于干涉的权利要更为丰富。由此可见，洛克所认为的自然性的生命权、自由权与财产权与杰弗逊在此基础上增加的追求幸福的权利，都是实现自由（liberty）的权利，即免于他人干涉的权利。即使如此，得出自由等同于免于干涉就构成了正义的结论也是十分草率的，纵使洛克本人也无法接受。

在他那一章的后面，我们将会看到，西季威克重新将自由作为理想正义的候选人，尽管这是自由的另一个方面。然而，与此同时，他拒绝了第一个建议，即理想的正义是不受干涉的权利。

他提出，理想正义的基本原则是回报应得，即对利益的感激和对伤害的怨恨的普遍的感觉。他将这两个概念区分开来，这两个概念有时与应得有关。第一个是损害赔偿，西季威克似乎认为这仅仅是出于仁慈的义务。（我想说，这是保守的正义所要求的，修复对现

---

❶ Sidgwick, *Methods*, 274.

有秩序的无端破坏。）第二种是西季威克所说的健康，他通过亚里士多德给那些能最好地使用这些工具，以及那些最适合他们的人分配工具来说明这一点。这种明显的正义元素通常被称为天赋。根据天赋分配利益和责任确实不同于根据应得分配，但是西季威克并没有解释为什么他们经常被认为是相似的。我已经给出了讨论亚里士多德的理由，他写的是根据"价值"分配，这是一个可以涵盖应得和天赋的术语。我们实际上并不经常把天赋等同于应得，但它往往被归入"功绩"，这可以涵盖应得的（earned）和不应得的（unearned）价值。西季威克也明确指出，天赋的价值是由于效用的原因而得到认可的。

然后，他回顾了在实践中对回报性应得所产生的各种不确定性和困惑。应得的概念，既好又坏，预示着自由的选择；但我们的部分知识和经验，以及我们道德思想的某些方面，使人怀疑自由意志的存在。那么，接受自由意志的假设，就是从努力或结果中估算出应得的程度吗？如果结果并不是实际的结果，而是被代理人的想法；在这一点上，功绩是否仅仅取决于他的意图（他想要达到的结果），还是取决于他的动机（是什么感觉、欲望或想法促使他）？

那么，假设我们已经估计了应得的程度，那么确定"公平"的标准是什么呢？就服务的公平价格而言，在实践中我们通常遵循习惯或类比；但是，西季威克说，如果我们把习惯看成是公平的考验，我们就会回归到保守的正义，而我们现在所追求的是理想正义的品质。一个不那么呆板但仍然实用的标准是"市场价值"，即供应商和服务接受者都能接受的价格。正是在这一点上，西季威克再次引入了自由的概念。市场价值是由参与者在竞争条件下的自由选择决定的。以最大自由为目标的社会将以市场价值为服务报酬的普遍标准；因此，即使自由不是理想正义的首要原则，它也是实现对回报应得的最佳手段。在竞争条件下的自由选择和一个人选择做的事情的自由不完全一样，但是它们直接的联系为：都因为没有约束而被称为自由。

西季威克接着指出，对市场价值进行估值是一件困难的事情。大多数人对重要服务的性质和影响知之甚少，因此他们的判断扭曲了市场价值，偏离了真正的价值。在个别情况下，一方对他所购买或出售的商品的实际效用的无知，使他处于不公平的不利地位，即使我们不会因为他的优越知识而指责对方是不公正的。常识让我们对这种情况的公平或公正感到困惑。西季威克认为经济上的考虑对分析正义没有帮助。在这里要注意的是，正如其他地方一样，如西季威克所设想的，"真实"的答案有参考效用。

使用市场价值的另一种选择是，试图通过"开明和称职的法官"❶来确定工作的内在价值，但西季威克承认，这是说得容易做得难。服务的价值是否与它所产生的幸福感相匹配？如果是这样的话，除了要计算幸福的数量之外，我们又该如何比较生活必需品和奢侈品的享受呢？我们更能意识到奢侈品的乐趣，但如果我们没有这些必需品，我们就无法拥有它们。那么，当企业依赖于不同类型的劳动的合作时，我们如何比较各种技能的价值，设计与生产，以及一般

---

❶ Sidgwick,*Methods*,289.

监督与执行细节，发现与应用之间的差别？

西季威克在概述了这些问题和回报性应得的不确定性之后，得出结论，即对常识概念的分析对解决这些问题没有帮助。追求理想的正义是不可能的。我们在实践中所能做的就是寻求效用，了解什么奖励能获得服务，以及服务的社会效益是否超过奖励的成本。

西季威克将理想正义的自由市场解释为"个人主义理想"和"社会主义理想"。"个人主义"这个词的意义是显而易见的：自由市场的选择是由个人做出的。另一种观点应该被称为社会主义，这一点还不太清楚。功绩大小和奖励程度的决定是由"开明和有能力的法官"代表整个社会做出的，但这本身并不是社会主义的。毕竟，在处理以犯罪形式存在的社会有害行为时，法官们在所有的原始社会中都决定了它的缺点和惩罚的程度，但我们不把这种制度称为社会主义。西季威克有可能是根据每个人的工作来考虑社会主义的分配正义的。毫无疑问，这项工作的价值在于它对大众利益的贡献，而不是满足个人的需要。

不幸的是，西季威克并没有更多地注意到刑罚制度，因为他当时可能已经看到，正义概念中的沙漠概念在实践中具有现实的作用，不能完全被效用取代。在得出结论后，他讨论了犯罪和惩罚的问题，认为奖励的问题不能用正义的共同理念来解决，但是，他把自己局限于推演类似于奖励功绩的困境之中。在论著的前一部分，当写到自由意志和决定论问题时，西季威克非常简略地提到惩罚的报应要素。他说如果报应主义的观点被单独拿出来，"从预防的观点中完全抽象出来——它使我们的正义观与仁慈相冲突，因为惩罚本身就是一种纯粹无用的罪恶。"❶他没有怀疑,如果功利主义的原理被单独使用,"从应得中抽象出来"会发生什么?

即使是在西季威克的时代,一个思想家对惩罚的报应观点也很独特。当今,我怀疑严格的理论家是否会采取这种立场。尽管大多数支持报应主义的人都将报应与预防、威慑和改革等实用主义因素一起发挥了积极作用,但是我认为报应主义的力量在于它保护无辜的消极作用,坚持以有罪的形式存在的应得是惩罚可能性的必要条件。在施加惩罚之前,一定要有不利的应得(ill desert)。我认为,与功利主义论者一样,只有功效才是衡量是否实施惩罚以及施加多大惩罚的决定性因素;不过,如果功效是判定是否施加惩罚的先决标准的话,那么正义概念就必然要难以苟同了。我不是唯一持这种观点的人。从本质上讲,这是一个头脑冷静的思想家霍布斯的观点,正如我们在第 7 章中看到的。西季威克对道德理论的历史非常了解,他必须意识到这一点,并且应该在他自己的理论中考虑到这一点。

和其他功利主义者一样,西季威克认为,尽管普通生活的道德思想吸引了许多不同的原则和美德,但当这些原则导致冲突或不确定性时,它永远不会不接受效用作为决定的标准。然而,和其他人不同的是,西季威克并没有声称常识道德的原则已经被采纳,因为他们被认为是普遍有用的。就正义而言,他认为它是源于对利益的感激和对伤害的怨恨的自然情感,而不是因为对一个人的奖赏和对另一个人的惩罚是有用的。毫无疑问,他从早期的思想家那里得到

---

❶ Sidgwick, *Methods*.72.

了他的心理学解释，尤其是亚当·斯密。它当然比复杂的假设更可信，即正义的原则是效用的概括。西季威克自己的补充也很复杂但更有趣，即一个"无意识的功利主义假说"。这一观点认为，一般效用的关键是由于必须处理不确定性和冲突的结果而产生的道德思想。"因此，它并不是人类开始的调节行为的方式，而是我们现在可以看到人类发展一直在趋向的方式，作为成熟而非萌芽形式的道德，功利主义最有可能宣称接受常识。"❶

但一般效用是否取代了"教条的直觉主义"的全部原则呢？西季威克同意这一点，因为他的功利主义，即哲学直觉主义，包含了公平原则，保留了正义的概念，以及最大化幸福的两条原则。公平原则是一个简单的原则，事实上，边沁眼中的每一个人都可以用更精确的语言来计算。因此，它不是边沁功利主义的实质性补充，而是呈现了更清晰的视角。西季威克认识到，这是一种分配原则，不依赖于产生尽可能多的幸福的综合原则。既然它是一个独立的原则，它就不一定与综合原则相协调。换句话说，效用的恰当表达（寻求最大的幸福）和正义之间可能存在冲突。在这个问题上，正如关于功绩的问题一样，西季威克并不欣赏困难的力量（the force of the difficulty）。

他的理论包含了三个基本原则，他认为这是不言而喻的理性的自爱或审慎，理性的善行和公平。西季威克承认前两个可能会发生冲突，他甚至说他认为他们之间的关系是"最严重的道德问题"，"如

---

❶ Sidgwick, *Methods*, 454, 456–457.

果道德是完全理性的,必须以某种方式证明"❶ 他们之间的和谐关系。他在书的最后一章论述了这一问题,并准备支持(尽管不能证明)神学假设,即上帝将确保利他的美德与自己的利益一致。

然而,西季威克显然认为这两项原则的目标和公平的目标之间没有冲突。他指出,当我们不能决定哪一种替代行动会产生更大的幸福,公平原则应该是决定因素。当然,最不可能的是,他们的结果所带来的快乐的总和实际上是相等的,但是我们有限的知识经常不利于我们去区分不同的东西。到目前为止,我们发现,如果他们的效用在总量上大体一致,那么我们应该遵从公平原则并选择在分配幸福时更为平等的替代性方案。但假设我们面对的是另一种行为或政策,其中一种会以一种不平等的方式增加更多的幸福,而另一种会带来更少的幸福,但会以促进平等的方式分配。然后怎么样呢?

西季威克似乎认为,只要一种选择能带来更大的幸福,那么这个因素就必须是选择的标准。这个结论有两个要点。一个是,只有当我们无法确定哪种选择会增加幸福的时候,他才会把公平作为决定原则。另一个是,在同样的地方(书四,第1章),他讨论了功利主义与人口政策的相关性。他说,假设人类的平均寿命带来了快乐与痛苦的平衡,我们应该鼓励人口增长,只要这种平衡的总数仍然是一种积极的幸福,而不是追随马尔萨斯主义的经济学家,我们的目标是个人最大的幸福。似乎很明显,西季威克的功利主义概念总是优先考虑个人的最大幸福,这是西季威克自己认为的正义的标志。

在西季威克的时代里,政府的社会主义政策的前景还没有明显

---

❶ Sidgwick, *Methods*, 386 n.4, 498.

显现，因此，我们不能抱怨他没有考虑到功利主义和平等主义正义的矛盾。当他写到"正义的社会主义理想"时，他想到的是应得，而不是平等。今天的社会主义政府将平等视为一种甚至是主要的理想。虽然现代保守派可能会争辩说，他们的自由企业政策会给穷人和整个社会带来更多的好处，但他们也同意，应该把一些价值附加到平等上。政治分歧的双方都认为效用和平等是有价值的目标，但他们在相对的权重上却各不相同。哲学分析不能解决他们的意见分歧，但在思考正义的本质时，一定要注意这一点。

第 14 章　哈斯廷斯·拉什达尔

在功利主义的历史中，西季威克对古典理论的详细阐述遵循了这样一种观点，即善的本质不仅仅指快乐。在 G.E. 摩尔的《伦理学原理》(*Principia Ethica*，1903) 和《伦理学》(*Ethics*，1912)，以及哈斯廷斯·拉什达尔的《善与恶的理论》(*The Theory of Good and Evil*，1907) 中对此观点进行了具体的说明。二者都承认西季威克对他们思想的影响。拉什达尔把他的理论命名为理想功利主义，这一术语被后来的学者用来描述摩尔的理论，虽然摩尔自己并没有使用它。

理想的功利主义与古典的享乐主义的功利主义一致认为：一个行为之所以是正确的，是因为它能最大可能地增加善或减少恶。然而，享乐主义的功利主义认为只有快乐才是善的本质。理想的功利主义认为，还有其他本质的善，即使与快乐或幸福有关，也不应完全归功于快乐，而应当拥有自己的独立价值。摩尔和拉什达尔在这些价值对于善的本质的影响的评估也不同。对摩尔来说，善的本质有许多，最伟大的是个人的情感和对美的享受，这也是柏拉图式的理想。而对拉什达尔来说，最好的善的本质以优先顺序排列，即：道德（很大程度上，意味着理性的慈爱）、快乐和知识（包含有真正的信仰和通俗的文化）。

摩尔的《伦理学原理》作为英国分析哲学发展史上的里程碑，在某种意义上，相较于拉什达尔的《善与恶的理论》显得更为重要。它的研究影响了伦理理论对价值判断特质的探究。但是，它对伦理思想内容问题的处理不尽如人意。并且在关于正义的问题上，它什么也没说。摩尔在后来的著作《伦理学》中对这句话作了简短的评论，他认为正义应该被伸张，但没有考虑到正义的意义。

另一方面，拉什达尔在一个章节（vol.i,ch.8）中用了很长的篇幅阐述了正义的概念，并在接下来的两个章节中又进行了相关的讨论，分别为：仁义规范的必要性以及正义的惩罚。其中，他意识到正义的某些观点造成了纯粹功利主义的道德理论困境，且他解决这一困境的方式并不带有将整个正义理论功利化的诡辩意蕴。虽然这一解决问题的方法并不令人信服，但后来功利主义者可以从他的诚实中有所获得。

根据拉什达尔的观点，正义关系到善的分配，它包括两个原则或理想，其一是对平等的主张，其二是对报偿的要求。初看起来，他们彼此是矛盾的，因为对好的事情通常表现为不平等的分配，诸如对优秀工作或其他形式的功绩的褒奖。拉什达尔认为这种不一致恰恰是显而易见的，因为结论表明，正义主张的平等是出于对公正的考虑，表现为现实的好或幸福的分配不平等。然而，这一结论并不是为了避免对平等和奖励的主张之间的不一致而设计的。他是从对另外两个问题的检验中得出结论。首先，他在一些细节上表明无法实现更实质性的平等或更为理想的公平，诸如财富和权力；同样也无法实现追求理想事物的机会平等。其次，他对于平等以及局限于少数人的高雅文化价值之间的冲突感到困扰。正如一个精英大学（牛津大学）的知识分子所期望的那样，他非常重视学术探究和享受的价值，然而这又是昂贵的，而且往往是一种浪费。但他也是一个具有社会良知的人，他赞赏社会主义理想的道德力量。因此，他不认为，这种局限于少数人的高雅的文化对大多数人来说是一种痛苦的生活。然而，在拉什达尔看来，只要大多数人能过上相当幸福的生活，为了更高的平等，让高雅文化消失是不恰当的。

这一系列的观点是否表明了平等原则的真正范围？拉什达尔完全相信，如果利益最大化的功利主义原则与平等原则相冲突，那么利益最大化通常是最重要的。在他的研究中，对于局限于少数人的高雅文化以及大多数人的不完美的生活（虽然是可以容忍的）之间的冲突，他认为，这更多地表现为一种对希望的渴求，而不是表现为明确的结果，因为高雅文化的价值从长远来看会带来更广泛的利益。然而，他也认为，对当代人来说，不平等在道德上是令人不安的，不能因其长期的（假定的）效用而忽略它。面对这一困境，拉什达尔武断地认为要优先考虑文化价值，而不考虑其未来可能产生的更广泛的影响。在某种程度上，他准备放弃对正义的要求。然而，他认为，他并没有放弃正义。因为他真诚地认为，平等原则必须被理解为对平等的主张，这可以由他赞成少数人的决定而得到体现。

我对于他的平等考量的观点有点困惑。他的观点以此为始，他将正义的两个要素中的第一个称为"每个人都具有同等的内在价值，因此有权获得同等的尊重"❶。虽然，从平等的尊重到平等的观点并不是一个重大飞跃，但拉什达尔是否认可每个人的内在价值呢？前一章有迹象表明他并非如此。我们可以对他的正义观做一个简要的了解，他认为："在我看来，每个人的善都和他人具有同样的内在价值。"然后他又补充道，"绝对公正的终极意义应该从平等的利益分配中寻求。"❷ 第一个阐述可能意味着每个人的优点实际上就像其他人的优点一样。但从后面的讨论中可以看出，他的意思是，如果一个人的利益等于另一个人的内在价值，且他们像商品一样，那么价值是相等的。事实可能并非如此，这一点与"每个人都有平等的内在价值"这一观点并不一致，也与"平等分配的善"不一致。

让我们先思考一下"平等考量"的意思。所谓平等考量（equality of consideration）意味着每个人所关心的事情都无一例外被考虑在内。如果真是这样的话，"平等的考量"这个词就毫无意义了。这个表达意味着每个人都应该得到同样多的关注。如何理解这一点呢？这可能意味着你应该花同样多的时间来考虑每个人的要求。但这种做法无疑是麻烦并且愚蠢的。或者可以说，平等的考量意味着对每一项索赔都给予同等的重视，但这种说法表明了对平等的考量应该是真诚的，而不是敷衍了事。从字面上看，认真的程度是多是

---

❶ Hastings Rashdall, *The Theory of Good and Evil* (Oxford: Clarendon Press, 1907), i.223.

❷ Ibid.185.

少没有什么实际意义。当然，人们并不期望衡量考虑是更多还是更少，但如果平等的考量是幸福（或幸福的）和平等的真正的替代，那对于机会的平等，人们会期望对可能性是更多还是更少进行一个粗略的比较。

我们无法判断，汤姆的幸福度是迪克的两倍（或者是其幸福的两倍）。但我们总有自信认为汤姆的生活更幸福。虽然我们甚至无法阐释机会的一般概念，但我们可以了解一些重要的机会类型，例如教育的有效性或就业的满意度，在此意义上，我们可以说，玛丽比玛莎有更多的机会。另外，在做出这样的判断之后，我们常常可以找出一些切实可行的措施来减少（我并没有说消除）差距。平等的考量的概念是否也能被现实地理解？我们无法从拉什达尔这里得到更多的帮助。

在引入正义的平等要素之后，即"每个人都只算作一个，没有人会被算作多一个"，拉什达尔接着引用了边沁的话，即"每个人都很重要，所以每个人的利益都应该被给予同等地位"。但这句话并不能说明"每个人都应该得到同等的财富，或政治权力，或社会关怀，但在最终善的分配上却予以简单的关照"❶。不久之后，其观点就更具体了。他认为动物虽不能被排除在伦理的考虑之外，但是人类的生命比动物的生命更有价值。标准可能是：我们必须承认："一个人的生命因之具有更大的潜力可能会比另一个人的生命更有价值。"❷因此，一些人的生命比另一些人更有价值，虽然两者之间的价值差

---

❶ Rashdall, *The Theory of Good and Evil*, 224.
❷ Ibid.239.

异远小于人类和非人类动物之间生命的差别。拉什达尔认为,这个结论需要重新界定边沁的原则。

我们可能还会认为,只要我们认同他是一个人,那么这个人就很重要。除此之外,我们还认为,在其他情况均相同(或均保持不变)的条件下(Caeteris paribus),每个人都只算作一个。但是,这将会产生这样的论断,"只要每个人的存在是平等的,每一个人就应该被平等地对待;但是,一个人可能会因为其具有追求更好的生活能力而导致待人上的不平等"。简而言之,"每个人都应当被认为是和别人一样善的人"❶。

很明显,与平均主义相背离,它表现为亚里士多德的"比例平等"原则,而这里所谓的平等,就是将分配好的利益与受益人的"价值"相匹配。毋庸置疑,这与价值标准下的分配原则有关系,而且并不能将拉什达尔率先提出的"平均原则"具象化为"每个人都具备平等的独特价值"。虽然拉什达尔对正义的平等原则的解释并不是为了将其与价值原则相融合,但这一结论却产生了上述的影响。

对于拉什达尔的第二个正义原则,其有两种解释:"以价值(merit)为依据抑或以成效为依据。"他写道,"价值"一词可以同时适用于两者,但这并不能消除它们之间的差异,"价值"适用于以下两种情况:一种情况是道德,另一种则是经济。拉什达尔对这两者都进行了研究,并且得出了结论。在现实中,我们对关于什么才是正义的各种观点的表述并不满意。

---

❶ Rashdall, *The Theory of Good and Evil*, 240.

他首先阐述了社会主义学说，即依照每个人的表现来对待之。他将"工作（work）"理解为社区服务工作，并认为这也是值得奖励的。就当前资本主义社会现实来看，工作的价值在于人们愿意用什么来换取工作，并且这取决于竞争，与正义感毫无关系。工资和价格一样，根据供求情况上下波动，因此，没有绝对的标准来决定某一件事情或某一项工作应该有什么样的报酬。社会主义者可能会想到一种理想的情况，即社会是基于公正管理的，而不是由非计划的竞争影响所能决定的。他可能会试图以工作量来确定工作的价值；但这是怎么做到的呢？如果只通过工作时长来判定，就会忽略工作的难易之别；如果你认同那些差别，你将会提出这样的反对意见，即我们可以拒绝一些几乎不费力且单调的工作，而对于那些需要付出很多努力的工作可以由那些擅长它的人来胜任。所以，你必须设定一个程度标准来判定哪些工作是愉悦的以及哪些工作是不满意的。

这可以根据工作的不同种类来判断，一般人会倾向于一个同样多报酬的工作。由此产生的评价将与我们在实践中发现的大相径庭；例如，医生的薪水可能比农夫还低。拉什达尔指出，虽然许多人认为，把农夫简单的劳动视作比医生的复杂劳动对社会更有价值是很荒谬的，且医生的工作需要经过更长时间的训练。然而，我们中的一些人会在没有医生的情况下过早地死去或遭受痛苦，但我们都会在没有农夫或其他粮食生产者的情况下死去。即便如此，在管理良好的社会主义社会中，付给医生的报酬比农民要少并没有实现正义。

因为医生完全可以抱怨,他们被分配到一个薪水很低的职业,而不是在被告知后果之后给他们选择的机会。

是否有另一种正义的工作评估的方法?一些人赞成工作应当获得奖励,拉什达尔认为,"假定这些就是人们普遍认为的高水平工作,即雇佣能力最高的人的工作,如智力工作、艺术工作、精神工作等等,那么,这些工作的报酬比低水平工作(即更为机械的、役用性工作)的报酬要高。"❶ 这一观点的提出是基于以下两个方面中的任意一方面,其一,更高水平的工作是更多服务于社会的工作,其二,"能力更高的人"应当获得更高的报酬,仅仅因为他们的能力更高一筹。

拉什达尔认为,伸张正义并不是首要的理由。毫无疑问,印刷《圣经》的人对社会的贡献要比那些印刷了"一大笔钱"的人要高,但如果两者都提供合法的服务,他们所印刷的东西的价值的高低并不能作为为相同种类的工作提供不同报酬的原因。就工作本身是不同的来看,拉什达尔回答道,若抽象的从产生的社会影响与雇员的能力来看,在两种工作之间,其与价值相关的东西并不会因为工种而不同。在研究社会结果之后,他开始讨论的两种可能的理由中的第二种,即能力。

为什么智力、艺术和精神活动的报酬应该更高呢?它并非是作为不愉快工作的补偿,因为这些活动实际上比其他普通的工作更愉快——对于那些能够做到这一点的人来说。我们也不能以优点作为判定的理由,因为从事这类工作的能力主要来自教育和天赋,这两

---

❶ Rashdall, *The Theory of Good and Evil*, i.249.

种情况都不是这些幸运的受益人所能要求获取的。通过教育来提高知识分子的知识水平只是权宜之计,而且,对于特别有用的职业来说,高工资是有益的,但这些规定并不是正义所要求的。拥有这种天赋的人通常需要特殊的能力——书籍、休闲、空间等等——而且他有足够的钱来支付这些。然而,这并不是对他的天赋的奖赏,它是实现内在善的必要手段。

因此,"基于工作"的不平等分配与"平等的考量"的结果是一样的,即内在善的不平等占有。按劳分配是对报酬或正义原则的两种可能的解释之一,另一种则是基于道德意义上的价值分配。拉什达尔之后对道德选择的思考也得出了类似的结论。

美德应该得到回报吗?拉什达尔说道,答案很明显,他应该获得回报,这是出于纯粹实用的效用原因,即:美德是一种伟大的善,我们应该尽量使它最大化,而且一般经验告诉我们,奖励有助于培养它。拉什达尔并不认为这是一种正义的主张,他接着问,美德是否应该与效用区分开来。他的回答别具一格。

如果这个问题被当作一个抽象的价值和奖励的问题,我完全看不出有什么理由可以支持优越的道德品质应该被分配到大量的外部商品,也就是说,放纵欲望的手段与这种优越的善(superior goodness)并没有联系。到目前为止,"功绩(merit)"一词的含义远远超过"内在价值(intrinsic worth)"或"价值(value)",它必须被视为具有一种抽象的意义。善无须以物质回报来衡量其价值,就

好像善只能被理性认知,一旦要以"价"偿之,善的所有者就必有所失了。❶

那么,为什么道德上的善应该与满足与之无关的欲望相关联呢?然而,除了更普遍的内在价值和价值观念(intrinsic worth or value)之外,拉什达尔真的能在"价值"(merit)中发现抽象的意义吗?他的下一句话表明他确实赋予了这个词更具体的含义,因为他认为这是对损失的赔偿要求,正如他在早期对社会主义格言的讨论中所做的那样"按劳分配"。令人费解的是他并没有在这里或者在之后对惩罚的讨论中使用"应得"的同义词。同义的反复不是解释,不过至少指出"价值"(merit)这个怪异的术语不能从另一个"价值"(value)术语中得到合理的释义,那就是"价值",除了价值之外没有别的意义。

拉什达尔继续提出了一个更为普遍的问题,即一个好人是否应该得到幸福,答案是肯定的,因为相较于不那么高尚的人的幸福,一个好人有能力享受一种更有内在价值的幸福。所以,最后拉什达尔再次阐述了基于内在价值的正义。尽管如此,他仍然对"把我们的正义和仁慈的两大原则整合为一种总体性的规则,即促进整体的利益最大化"的出现感到不安。效用与平等之间仍然存在矛盾。"当我们只能通过减少善的总额来满足平等的善的需求时,我们该怎么办?"将正义的平等原则视为平等的考量,并且强调更高的善,通常会带来极大的好处,但没有谁能够确定它总会如此。"如果非常严重的不平等分配导致了善整体上轻微的提升,这该如何应对?我们

---

❶ Rashdall, *The Theory of Good and Evil*, 257.

难道不该牺牲更大的公平来换取更多的善么？"现实意义下完全强调善的最大化"导致了少数人的牺牲——精神或身体上的虚弱、疾病、停滞、残废——好似共同的人性将被审判"。像之前一样，拉什达尔的社会良知妨碍了其功利主义。然而，他对统一理论的渴望同样折磨着他：为正义和仁慈找到一个共同的分母是关乎"我们生死攸关的立场"。

他的解决办法是将正义囊括于内在的善，因此，权衡这两项矛盾的要求（competing claims）的问题变成了"一个普通的价值比较案例"，这一点在实践中仍然面临很大困难，"但在理论上却可行"。❶

一种试图通过改变词语来解决这样"生与死"问题的理论并没有什么说服力。但是，拉什达尔的解决办法并不是简单地将正义称为一种善。他认真考虑了此举该如何得到保证。他认为，如果正义的分配被看作善的一种可能形式，那么就有理由反对这种分配本身是一种太过抽象的事情以至于无法成为一种具体的"善"。他似乎认同西季威克的观点，即内在的善必须与意识状态相关，他认为正义是这样一种状态，即公正分配是一种内在的善。

这可能满足了他将竞争性主张归入内在善的愿望。但是关于正义的建议却把人们的注意力引向了错误的地方。当一个人在看重公平分配幸福的权利时，就会反对产生最大善的竞争。对于第一个主张来说，重要的不是那些负责分配的人的心理状态，而是分配对那些得到了不公平待遇的人的影响。

---

❶ The quotations in this paragraph come from pp.264-266.

然而，这个建议确实使拉什达尔看到了他之前没有提到的正义的一个重要方面。他在谈到正义的精神状态时，他写到"同情和怜悯人"，"对人善良和友好"，以及"关怀人的利益"，这与关心"社会整体"利益相反。以下阐述为其结论的一部分：

> 仁慈体现了善的价值。正义体现了人的价值。这些方面的理想结局并没有产生真实和最终的碰撞。因为善终究是每个人的善。正义和仁慈彼此关联……即便在善最大化的原则下，太大的个人牺牲都是不公平的。但是，当这种情况发生时，因为对个人主张的考虑不少于对理想状态整体部分的考虑，而这一理想状态即善的重要组成部分。❶

拉什达尔把正义和仁慈统一为理想状态的组成部分不论在理论上还是在实践中对于处理二者之间的冲突问题是毫无助益的。但是这种认为正义会导致"个体"（individuals）和"肯定人的价值"（asserts the value of persons）❷的观点有助于说明正义为什么是功利主义的问题，这一点强调了要实现的善的总量。

拉什达尔在关于正义的概念这一章中补充了道德的惩罚。他对这个话题的讨论值得注意的是对这一观点的严厉的批评，即惩罚的本质是报偿以及将惩罚视为一种教育来代替它。他并不是说惩罚就是教育罪犯；他同意报应主义者布拉德利（F. H. Bradley）的观点，即改革是对惩罚的有益补充，但不是惩罚的本质。他的意思是报应的一个方面，表达了公众对犯罪的愤慨，也对公众普及了刑法的功

---

❶ The quotations in this paragraph come from pp.268-269.
❷ Ibid.186,268.

能和重要性。这对思考这个问题是有益的。然而,他对因果报应理论的批评,却因未能表明其主要观点而不足:他对应得只字不提。

报应理论认为,罪犯应该因为他所做的事情而不是为了将来的结果受到惩罚。它的大多数支持者承认,一旦惩罚是正当的,它应该以威慑和改革为目标,除非一个人犯了罪并因此而受到惩罚,否则对这些功利主义目的的考虑就没什么意义了。简言之,他必须受到惩罚。作为报应理论的辩护者,拉什达尔挑选的两位思想家分别是康德和布拉德利。他引用了他们每个人的大量文章。(必须指出的是,他对康德的引文让人产生误解,因其为了简洁而省略了一部分,当全文极力遮掩其断章取义的痕迹之时,他却让人对康德留下了粗鄙、浅薄的印象。)在这两篇文章中,应该给予惩罚的概念都是至关重要的。没有应得的惩罚是公然的不公正。拉什达尔对这点并没有任何回应。

我在前面已经提到过,在他关于奖励价值原则的讨论中,他说"价值"一词除了内在价值或价值之外,没有任何意义。他很清楚,奖赏和惩罚是相关的概念。那么,如果值得奖赏的价值,意味着不超过内在价值或价值(intrinsic worth or value)。他会说,应该受到惩罚的人,意味着不过是无内在价值或不价值(intrinsic unworth or disvalue)?名词"价值"(merit)和"应得"(desert)来自于动词"值得"(merit)和"应得"(deserve),这些动词指的是过去行为和对其反应之间的关系。如果在道德意识中没有盲点的存在,对于所涉及的没有明确意义的概念存在,那么就表明思想贫乏。

然而,我必须补充的是,在拉什达尔对报酬的讨论中,他似乎比许多功利主义者有更清醒明智的认识，而这些功利主义者认为他们可以很容易地将价值的概念解释为一种效用的形式。他们认为，对社会有用的行为会作为一种社会有效的激励方式而获得奖励，以此来保持良好的工作状态，并成为他人的榜样。认同，包括行为和奖励，最初是为了他们自身的效用，现在作为一个根深蒂固的原则性问题，而被认为是道德的一个特殊的表征。拉什达尔详细叙述了他在讨论报酬分配时的价值的"经济"意义。当他转向"道德"的价值感时，他也清楚地意识到，效用也起了作用。但他发现，在我们的正义观中存在着一种并不功利的因素。如果他在考虑惩罚的时候能更加关注应得的概念，他可能已经认识到，正义的作用是保护无辜的人免受惩罚，而不是为了社会效用而受到惩罚。

人们可能会说一些类似于他的言论，即不受限的对最大善的强调会"导致不幸的少数人的牺牲，即精神或身体上的虚弱、疾病、停滞、残废，就像其他普通人也会遭受的一样"。值得注意的是，拉什达尔应该将这种人文情怀与公平正义原则联系起来。正如我们所看到的，他对社会主义的论点有一些同情，即正义应该按劳分配来决定幸福的方式。他没有提到类似的命题，即马克思所说的共产主义应当按需分配。许多思想家认为，需要指出的是慈善、仁慈、人道而非正义的问题，我们有理由相信拉什达尔会赞同这一观点。然而，在对弱者、病人和残废者的人道关怀上，他是以正义为原则的。

第 15 章　彼得·克鲁泡特金

"各尽所能，按需分配。"1839 年，路易斯·布兰克（Louis Blanc）首次阐明了社会责任的原则，并于 1875 年被卡尔·马克思采纳。❶ 他们都认为没有必要为按需分配原则提供理论依据。他们关注的是社会改革家的实际辩论，而不是抽象的哲学。路易斯·布兰克的提法源于他对圣西门的批判，他主张，作为社会主义的观点，工人的工资应该与他们的贡献相匹配。布兰克认为，正义不同于人类宪法中"上帝的律法"（the law written by God）："各尽所能，各取所需"（à chacun selon ses besoins, de chacun selon ses facultés）。但是他并没有解释为什么要根据需要，而不是以上帝赋予的人性法则来规定应得。显而易见，卡尔·马克思的这句话不断出现在其文章中，以此来区分共产主义的第一个和最终的"更高"阶段。当共产主义来临时，"只有这样，资产阶级权利的狭隘视野才能被完全跨越，社会才能在其旗帜上写下：'各尽所能，按需分配！'"

作为道德的一般原则，帮助不需要任何具体理由。在 19 世纪的这些思想中的新的想法是需要，而不是正义的要求：应得。这种观

---

❶ Louis Blanc, *L'Organisation du travail*; Karl Marx, *Critique of the Gotha Programme*, I.3.

点的理论支撑来自于彼得·克鲁泡特金——然而，正如我们将要看到的，他是否把它归入正义的范畴是值得怀疑的。

克鲁泡特金生于 1842 年，卒于 1921 年。他是俄国贵族，在经历了一段时期的服兵役之后，以地理学家的身份获得了荣誉，成了革命无政府主义的积极倡导者，并因此使他在 1874 年被监禁。他于 1876 年逃脱，随后在法国和英国度过了大部分时光。他在无政府主义的共产主义、经济学、进化论和伦理学上著述颇丰，并靠此间收益艰难度日。1917 年革命后，他回到祖国俄国，得到了教育部长的职位，但那时他老了、虚弱了，所以他拒绝了。事实上，他对布尔什维克政权的特质（character）感到失望。他的政治思想并非单纯的理想主义；他相信并坦率地说，革命和征用是实现他所拥护的社会的必要条件。然而，他的作品给人的印象是他是一个高尚的人，他的生活也证明了这一点，正如无数认识他的人所证实的那样。

克鲁泡特金并不是一个专业的哲学家。阐述无政府主义的理论当然是他的目标之一，但它是作为更大的任务的一部分而完成的，并在一些细节中展示了无政府主义在实践中是如何运作的。因此，他并没有费心去系统地将理论、人性和一般伦理描述联系起来。他在过去的几年里写了一段伦理学的历史（《伦理学：起源与发展》，*Ethics:Origin and Development*，于他去世后的 1924 年出版），并打算对他自己的伦理学观点进行系统的处理，但他并没有在有生之年完成他的项目的后半部分。毫无疑问，它在将伦理学与自然科学联系起来的过程是与众不同的；他以"互助"（mutual aid）为伦理学基础，这是一种表现在动物和人类身上的性情。他认为，这是进化的一个主要因素。

他似乎把互助看作是内在本质，尽管他也把它视为一套"成长"于人类和动物社会中的"相互支持的道德习惯"❶。正义的概念更加具体。克鲁泡特金在很多地方提到过它，特别体现在其对早期思想家研究的伦理史中，但他几乎没有坚持自己的观点。他赞成用公平来定义正义，他认为公平的本质在于其铁律，即"就像你希望他们在类似的情况下对待你一样来对待他人"。他经常将铁律称为"平等原则"（the principle of equality），并宣称平等是"公平的同义词"❷。他按需分配的观点暗含着按劳分配的另一种观点，即基于应得的公平（equity in terms of desert）。他反对后一种原则，不是因为它误解了公平的含义，而是他认为这是行不通的。我们通常不认为公平是平等的同义词，尽管大多数人会认为，在某些情况下，平等分配似乎是最公平、最平等的事情。

然而，除了这个问题，铁律在什么方面体现为平等的原则呢？大卫·米勒在《社会正义》（Social Justice）中对克鲁泡特金进行了全面考察，并向我们阐述了现代科学和无政府主义这一部分，克鲁泡特金在其中写道，我们需要"分析正义的概念在多大程度上意味着平等"。

这个问题很重要，因为只有那些尊重他人的人才会遵守这一法则："己所不欲，勿施于人。"一个农奴主和一个奴隶商人显然不会

---

❶ Peter Kropotkin, 'Anarchist Communism: its basis and principles'（first published in 1887）,II; included in *Kropotkin's Revolutionary Pamphlets*, ed.Roger N.Baldwin（New York:Dover Publications,1970）,74.

❷ Peter Kropotkin, 'Anarchist Morality'（1909）,VI-VIII;Baldwin,97,98-106,99.

承认"普遍法则"或"绝对命令",因为他们并不认为农奴和黑人是平等的存在。如果我们所说的是正确的,那么我们是否有可能灌输道德,同时灌输不平等的思想。❶

难道只有那些把别人看作和自己一样平等的人,才会遵循铁律吗?毫无疑问,农奴主和奴隶商人违反了这一法则,因为他们拒不承认他们与其农奴或奴隶之间是平等的。他们拒绝全人类的基本平等、分享权利以及行使选择的权利、被他人当作人而不是物对待的权利。当然,最基本的权利是最重要的。公平地来看,那些不尊重它的人是不会遵守道德法则的。但作为不平等主义的例子,它们是极端的。许多人永远不会想要剥夺任何一个健全的人的基本自主权,然而却不把所有其他人视为与之平等的存在。典型的乡绅不认为农民是和他一样平等的;然而,在与他们打交道的过程中,他很可能遵循铁律,至少在上面谈到的消极形式中是这样的。如果我们回顾一下前面引用的"无政府主义道德"的积极形式,正如以上斜体字所强调的,我们可能会注意到,"在类似的情况下",我们也会这样做,这种说法自然会被理解为"如果你换位思考"。乡绅可能会真诚地认为,如果他是一个农民,他会希望乡绅像他对待他的农民那样对待他。没有人认为每个人在能力方面都是平等的,如果一个有才能的人被认为有责任被要求去做家务,他就不会认为他有义务为他的仆人做他希望他们为他做的事。那么克鲁泡特金想要的是什么样的平等呢?

---

❶ Peter Kropotkin, *Modern Science and Anarchism*, 2nd edn. (London, 1923), 74; 转引自大卫·米勒《社会正义》(克拉伦登出版社,1976 年)第 220 页(原文出自克鲁泡特金《现代科学与无政府主义》。该书早期版本中的重要内容重述于鲍德温的文集中,相关篇章在原书第 176 页)。

如果它仅仅是所有人被视为人对待的权利，那么这与正义的平等没有任何关系。

在我看来，在《现代科学与无政府主义》（Modern Science and Anarchism）的文章中，克鲁泡特金认为道德是普遍的而不是特殊正义。这一建议得到了以下事实的支持，正如上文所引用的修订版中克鲁泡特金用"或绝对命令"来补充解释"普遍法则"这一术语。当然，绝对命令是康德的基本道德原则。那么，为什么在介绍这篇文章时，克鲁泡特金还保留了"正义"这个词呢？我认为这是因为他倾向于赋予"正义"一种宽泛的意义，也许是受到了他的无政府主义者前辈戈德温和蒲鲁东的影响，他们都在广义上使用了这个词。

在讨论"无政府主义道德"的铁律时，克鲁泡特金提到了平等原则的不同适用情况。"然而，如果社会只存在这一平等原则；如果每个人都像是商人一般，整天都小心不会使给予多于获得，那么社会就会因此而停滞。"❶ 在这里，平等是你收获多少就回报多少，克鲁泡特金显然是在以一种更具体的方式考虑公平或正义。他接着说，"比公正更伟大……比正义更伟大的东西"是"不要求任何回报的人类服务"，他称为"真正的道德"，与"仅仅是平等的关系"（merely equality in relations）形成对比。❷ 这篇文章里的平等原则的范围较窄，也不像在《现代科学与无政府主义》的摘录中出现的那样令人钦佩。

"各尽所能,按需分配"，是服务的"真正道德"而非正义，即"交

---

❶ 'Anarchist Morality', VIII; Baldwin, 106.
❷ Ibid.107–108.

易者的平等"（the equity of a trader）。按劳分配的另一种分配原则适用于交易者的平等，即收益与回报对等。当克鲁泡特金提出按需分配的观点时，他并没有将其视为公正的原则。他的观点关乎整个社会的服务，同时与个人的贡献紧密相关。因此，他把这个准则称为共产主义的原则，与个人主义形成对比。在他的论点中，按劳分配的原则是公正的原则，他认为这一原则也影响到了对不正义的判断，因为它给不同的工作以不同报酬，而在一个联合企业中这些工作都是同等重要的。但他似乎并没有暗示用正义需要来代替按需分配。显而易见的是，正义要求公平分配，但他很清楚要实现这一结果在现实中的困难。他还严厉批评了"这个时候由国家组织的基督教慈善组织"❶所需要的理念。人们会认为另一种选择是将该功能赋予正义，但克鲁泡特金没有给出任何暗示。正义，似乎根本就没有出现在这一图景中。如果我们回想一下那些最有洞察力的正义理论家已经取得了个人的胜利（its championship of the individual），就会发现这一结论并不完全出乎我们的意料。克鲁泡特金的观点是真正的共产主义并且对个人主义不屑一顾。

这一论点在早期的小册子《无政府主义共产主义：基础和原则》中首次提出，最初是发表于1887年的两篇文章。它也出现在《面包与自由》（The Conquest of Bread，1906年）中，其中有一些阐述，但基本上保留了同样的推断和相同的支持性论据。它既基于道德基础，也基于自然发展过程的推论。克鲁泡特金认识到其观点中的两

---

❶ Peter Kropotkin, *The Conquest of Bread*, ch. 13.4; ed. Paul Avrich（London: Allen Lane, The Penguin Press, 1972）. 188.

个要素之间的区别，但他并没有努力去区分每个要素。这很可能是因为他认为他们是连在一起的，甚至可能是同一枚硬币的两面，因为他认为道德是自然进化的产物。

《面包与自由》中道德案例的清晰阐释如下：

> 生产手段表现为人类的集体劳动，所以产品应是该种族的集体财产。个人占有既不公正也不可行。一切都属于集体。所有的事情都是为了所有的人，因为所有人都需要它们，同时所有的人都在努力衡量其生产力，并且我们无法评定每个人在世界财富生产中所起的作用。❶

除了一个简短的短语外，这篇文章的观点建立在对应得的主张上（因此，这可以说是对正义的呼吁，尽管他并没有这么说）。由工作产生的利益应该"属于"那些产生它的人，而且由于他们的个人贡献是相互关联的，所以对他们单独进行评价是不可能的，因此，应该共同享有这些利益权利。所有人都有权利占有和使用产品，因为是他们参与了生产过程；这是他们工作应得的报酬。

但是，他认为"所有的事情都是为了所有的人"这一结论是合理的，克鲁泡特金并没有把自己局限于"因为所有的人都努力工作……来生产这些东西"；他首先补充了"因为所有人都需要它们"。这可能是同一观点的一部分：有人可能会说，虽然工作值得拥有，因此有资格使用该产品，但实际使用（减少了库存）需要进一步的需求声明；对任何个人来说，把属于所有人的财产挥霍掉是不合理的。

---

❶ Kropotkin, *The Conquest of Bread*, ch. 1.3; Avrich, 49.

但从克鲁泡特金的其他论述来看,这似乎不太可能是他所想的。并且,他将需要视为受益的唯一理由。他并不认为,儿童、老人或长期患病的人需要从其将来或过去为此努力而获得的共同存货中得到满足。在他的实际行动的需要原则的例子中,克鲁泡特金认为,当需要满足的时候,应得的问题是不相关的,比如在公共图书馆的使用中,或者在沉船的救援中,或者在释放囚犯的援助中。"这里有需要服务的人;他们是同胞,他们不会要求别的权利。"❶

《面包与自由》旨在抨击个人的占有而拥护共产主义,即"一切属于集体"。按需分配的正当性被认为是不言自明的。

克鲁泡特金更充分地阐述了他的论点的第二部分,即历史发展显示出越来越倾向于共产主义,包括需要的原则。

我们认为,共产主义不仅是可取的,而且,建立在个人主义基础上的现有社会不可避免地会朝着共产主义的方向发展。……基于同样的原则,即根据每个人的需求,新的组织以各种不同的形式下涌现出来……那些在旧日征收过路费的桥梁已经成为公共财产,而且是免费的;高速公路、博物馆等等也如此,还有免费图书馆、免费学校、孩子们的免费午餐;公园和花园对所有人开放;铺设了街道、修建了路灯,这一切都是免费的;自来水供应到每家每户,无须测量和限制,所有这些安排都建立在这样的原则之上:"取你所需要的。"

克鲁泡特金还列举了几个其他的例子,最后指出,在面对不幸

---

❶ 'Anarchist Communism',II; Baldwin,60-61.Cf .The Conquest of Bread,64-65.

事件发生的情况下，一个通常以自我为中心的社会会优先考虑最脆弱的人，如儿童和老人的需求，"而不管他们提供了什么服务，或可能会提供什么服务"❶。

"取你需要的东西。"那么每个人怎么决定什么是需要的，什么是不需要的？克鲁泡特金显然对这个问题不感兴趣。《面包与自由》的第九章题目为"享受的必要性"，并且准备将所有的休闲活动，尤其是艺术，包括在需要的范畴内。在现实社会中，这些被认为是奢侈品，只有有钱的人才能负担得起，而穷人则需要花所有的时间来为需要的东西买单，诸如面包、粗糙的衣服和简单的住所。然而，无政府主义共产主义社会将会理解，"它不但要生产满足物质生活的一切必需品，而且还必须努力满足精神生活的所有需求"❷。

这个田园牧歌生活的代价是什么？克鲁泡特金认为没有问题。他严厉批评了正统经济学，他认为，正统经济学把注意力集中在消费而不是生产上，这可以大幅提升以地养活世界上的人口。他不赞成专业化分工劳动，它认为体力劳动者的重复劳动单调乏味，而这些任务可以通过机器来完成。（因此，他对亚当·斯密的《国富论》持悲观看法，同时赞同其《道德情操论》；据我所知，他是唯一与斯密分享他的观点的人，他认为《道德情操论》是一本更好的书。）他对依赖对外贸易而不是自给自足和优先发展农业感到遗憾。他认为，他的经济学课程将把体力劳动者的工作时间缩短到 4 到 5 个小时，留给他大量的休闲活动时间。

---

❶ *The Conquest of Bread*, ch.3.1; Avrich, 62–63, 65.Cf.'Anarchist Communism',II;Baldwin,59–61.

❷ *The Conquest of Bread*,ch.9.1;Avrich,126.

这当然是基于假定劳动者在工作时间内将尽最大努力为社会服务。一个人能否期望每个人，或几乎每个人，像克鲁泡特金一样，并将自然的利己主义与公共利益联系在一起？他认为，现在如此普遍的利己主义是由个人主义推动的，共产主义社会当然会改变我们的道德习惯。那么闲人怎么办呢？克鲁泡特金认为，他们中的大多数都像是圆孔的方形钉；如果社会做出了一些努力去发现和迎合他们天生的爱好，他们就会做出相应的贡献。然而，他认为这可能不适应于所有人。他认为人们可以跟懒惰的人如此说："朋友，我们想和你一起工作；但是你经常不在你的岗位上，而且你的工作很粗心，我们必须分开。去找其他能忍受你漠不关心态度的同志吧。"❶

克鲁泡特金的许多理论是不现实的，但我们可以从他对原则的辩护中学习到一些东西。"按需分配"，克鲁泡特金没有明确地将其称为正义的原则，正如我所指出的，他的论点意味着回报性应得（the requital of desert）是公正的这一观点。大多数人认为应得的回报和需要的援助都是有效的道德主张。大多数人认为给人以应得和对需要的援助都是有效的道德主张。克鲁泡特金在实际行动中增加需求原则的例子并不意味着它将完全取代应得的主张。它什么时候适用，就像应得一样，这是对正义的要求吗？许多思想家并不这么认为，因为应得的回报是一种正义的要求，但对需要的援助却不是；它应该被赋予美德，高尚的美德及仁爱。克鲁泡特金的例子对这一理论产生了严重的怀疑。谁会认为救生船的营救，或者救助被释放的囚

---

❶ *The Conquest of Bread*, ch.12.3; Avrich, 168.

犯，是作为慈善的行为——或者是因为爱？仅仅把他们当作善行是不够的，他们是人类的义务，或多或少正如克鲁泡特金所说（"这里有需要服务的人；他们的同胞"）。他们是否应该属于正义的范畴是不确定的。正义和权利概念的范围已经扩大，而且似乎有可能进一步扩大。

第 16 章 哈伊姆·佩雷尔曼

哈伊姆·佩雷尔曼关于正义的最根本和最重要的著作是《论正义》(*De la justice*)，于 1945 年首次出版。这是一项非常有影响力的工作，因此它需要进行批判性的审查，尽管佩雷尔曼本人可能认为它的某些方面已经被他后来的作品所超越。例如，1963 年出现在《论正义》(Concerning Justice) ❶ 的英译本中有一个脚注，暗示佩雷尔曼修改了他的观点，即价值观是"逻辑上的任意性"(logically arbitrary)。脚注中表明，自从在正义的文章中阐述了关于价值观的评论，"作者试图通过他的论证理论，提出一种关于价值观的推断方法"，这表明他后来的论证理论（特别是在一本书中，它被称为"论证"："新修辞学"。❷）(developed particularly in a book called *Traité de l' argumentation:La Nouvelle Rhétorique*) 符合其早期的观点，即价值是任意的 (values are arbitrary)。我将要把这一点考虑进去。即

---

❶ In Ch .Perelman, *The Idea of Justice and the Problem of Argument* (London : Routledge & Kegan Paul,1963). My references are to this version of the essay. The footnote modifying the statement that values are logically arbitrary is on p.57.

❷ Ch.Perelman and L.Olbrechts-Tyteca, *Traité de l' argumentation. La Nouvelle Rhétorique* (paris: Presses Universitaires de France, 1958) ;English trans., *The New Rhetoric: A Treatise on Argumentation* (Notre Dame,Ind.:University of Notre Dame Press,1969).My references are to the English translation.

使是在关于正义的初稿中，也体现了佩雷尔曼关于逻辑和修辞的观点之间清晰的联系，因为他在正式和具体的正义之间的区别体现了他在正式逻辑推理和在修辞领域之间的区别。他使用的"修辞"一词在广义上是来源于亚里士多德，这不仅意指一种说服性语言，还包括推理的一般特征，而不是用于支持案例的形式逻辑。

众所周知，在哲学家和政治家之间，关于正义的意见分歧比大多数其他价值观上的分歧更尖锐。佩雷尔曼的文章并不是为了结束争议；相反，它坚持认为必须始终存在关于基本社会价值的争论。它的目的是要澄清争论的本质，并通过区分什么是必然无可争议的，来缩小它的范围。佩雷尔曼首先列出了一些不同的正义原则，每个原则似乎都有一些可靠性。佩雷尔曼认为，这些原则都符合他所谓的形式正义原则。这就是"同样的人必须以同样的方式对待"的原则。在构成"基本范畴"和为这一目的所提出的各种原则的不同意见中，出现了分歧。

形式正义原则的概念，与所有相互矛盾的正义概念一样，无疑都是对哲学理解的一种有益的贡献，它已经被用于之后在对该主题的各种研究中（如果不是一直精确地存在于佩雷尔曼的术语中）。佩雷尔曼指出，对于形式正义不存在争议，因为它纯粹是形式的和抽象的。只要你不考虑有资格获得相同待遇的基本分类的问题，没有人可以质疑这一类别内的所有成员都应该一视同仁：如果它们都属于同一类别，而且如果这一类别对于我们的目的是重要的，那么他就不能有任何理由去区分它们；对他们一视同仁，显然是理性的。

佩雷尔曼认为,这种理性的接受是我们倾向于惰性的结果,❶ "一个典型的例子就是遵循先例的司法实践"。在这种情况下,形式理性依赖于一种类似于支配一切物质身体行为的惯性定律的普遍性(或接近普遍性)的心理特征。这种普遍的因果关系,是与不同的环境下的社会条件所构成的特定的原因形成对比的,这将导致对具体正义的不同定义。人们不能指望普遍接受任何这种观念的合理性,因为这种情况的合理性并不依赖于人类共有的一种心理特征。具体社会条件下的个人历史和经验,会对具体正义原则的判断产生影响,而道德价值、努力工作、地位或需要,是"公正"分配的适当标准。因此,任何赞成这些观念的论点都必须考虑到不同受众的不同感受;它必须符合修辞原则,而不是形式逻辑的原则。

这是一篇有趣的论文,具有很强的说服力。佩雷尔曼所说的"说服力"的归属性存在一个问题:在他看来,大多数哲学本身,包括他自己的理论,属于修辞范畴。在《新修辞学》(*The New Rhetoric*)(§6)开篇,他区分了说服和信服。当一篇议论文能像形式逻辑一样吸引普遍的听众时,令人信服才是可能的。佩雷尔曼指出(§7),哲学家们总是声称要向全世界的听众发表自己的观点,而这种主张的有效性并不取决于是否有希望得到所有人的赞同。❷ 他以斜体字强调,"普遍受众的同意是这样一件事,它不是事实,而是正确的"。然而,他接着提出质疑,即哲学可以依赖于任何真实的客观事实或真理,而这些事实或真理在任何时候都可以被普遍接受。

---

❶ *The New Rhetoric*,105-107,218-219;*The Idea of Justice*,86,119.

❷ *The New Rhetoric*,31.

因此，哲学的论证，甚至是自然科学的论证，❶都必须被认为是具有修辞特征的最后的凭借。如果这是正确的，我不希望我所做的任何评论都会被定罪；我只能设法说服。

然而，这可能就是我对佩雷尔曼的正义观产生若干疑问之处。他在形式和具体的正义之间的主要区别是有价值的。诚然，他的形式正义原则有一种无可争议的合理性，即一种独立于特定条件产生的特殊情感的普遍性。我们也必须承认，具体正义的各项原则会呈现出完全不同的情形。对一个群体来说是理性的东西在另一个群体眼里是纯粹的偏见。一个人对某一概念的强调往往取决于他的个人经历；在近距离接触过或目睹过贫穷的人们通常会说，正义应该考虑到需要，尽管人们已经看到了努力工作带来的有益的社会影响，以及懒惰带来的可怕后果，但至少会使正义得到应有的重视。

不过，我认为佩雷尔曼对形式和具体的正义的区分过于尖锐。首先，我认为形式的正义不是完全正式的。其次，我认为佩雷尔曼夸大了对具体正义的不同概念背后的价值的任意性。一个人可以表现出他们之间的理性联系，从而减少相互竞争的原则的数量；尽管真正的冲突依然存在，但它比佩雷尔曼所允许的更合理。这使我对理性论证与因果解释之间的关系进行了第三次也是最后的评论。

佩雷尔曼的形式正义原则并不完全是正式的，也就是说，它不是一个合乎逻辑的真理。简单地说，它有一个积极的主词和一个规范的谓词。当它说同一类别的成员必须以同样的方式对待时，"必须"

---

❶ *The New Rhetoric*,34.

这一表达（doivent être）传达的是一种道义上的命令，而不是合乎逻辑的必要性。这句话的意思更清楚地表明，同一类别的人应该以同样的方式对待。当然，这不是一种分析性的陈述。若两个人同属于一个阶级，逻辑上说，他们也是一个更广泛的阶级的成员，这一广泛的阶级包括第一个阶级，但是，从属于一个阶级的事实当中，他可以推断出其行为准则。

这一观点可能会受到质疑，因为佩雷尔曼的原则指的是同一个基本范畴的成员，且"本质"一词有其规范的内涵。如果我们想到大众版的具体正义，那就应当遵守人们应该根据自己的需要而被对待的原则。需求的概念不同于想要的概念。想要的是一个赤裸裸的心理事实，但需要是一般来说应该得到满足的东西。如果我们将所有属于同一类别的人的需要归为形式正义的原则，如果他们的需要得到满足，我们也应该得到同样的待遇。我们可以宣称这是一个合乎逻辑的真理；因为我们的原则等同于分析性的陈述，即所有需要满足的人都应该得到满足。但这一分析原则并不是佩雷尔曼的形式正义的一般原则；这是一种具体的正义，它是这样一种（可争论的）方式，即赋予特定的价值（在数学意义上的术语）为一般原则的变量。因此，对佩雷尔曼的拟议辩护证明了他的论点是相反的：他认为一种具体的正义是合乎逻辑的真理。而他也声称，具体正义的原则从来没有这样的性质。

但是，在形式正义的原则方面，被选为"必要"的类别，也许是正确的，因此，这是一种规范性范畴。例如，假设我们选择的是优点而不是必要的类别。功绩和应得一样，一个人应得的是他应有的。

因此，如果我们说每个属于同一范畴的人都应该以同样的方式对待，我们的意思是，每个人都应该被以同样的方式对待其良好行为。也就是说，每个人都应该受到良好的对待。

正如人们所期望的，佩雷尔曼关于分配正义的原则包括，需要和可能作为标准的价值。它还用工作、排名和法定权利作为补充标准。工作的标准显然与价值有关。如果我们以工作而不是以价值为主要范畴来规定形式正义的原则，我们是否再次发现这必然引入了一个规范性元素？我们能不能说，工作的概念，或以努力工作的程度，努力的表现，本身就是规范性的，这意味着有关的人应该以某种方式受到对待？我不认为这是真的——除非我们把"价值"的概念赋予工作。一个努力工作的人是有价值的，这是合理的。但这句话本身并不是一个逻辑真理：这是一种综合的规范性判断。也就是说，谓词的意义（一种规范性的概念）并不包含在主词的意义中。

同样的道理也适用于佩雷尔曼所说的另一种具体的正义规范，即人们应该按照其等级被对待原则。我们可能会说，等级的概念，包括对上级和下级的比较评价，这意味着下级应该表现出对上级的尊重。等级的概念包括（如果不是简单地等同于）地位的概念，地位的概念在需要尊重的时候是规范性的。但这即是全部。高级职级或地位本身并不意味着任何其他要求或权利，例如收到物质奖励或任命收入丰厚或有权力的职位。因此，如果以等级来衡量具体正义的原则，并不仅仅意味着人们应该根据他们的等级来获得尊重。但是，他们应该按照他们的等级来接受物质上的物品或任命，这不是一个合乎逻辑的真理——除非我们把"价值"的概念考虑在内。毫无疑问，大多数人在等级上采用了具体的正义原则,他们认为高级别的人比其他人更有价值(因为,例如,他们或他们的祖先使国家受益),并将捍卫这一分配的差异;但这就意味着,按照工作的分配原则,即如果我们根据等级分配是作为价值分配原则的一种来理解分配的原则,才可以声称这是符合逻辑真理的性质。

到目前为止,我们已经提出,即根据需要和根据价值的两种具体的对待原则可以被解释为合乎逻辑的真理。我在前三段中一直在考虑的是,所有关于形式正义原则的具体规范都有这个特点。这是由于形式正义原则是指"基本"范畴的结果,这是一种规范性要求。但这并不适用于佩雷尔曼的两种具体的标准,即根据工作和等级来对待。如果"本质范畴"在这两种情况下都被认为是有价值的,那么它当然是一种规范性范畴。但是,佩雷尔曼本人显然认为,如果不增加价值,仅仅是工作或等级,就可以作为一个"基本范畴",为形式正义原则的变量提供具体规范。既然如此,我的原始观点仍然有效。正如佩雷尔曼所理解的,形式正义的原则不是一个合乎逻辑的真理,因此也不完全是正式的。它是一种综合的陈述,在其中,规范性谓词附属于非规范性的主词,或至少与非规范性的主词相联系。

在佩雷尔曼看来,这一观点如何能影响到具体的正义原则,是很有启发意义的。这是人们应该依据其合法权利而被对待的原则。在这里,"基本范畴"、法定权利,显然是规范性的。因此,这一原则,就像需要和价值原则一样,可以被视为合乎逻辑的真理。资格(entitlement)是一种权利(right),其来源于占有者所应该占有的事物。

所以说一个人应该依照其权利来对待，是说他应该得到他应该得到的东西：这似乎接近于逻辑真理［尽管在解释如下问题时还存在一些问题，即："我应该拥有 X"这个命题是如何逻辑地推论出"某人（确定的他人）为何应该将 X 给我"］。但事实上，这种具体的正义的制定并不是一个合乎逻辑的真理。虽然它的主词和谓词都包含一个规范性的概念，但这些规范来自于不同的话语，因此不能在一个直接的逻辑关系中彼此联系起来。具体的正义原则，"每个人都应该按照他的合法权利被对待"。当然，这并不意味着每个人在道德上应该得到他应该拥有的东西。这意味着每个人在道德上都应该得到他应该拥有的东西。不用说，这绝不是一个合乎逻辑的真理，也无法假设其是真理。正如（佩雷尔曼）所承认的那样，这是一个有争议的合成原则。如果它是一个合乎逻辑的真理，那么它将试图从法律的"应该"（ought）中推断出一个道德的"应该"（ought）；从逻辑的角度来看，谬论正如试图从"是"（is）中推断出"应该"（ought）一样。

有人可能会抗议说，我对佩雷尔曼的"正式"一词的使用太过分了。当他写到形式正义的原则时，他并没有暗示这纯粹是一种合乎逻辑的真理。他的意图只是表明，相对于更实质性的具体正义原则而言，这是比较正式的。它与它们的关系是正式的，因为它阐明了它们的共同之处。

我完全同意这个假设的抗议的观点。我的形式正义的观点并不是对佩雷尔曼立场的批评。这是一种较为详细的论述，显示了形式正义原则规范的有限性。但这正像我说的，佩雷尔曼对形式正义和具体正义的区分过于尖锐；因为，从我的观点中可以看出，具体正义的不同原则并非都是不正式的。在某种意义上，基于需要的分配原则和基于价值（merit）的分配原则从形式上都能被理解，事实上，它们比形式正义原则还要形式化。之所以如此，是因为不同于形式正义原则，它们能由逻辑真理所推出。不同于此，他们可以被认为是逻辑真理。另一方面，按劳分配的原则和按等级分配的原则取决于根据价值分配的原则，因此，不应立即服从形式正义的原则。

佩雷尔曼列举了六项通俗的正义原则：❶

1. 对每个人都一样；

2. 各尽所能；

3. 按劳分配；

4. 按需分配；

5. 按等级分配；

6. 按合法权利分配。

佩雷尔曼指出，❷ 第一个可以被视为一个简化的形式正义的原则，但比他自己的版本更不清楚，因为它并没有表明形式正义的原则是所有拟议的具体正义原则的共同原则。这似乎很合理。但是，佩雷尔曼接着把其他五项原则都视为与形式正义原则有着同样的逻辑关系。也就是说，他认为价值、工作、需求、等级和法律权利都是一个独立的价值（在数学意义上如此，在伦理意义上也是如此）因为这些变量都有"相同的基本范畴"。根据《论正义》这篇文章的原则，这些价值观都是由那些使其成为正义的基本范畴的人任意选

---

❶ *The Idea of Justice*,6–10.

❷ Ibid.18.

择的。正如我在本章开头所看到的，佩雷尔曼在他的文章的英文版本中指出，他早期关于价值任意性的观点是符合他后来的论证理论的。我将在本节和最后一节中对他的最初观点进行评论。在我看来，在佩雷尔曼的清单中，2—6原则并不是相互替代的，而且对某些原则的采纳不是任意选择的问题。

首先，原则6和其他的原则完全不同。佩雷尔曼本人❶也承认，这一原则的不同之处在于，我们不能自由地做出自己的判断，而是将我们与法律的规定联系起来。然而，这一目标的性质也有所不同，原则6是关于保留权利的现状，而其余的则是考虑新权利的分配或旧权利的重新分配。在第1章中，我区分了保守和革新的正义观。原则6属于保守方面。无论改良的正义原则是什么，人们都可以接受，大多数人也会接受原则6作为保守正义的必要原则。每个同意一个社会需要法律的人都会同意这些法律赋予的权利应该得到维护。只有那些拒绝了原则6的无政府主义者，他们会因为拒绝国家和法律的需要而拒绝它。

无政府主义者和非无政府主义者之间的意见分歧并不取决于价值观的不同；这取决于对某些事实的不同判断。无政府主义者的价值观是自由主义者的价值观，即个人自由、自决、自愿合作。无政府主义者和非无政府主义者之间的问题是，在没有国家的情况下，实行自由主义价值观的现实可能性。诚然，一个国家和它的法律意味着对个人自由的某些限制，但在一个民主国家，这是为了使所有

---

❶ *The Idea of Justice*, 24.

人获得最大的自由。反对无政府主义的人认为，没有法律和国家的约束，就会有更少的自由，这是因为人类本性的缺陷。他与无政府主义者的争论是关于心理事实，而不是价值观。

除了无政府主义者，每个人都将接受原则 6 作为（保守的）正义的必要原则。此外，这并不排除接受一项或多项其他革新的正义原则。当然，它也不需要接受任何这样的附加原则。把原则 6 作为唯一的正义原则是可能的，因为这意味着每个人都应该得到他的合法权利，仅此而已。这样的观点也许会被主流的保守派所接受，他们认为正义的理念只与维持现状有关。

乍一看，有一种观点认为，他们和那些认为正义是一种重构概念的人之间的意见分歧是价值判断上的差异。但我不确定这是否正确。如果一个人想与一个保守的执政者争论，那么通过唤起对弱势群体的同情，这将不是非常有效的。保守的人可以回答：我当然同情这些人。当然，我同意帮助他们是一种很好的行动，甚至是一种责任。我只是否认这是一个公正的问题。它所涉及的价值是慈善或仁慈，而非正义。为了改变他的观点，你需要改变他对正义的内涵和意义的概念的认知，而不是去说服他接受他现在不接受的价值。你可以试着告诉他，没有静态的法律体系，也没有完全静止的社会。随着社会的变化，法律也需要改变。为了决定法律应该做出哪些改变，人们必须有非法律的标准来判断哪些新法律应该被制定，哪些旧的法律应该被废除。因此，改革法律必须有一些原理或原则。一些旨在影响法律的改革原则，通常被称为公平、平等或自然正义的原则；且如果他们是必要的，就没有理由否认他们是正义的原则。无论如何，这似乎是一种与极端保守主义者争论的方式，并试图说服他扩大他的正义观。在无政府主义者和非无政府主义者之间的争论中，观点的不同并不在于持有不同的价值观。论点指向事实，这一次是社会学的事实。

现在我们开始讨论佩雷尔曼的列表中的其他原则，即根据价值、工作、需要或等级分配。正如我之前所指出的，根据工作或等级分配与根据价值分配之间有一种密切关系：如果作为分配公正的基本范畴，工作和等级依赖于更一般的价值范畴。如果我们用"价值"（merit）这个词来代替"值得"（worth）（axia），这就更容易理解了，这说明了亚里士多德不仅提出了分配正义的概念。❶ 价值观念不仅包括道德价值，也包括天赋。亚里士多德的例子是，笛子应该给那些有吹笛子天赋的人。天赋是一种价值。无论是为道德努力还是努力工作，它都是一种价值。等级或地位被认为是一种价值。根据价值分配利益或责任的原则可以被解释为包括对天赋、道德价值、工作和等级的承认。

所有这些不同语词的价值仅仅与分配有关，这不是一个任意的问题；这在很大程度上取决于效用的思想。如果笛子供应不足，最有效的方法就是把它们送给能演奏它们的人。如果高等教育的设施是有限的，那么社会将会受益最大的是把这些设施提供给那些有能力通过高等教育发展的人才。被称为道德高尚的行为通常对社会有意义，这至少是他们被称赞的主要原因，对道德美德的鼓励本身也

---

❶ Cf.Ch.5 above.

是有用的，因为它有鼓励这种美德的作用。努力工作也因其社会效用而受到赞扬，而奖励这种努力的正义取决于鼓励它将产生的效用。在这个例子中，功利主义表现得尤为明显的是没有人会认为奖励那些毫无意义或对社会有害的工作是正确的。至于对等级的评估，这取决于等级被授予给社会的宝贵服务的奖励（或者，在世袭君主制的情况下，作为对天赋的认可）；且当人们认为它只是按等级分配利益和责任的时候，他们这样做是因为他们认为，其所获得的等级这一品质是通过世袭获得的。

如果按价值分配的正义取决于效用的思想，那么效用也可以提供一个合理的标准来作为不同价值的相互冲突主张之间的判断依据。例如，如果我们必须在按劳分配和按等级分配之间选择一个，选择明显有用的，而不是意义不明的才是理性的。在工作和天赋之间，或者在这些和道德价值之间做出决定，是不那么容易的，但原则上我们有一个判断标准。虽然我们的个人喜好毫无疑问受到个体心理因素的严重影响，但这些不同价值观之间的比较不是武断的，也不是相互独立的。

然而，我要补充的是，按价值分配的正义并不完全取决于社会效用的思想。当我们重视天赋和为其发展提供服务时，我们并不仅仅考虑社会效用；我们也在思考个人的自我实现。吹笛子的人会给听的人带来快乐；但这也给了吹笛人自己乐趣。当然，这也与我们决定把公共资金用于奖学金给那些有天赋的年轻人一样。公共教育的各种形式，部分取决于天赋的社会效用，部分取决于自我发展的价值。在我们的道德价值评估中也存在类似的二元性。道德美德在社会上是有用的，并且在很大程度上被认为是有价值的；但它们也被认为是作为人类自我实现的重要组成部分。我怀疑同样的事情是否也适用于按劳分配（尽管有些人会这么说），我也不相信它适用于按等级分配。

根据需要分配的原则与根据价值分配的原则在其主题的变化上是完全不同的。你不可能把需求看成是一种价值，就像天赋、道德价值、工作和等级一样，都是有价值的。当我们赞扬或重视天赋、价值和工作时，我们不会赞扬或重视需求。需要本身是一种罪恶，而不是一种善；有些东西要被取消，而不是要被培养。按需分配与应得无关；如果我们考虑到需要，我们就必须把应得视为不相干的东西。在正义的运用中，真正严重的冲突恰恰是我们必须在需求和应得之间做出选择，或者是在不同的需求和社会效用之间进行选择。社会主义者和保守主义者之间的社会政策差异很大程度上取决于他们对相互冲突的正义原则的相对强调，其一是与需要相关，其二是与价值或社会效用相关。

需求的满足并非完全独立于社会效用。奴隶主认为奴隶只有为了使用价值，才会满足奴隶对食物和健康的需求，以便使奴隶能够继续工作——马克思对资本主义的分析认为，雇主通常对他们的工人采取同样的态度。当然，就社会的劳动力而言，维持生命和健康对于他们的持续工作以及贡献社会都是必要的。那么对于人口中的非劳动力呢？就孩子们而言，我们需要考虑孩子的未来：如果孩子们长大了要做贡献，他们就必须生活得好好的。同样的道理也可以用在病人身上：尽管他们目前无法工作，但如果他们被照顾并且恢复了，他们将能够再次为社会做出贡献。那么对于老人和不治之症的患者呢，他们不能再为社会的福利做出贡献了。从社会效用的角度来看，没有理由满足他们的需求。因此，这样看来，正义的主张不能基于效用的思想。更重要的是，尽管在其他情况下满足需求的需要是基于效用的，但当我们认为需要作为正义的要求时，这肯定不是我们想要的。就需求而言，那些能够为社会做出贡献的人和不能为社会做出贡献的人是没有区别的。这就是为什么马克思对资本主义的批判是如此的有效：在他的描述中，资本家和奴隶主一样，只考虑工人的使用价值，不考虑他们作为人的需要。需要的正义原则取决于个人对自身利益的估价。在康德的语言中，他把它们看作是内在的。

康德将这一术语运用于他对绝对命令的一种阐述，即道德行为的基本原则。像许多康德的读者一样，我发现这是康德伦理学理论最具启发性的特征。它说，我们应该把所有的人当作目的，而不仅仅是我们自己的目的。康德解释说，把一个人看成目的，是让这个人的目的成为你自己的目的：也就是说，你应该尊重他的目的，他的目的，就像你自然地为自己的目的而行动一样。你自己的目的，或者你的目标，当然也有行动的动机：你努力去实现你想要的。让另一个人的目的变成你自己的目的，就好像他们的目的是你的一样：你要么尽力帮助他实现他的愿望，要么就是在他不需要积极的帮助的时候，你可以避免妨碍他追求他的目标。因此，对于所有人来说，人的本质就是尊重他们的目的。他们认识到，这些目的对他们来说具有与他人的目的相同的价值，并且认同这样一种道义上的义务，即在他们的努力中与他人合作以实现他们的目的。

其次，正义的需要原则与平等主义原则有密切关系。虽然佩雷尔曼指出平等原则在某种程度上和他自己的形式正义原则之间具有相似之处，但在实践中，平等主义者关注的是更实质性的东西。虽然任人唯贤对这些差异给予了高度关注，但在人类中，与能力和努力的差异有关，而平等主义者则主要关注所有人类共有的事物。根据需要分配的原则得到了平等主义者的支持，因为这是一项平等的原则。不同的人有不同的需求，所以按需要分配是一种差异化的分配形式：那些需要更多的人得到更多，而需要较少的人则得到的更少。因此，乍一看，需要原则似乎与价值原则相似，也给一些人更多而给其他人更少。但需求分配的最终结果是减少不平等，而价值分配的最终结果是增加不平等。如果有更多需求的人得到的比需求较少的人多，预期的结果是他们每个人都应该拥有同样的满意程度，或者至少是接近的程度；自然的不平等被纠正了。但是，如果一个更有才华或更勤勉的人得到的回报比那些不那么优秀的人或不勤勉的人多，那么他们之间存在的不平等就会增加；对于更有才能或更勤勉的人来说，在任何情况下，他都有可能通过自己的努力获得更大的满足感，如果他得到了回报，他的境况会更好。因此，在我看来，佩雷尔曼的清单中的最初的五项正义原则应该分为两类：一类是价值、工作和等级的原则；另一类是平等主义原则和必要性原则。前者在很大程度上取决于社会效用的价值，后者则取决于所有人的价值。然而，我注意到第一类在某些方面并不完全依赖于社会效用的思想，它同时也考虑到个人自我价值的实现。后者的价值是康德的观点的一个方面，即每个人都是其自身的目的。

康德的概念本身并不能免于内部冲突，因为我们常常需要权衡一个人（或一组人）对另一个人的主张的要求。然而，在我看来，社会生活中许多最严重的价值观冲突，以及不同意识形态下价值判断的许多严重差异，可归结为一般利益的主张和个人在哲学上的主张之间的冲突，即功利主义伦理学与康德伦理学之间的冲突。我没有一般的准则来解决这一根本冲突。但这一分析确实比佩雷尔曼的叙述更能将理性的要素引入正义的原则之中。

我最后的观点是关于佩雷尔曼在他的书《新修辞学》中对价值观的修正观点。在正义的英文翻译中，我引用了他的笔记。他认为，为具体的正义选择价值是一种随意的事情。在《新修辞学》中，他给这种选择分配了有限的理性。他认为论证的合理性关键在于受众的可接受性。形式正义的充分合理性在于它被普遍的受众所接受，它依赖于普遍的，或接近普遍的心理惯性的特征。佩雷尔曼认为，这可以通过司法实践的先例来说明。在他看来，这种做法似乎是合理的，仅仅因为我们的心理惯性导致我们自然地以同样的方式对相同的情况做出反应。从社会学的角度来看，修辞论证的合理性是有限的。这个结论对于特定的受众来说是合理的，因为它吸引了这样一种价值，而这个价值恰好是一个偶然的社会学事实，它被特定的受众所接受。

这一解释说明，理性的解释应该从因果解释的角度来理解：它暗示着一种实践或信仰的心理或社会学起源与继续遵循实践或信仰的理由是完全相同的。在我看来，这种因果性解释的理性论证并不是由经验证明的。

让我们先来看看佩雷尔曼自己对形式正义合理性的阐释，即遵循先例的司法实践。它可能源于惯性的心理特征，如果是这样的话，惯性就是我们判断行为是"正义"或"公平"的原因。但是，当法院和法学家给出理由来解释"遵循先例"（stare decisis）的法律原则时，他们并不是将它视为一种普遍的感觉，或是心理上不愿意创新。他们是坚定的功利主义者。遵循先例的做法是在"确定性"的基础上进行的，即在没有新特征的情况下，允许律师预测法院会做出什么决定，从而给他们的客户提供信心。当然，在英国，人们理所当然地认为这是遵循先例的理由。他可以在上议院（上诉法院的终审法院）的两份判决书中找到证据。其中一项是1966年的司法判例，❶它宣布上议院在未来不会受制于自己过去的决定；在作出这一改变的同时，它也阐明了为什么普遍坚持先例是可取的。另一项是在1978年的判决中，❷上议院坚持认为上诉法院（即在上议院之下的法院）应受该法院自己过去的决定的约束。当一个高等法院，如英国上议院，认为有必要证明在实践中为什么要遵循先例，这是因为，在某种特殊情况下，这种做法似乎与正义感或公平感相冲突，高等法院对在特殊情况下遵循先例导致的明显的不公的

---

❶ 这份司法判例开宗明义指出：各位法官认为先例的适用是作为何为法律以及如何应用于个案的必不可少的依据。至少是个人在做出某些行为时所要考虑的因素，也是立法整体有序发展的基础。参见 Sir Rupert Cross, *Preccdent in English Law*, 3rd edn.（Oxford：Clarendon Press, 1977），109。

❷ 在此，可以援引迪普洛克法官的判词："在最终的上诉中，必须要在尊重先前判决效力的法律确定性与避免对法律适当发展的不当限制之间取得平衡。"

一般效用进行了权衡。

我先前的讨论已经表明，关于具体正义的具体原则，其吸引力并不取决于被某些特定的受众所接受的特定的价值。如果基于等级的分配原则被看作是独立于其他原则的，那么这个观点显然是支持佩雷尔曼观点的。只有在特定时间、特定的社会背景下，人们才会支持这一正义原则；而在现代社会中几乎没有人支持它。但是，一旦我们看到它的原理取决于更宽泛的价值观念，我们就不能再说理性的论证完全依赖于社会条件。我们可以从等级、价值、工作和天赋的原则共同从属于社会效用出发，即普遍接受的价值，来谈论其各自的主张。

同样的事情也可以说，康德的价值是建立在平等主义和正义的需要概念的基础上，它在一定程度上支撑着道德价值和天赋的原则。当然，并不是说整个社会都接受了康德的观点，即所有的人都是其自身的目的。但是，与社会所遵循的其他更严格的价值原则不同，康德的原则在运用中具有普遍性。一个赋予所有人以价值的原则应当被全人类所重视。无论如何，一个基于康德原则的论证的合理性不能称之为特殊性。

事实上，在效用原则和以人为目的的原则之间容易产生冲突。实际上，不同个体的目标有很多，在诸多目标之间必须做出选择时，我们只会选择后一原则。这两项原则的普遍性并不能保证我们不需要面对道德困境。我们在这种情况下所进行的思考，很可能更符合佩雷尔曼的修辞论证。人们很容易联想到价值观的冲突。在这些价值观中，不同的决定似乎对一个普通的西欧民主主义者和一个普通的俄罗斯共产主义者来说是正确的（更不用说中国人、印度人或西非人等的价值观）。我并不想说，某种形式的普遍接受的论证只会产生唯一一个正确答案，因此，我愿意跟随佩雷尔曼的观点，即在这种道德困境中，深思熟虑的合理性并不能超越社会因素影响。尽管如此，在我看来，即使是在价值领域，普遍理性的范围也比佩雷尔曼所允许的范围更广。

第 17 章　大卫·米勒

大卫·米勒的《社会正义》(*Social Justice*)是在约翰·罗尔斯的《正义论》(*A Theory of Justice*)出版几年之后的 1976 出版的，但我认为最好先讨论一下米勒。米勒的书的主要内容是在罗尔斯的理论出现之前写成的。虽然米勒在出版的版本中加入了罗尔斯的叙述，并进行了批判性的讨论，但他认为没有理由怀疑或修改自己对这一主题的贡献。关于首先考虑米勒的观点，还有一个更有说服力的理由，那就是他们延续了我在这本书的前几章中所追溯的传统，特别是他们自然而然地继承了佩雷尔曼(Perelman)的观点。我不认为米勒完全受到佩雷尔曼的影响，虽然他的叙述更彻底，但实际上与佩雷尔曼是同一类型的，他的结论也与佩雷尔曼的观点类似，他在社会学上解释了关于正义的突出概念的差异。但是，尽管佩雷尔曼没有明确承认，或者也许承认了其结论具有社会学性质，米勒却有意地进入了社会学领域，并对相关的社会学著作进行了学术研究。

在书的前半部分，米勒在与正义相关的各种概念的哲学分析中，以及对过去三位思想家的观点的批判性阐述中，运用了一种令人钦佩的能力。虽然我不能接受米勒的全部结论，但我认为他的书比其他任何一本书都更有助于澄清我们对正义概念的理解。罗尔斯的书之所以吸引了更多的关注，与其说是由于书的结论，不如说是由于书的方法的独创性。观点的独创性在哲学中是正确的，因为它使我们从教条主义的危险中苏醒过来。米勒的书在这方面与罗尔斯的不一样。同样的，米勒的书应该得到更多的关注。米勒的书的主题是社会正义，而不是一般的正义，因此它与本书其他部分所讨论的大部分著作，包括罗尔斯的理论，都没有严格的可比性。事实上，由于在法律语境中忽视了正义的理念，使它对更普遍的正义概念的反思受到了一点影响。尽管如此，米勒对一般概念的初步分析比大多数叙述都更详细和更有洞察力。

　　米勒的书分为三个部分。第一部分是对社会正义的概念、要素及各要素之间联系的哲学分析，正如在今天日常的语言和反思性思维中所发现的那样。米勒认为正义的一般概念有三项原则或解释：权利、应得或需要等三个要素所要求的利益和负担的分配。在第二部分中，他详细考察了休谟、赫伯特·斯宾塞和克鲁泡特金的观点，他们分别是三种正义解释的主要倡导者。然后，根据初步分析和随后的争论，我们不妨问，这三种解释中哪一种有最充分的理由。在第三部分中，米勒告诉我们，这个问题没有直截了当的答案：正如我们可以从相关社会学研究中看到的那样，每一种解释都与特定的社会结构形式联系在一起。

　　米勒在第二部分中指出，在三人对正义的描述中，休谟体现了权利原则，斯宾塞体现了应得原则，克鲁泡特金体现了需要原则，我将把这一部分撇开。我在前几章中讨论过休谟和克鲁泡特金，无论对错，我都没有被说服去研究赫伯特·斯宾塞的观点。我对克鲁泡特金的描述或多或少与米勒的说法一致，尽管我发现，严格来说，克鲁泡特金并没有声称需要的主张是正义。我对休谟的看法与米勒的观点不同，但我不会质疑他的观点的合法性或利益。然而，米勒的社会学观点并不完全取决于他将这三位思想家作为三个正义原则的典范，而他在第一和第三部分的讨论与我这本书的总体目标更直接相关。

在第一部分中，米勒首先对传统法理学中的正义的一般定义"*suum cuique*"进行了初步探讨，他将其翻译为"各应得其所有"('to each his due')。米勒所观察到的定义表明，正义与分配有关，但它只是形式上的，缺乏实质内容，因为它没有告诉我们什么东西可能是应得的。对于这个问题，有各种各样的答案，给我们提供了大量的正义原则，我们需要考虑它们之间是如何相互联系的：它们是不相容的选择，还是一个连贯整体的组成部分，或是有些可能被归入其他的范畴？

首先，他注意到西季威克在保守正义和理想正义之间的区别，然后我重新提出，西季威克的"理想"正义被重新定义为"虚幻的"正义。西季威克把保守正义描述为"权利、善、特权以及负担和痛苦的习惯分配"，而我认为，保守正义的目标是"维护现有的权利和财产秩序，或者在任何破坏发生时恢复它"。因此，米勒将保守的正义作为一项权利原则，这一原则将通过"根据每个人的权利相应地对待他"的要求使他最初的一般定义具体化，权利来源于"公开承

认的规则、既定惯例或过去的交易"（如承诺或契约）。❶

然而，现有的权利可能会以正义的名义受到批评和修改，而米勒认为，这是正义的理想的一面，我称为"假想"。西季威克将理想正义与应得原则联系起来，而我根据米勒的观点，认为"需要的标准比应得的概念更重要"。❷ 他指的是一篇题为"Conservative and Prosthetic justice"的文章，在这篇文章中，笔者实际上把需要的主张与平等的主张结合起来，把平等的主张作为两者中更为基本的一种。❸ 正如我们所看到的，米勒认为需要是二者之中更为基本的一个。

从米勒对保守正义和理想正义的区别的回顾中，他得出结论，正义有三种原则或解释：权利分配、应得分配和需要分配。这三者都有可能相互冲突，但是米勒指出，应得和需要之间的冲突比它们和权利主张之间的冲突更加激进。这是因为权利（保守正义）和其他两者（理想正义）之间的冲突无论如何都可以在原则上解决，因为我们可能试图达到一种社会秩序，在这个社会秩序中，权利被修改以符合理想；但应得和需要之间的冲突是无法调和的，因为按应得分配与按需要分配是不相容的。

第一部分对常用的三项原则中的每一项进行了详细的分析。关于权利和应得的章节也强调了这些概念的功利主义叙述的谬误。关

---

❶ David Miller, *Social Justice* (Oxford: Clarendon Press, 1976), 25–26.

❷ Ibid. 27.

❸ D. D. Raphael, 'Conservative and Prosthetic Justice', § vi, in *Political Studies*, 12 (1964), 158; repr. in D. D. Raphael, *Justice and Liberty* (London: Athlone Press, 1980), 85, and in Anthony de Crespigny and Alan Wertheimer (eds.), *Contemporary Political Theory* (New York: Atherton Press, 1970; Sunbury-on-Thames: Thomas Nelson, 1971.)

于需要的章节首先指出，与权利和应得不同的是，需要没有被普遍接受为正义的一个要素，米勒花费了一些时间来捍卫自己的观点，他认为所谓的需要是正义概念的有效和独立的组成部分。

许多思想家坚持认为，需要的主张是基于人道或仁慈的，而无关正义的。对此，米勒回应道，救助义务包括对救济的分配的关注：如果，在饥荒中，某人从有限的食物供给中要求获得救济，那么任何缓解这种苦难的分配都符合人性的义务。然而，只帮助部分难民而忽视其他难民的分配是不公平的，也无法满足救济需要的责任。

这种反对意见相当普遍。这本书的前几章中，我们看到将需要纳入正义相对较晚，因此，怀疑正义的概念是否真正包含这一要素是合理和自然的。然而，有些哲学家却以晦暗不明的论据质疑需要的主张。有人认为，当需要引起正义诉求时，是因为需要已成为一种权利；还有人认为它确实是应得的主张。米勒毫不费力地处理了这些问题。

然而，他更认真地看待布莱恩·巴里（Brian Barry）的观点，布莱恩·巴里认为"需要"并不是一个独立的观点。根据巴里的说法，说某人需要什么是不完整的陈述：他需要它是为了某个目的；例如，他需要食物来维持生命。因此，需要是达到目的的手段，满足需要的理由是它所服务的目的；在我们的例子中，要求获得食物的理由是维持生存的基本的要求。巴里的讨论❶涉及一般的正当性，并不是以正义的名义进行具体的陈述；但如果他的观点被接受，就确实

---

❶ Brian Barry, *Political Argument* (London : Routledge & Kegan Paul, 1965), 47–49.

意味着需要不是正义概念中的一个独立要素。

米勒通过区分三种不同的需求来反驳这一结论。第一种是"工具"：例如，一个人需要一把钥匙才能打开门；一个人需要执照才能被允许驾驶汽车。第二种是"功能性"：例如，外科医生需要手巧，讲师需要书。第三种是"内在"：例如，一个人，甚至任何动物，都需要食物；一些可怜的灵魂需要一个人来理解它们。

第一种符合巴里的分析：需要是达到目的的手段。米勒认为，第二种和第三种类型的情况并非如此。根据米勒的观点，外科医生需要熟练操作或讲师需要书本的说法本身就是完整的，加上"为了完成他的工作"一句是多余的；说外科医生需要这个，讲师则需要那个，这本身就已经指明了医生或讲师工作的需要。当然，人们可以问，为什么这些特定的工作涉及这些特殊的需求，答案会向无知的提问者解释外科医生或讲师必须做什么事情，但这并不是指那些特别需要熟练操作或掌握的不同目的。

同样，第三种的"需要"与达到目的的手段无关。米勒认为，需要是目的的一部分，而不是达到目的的手段。当一个人说他需要食物时，人们就会明白他需要食物来维持生命，但米勒认为，人们所理解的是，吃东西是维持生命的一部分。二者之间的关系不像钥匙和门之间的关系。当人打开了门，钥匙和开门的方法就不再需要了；但维持生命并不是一次性的，它是一个持续性的过程，需要不断地吃下东西。同样的，可怜的灵魂需要有人理解（比如，为了保持精神状态），在理解的人听了并表达了他的理解之后，可怜的灵魂就不会停止这种要求；这种人的持续存在是心理健康的一部分。

"内在"需求是预期目标的一部分,这一看法似乎有些可疑。我认为需要理解同伴的人很可能会认为他们的谈话是他或她所追求的精神幸福的一部分。但是对食物的需求呢?我们可以把食物带来的快乐看作是生活乐趣的一部分,但我觉得把饮食作为维持生命的一部分是很奇怪的。毫无疑问,如果需要食物是达到生存目的的一种方式,那么,这就与钥匙是达到开门目的的方式明显不同了,不过,这难道不是由于目的上的差异吗?开门是一种短暂的行为,而维持生命是一个持续的过程,这就是为什么人们不会想到在饭后丢弃食物,却会在门打开后丢下钥匙。还有一些类似的例子。一个人需要通过锻炼来保持健康,运动是一种健康的方式,这种看法似乎是很明智的。但关于运动是保持健康的一部分这个看法,有待商榷。一个人需要教育才能充分发挥自己的能力,教育是实现这一目标的一种手段,这种看法是明智的。但关于教育是目的的一部分这一说法,却是令人怀疑的。一个近视的人需要眼镜才能看得清楚,眼镜是使视野变得清晰的手段,这一说法是明智的,但关于眼镜是清晰的视觉的一部分这一说法,是很奇怪的。戴眼镜是享受清晰视觉的一部分,这或许并不奇怪,但戴眼镜是享受清晰视觉的一种手段这种说法,似乎更自然、更准确。

因此,我更倾向于巴里的观点,即与正义概念有关的需要取决于人们所服务的目的,而且人们提供帮助的理由也来自维持生命、享有良好的健康以及能够从自然能力中受益等这些目的。如果这意味着需求的概念并不是它本身,严格来说,它是一种正义的元素。我们已经看到,满足需求的倡导者克鲁泡特金,并没有明确地将需求主张转化为正义。另一种选择是把它分配给人类。米勒驳斥了这一观点。理由是，在救济困境中，任何分配都将满足人类的要求，尽管明显的不平等分配会被认为是不公平的、无法满足正义的要求。但是，这一困难表明，在分配利益的某些情况下，正义要求平等。但这并不排除一种观点，即提供利益的要求来自人道主义原则。

米勒提供了什么呢？米勒拒绝了巴里的观点，认为他对所有的需求都有满意的解释。米勒对"内在"需求做出了自己的分析。首先，他提出了一种可能的建议，即需要是"需求"，他指的是欲望的对象。"想要"这个词实际上通常是指缺乏必要的东西，而这并不是对"需要"的错误描述。但米勒遵循巴里的用法，把"想要"当作是想要的东西，欲望的对象。需求通常是欲望的对象，但它们只构成该范畴的一部分。因此，米勒转向了一个更有前景的概念，他提出，"需要 X"的意思是"如果缺乏 X，A 会受到伤害"，然后通过参照一个人的生活计划来解释他对"伤害"的理解。不同的人有他们自己的生活计划，而伤害则是妨碍生活计划必不可少的活动。

在提出这个看法时，米勒想要避免两种常见的观点：第一，关于什么是健全的人性，什么是有害的，有一个明确的标准；第二，随着生活水平的提高，"想要"的程度被视为需要，这是一种社会习俗。第二种常见的观点反映在现时与"福利国家"有关的福利上。米勒认为这是错误的需求观，因为这意味着个人需要会随着一般生活水平的改变而减少或扩大。对此，米勒引用了本（S. I. Benn）和彼得斯（R. S.Peters）的一本书中的一句话来说明这一点："在视力差、眼镜稀少的地方,根本就不需要眼镜。"[1]本和彼得斯实际上是用"基本需求"这个词来定义一个特殊的需求类别,而米勒反对的是"需要"这个词的使用,而不是所谓的社会学事实。说眼镜的需要取决于供应确实是自相矛盾的,但米勒大概不会否认,如果没有眼镜,就不可能有提供眼镜的义务:"应当"意味着"可以"。如果没有义务,也就不可能有相应的要求。因此,需要满足的正义要求必须在可能的范围之内是合理的。在战争和饥荒等极端情况下,必需品是配给的,人们不能因为有些需要得不到满足而抱怨不公正。如果由于某些原因——可能是人口过剩或气候变化,经济萎缩取代了我们已经习惯的经济增长,那么生活水平和福利国家福利的下降也将是如此。

我回到这个问题,是否应该将需要的主张分配给正义的概念或人道的概念。米勒追求正义,因为人类不需要平等地分配救济。我已经说过,这是关于平等的争论,而不是关于正义的关切。米勒在他的《需要》一章的最后一节中,确实考虑了需要与平等作为正义原则时二者之间的关系。他的结论是,平等原则是"需要原则的自然延伸"[2],但他的理由并不完全清楚。米勒认为,要把满足的需要看成是一种正义的事情,是要依靠一种潜在的前提,即"每个人都是值得尊重的",他阐述如下:

> 这就是说,尽管人们在道德美德、功绩和个人成功等方面对社

---

[1] S. I. Benn and R. S.Peters, *Social Principles and the Democratic State* (London: Allan & Unwin,1959) ,146;quoted in *Social Justice*,138.

[2] *Social Justice*, 147.

会的用处上显然各不相同，但根本的平等在于，每个人都是一个有着自己的目标、理想和世界观的独特个体，因此他必须被当作这样的人对待……除非前提条件是允许的，否则我们不能证明满足一个人的需要而不满足另一个人的需要是不公正的（而不仅仅是不人道的）。但是，同样的前提可以用来让我们超越内在需求的满足，因为它也说明了为什么每个人对实际上不需要的利益有同等的要求。❶

如果正如米勒所说的，潜在的前提条件使我们超越了内在需求的满足，甚至超出了"真正意义上"的任何需要。为什么他会得出这样的结论：平等原则是需要原则的延伸，而不是它自己本身？我认为这是因为他开始时认为权利、应得和需要是正义的实质性解释的完整补充，由于他发现平等主义者强调平等和需要之间的联系，因此他认为对平等的要求必须是对需要的要求的一个分支。

在写完上面引述的这段话后，米勒问自己是否应该扭转两者之间的关系，"实际上，正义是否按照需要分配的观点在平等原则中得到了更充分的表达"；他认为，平等是指最终的结果，而"正义是指根据每个人的特殊需要和愿望所受到的待遇"。米勒认为，这个结论符合一般的正义观。但在下一页，他似乎已准备接受另一种观点，即"需要原则是平等原则中最紧迫的部分"，这似乎使平等成了两者中最基本的部分。❷

在一本主要涉及社会正义的书中，关于需要的主张必须显得更加突出，这就是为什么米勒对平等的考虑集中在它与需要的联系上。

---

❶ *Social Justice*, 146–147.

❷ Ibid. 147–149.

如果米勒更多地注意一般的正义概念，特别是法律的思想和实践中的正义，他就会看到平等的观念具有更广泛和更根深蒂固的作用。

这是大卫·米勒的书的第一部分。在第二部分中，米勒对休谟、斯宾塞、克鲁泡特金的研究表明，他们对正义的不同观念受到他们对社会结构的不同看法的影响，这也使得在第三部分中，米勒可以从社会结构和正义概念的关系中了解到这一点。

米勒认为社会结构有三种主要类型，即原始社会、等级社会和市场社会。他并不认为这一分类是穷尽的：其目的是通过比较不同类型的社会的相应观点，来揭示现代市场社会的社会思想。米勒的证据主要来源于社会人类学、社会学和社会史的著作。

米勒发现，在原始社会中，几乎没有任何现代市场社会所理解的社会正义的明确概念。所有权的概念是薄弱的。在19世纪，部落社会的观察者认为，部落社会的所有权是公有的。马克思和恩格斯继承和普及了这种观点。但现代人类学家清楚地认识到，这种对部落社会的看法是错误的。部落社会有私有制和产权的概念，但这些权利比市场社会规范的排他性产权更为有限。这种限制表现出对一般社会需要的关注，与市场社会的个人主义形成鲜明对比。部落社会强调对需要帮助的人慷慨的义务，这体现在招待客人和赠送或交换礼物的义务上。然而，这一慷慨的义务并不是纯粹的利他主义，而是互惠的一部分。它将社会团结在一起，并处理社会问题（例如帮助穷人或遏制财富的巨大不平等），这些问题在市场社会中是通过正义的义务来处理的。因此，在原始社会中，权利和需要都是与慷慨的思想联系在一起的，这是为了社会福利，而不是为了正义。至于社会正义的第三个要素——应得，有功绩的行为是公认的，有时还会受到象征性的嘉奖，但却得不到任何物质利益的回报。

米勒提出了两个互补的假设来解释原始社会中社会正义概念的实质缺失，第一个假设是经济学的，是从休谟的正义思想中提取出来的。一般来说，原始社会生活在物质匮乏的条件下，他们必须不断思考如何避免饥饿。在这种情况下，与确保整个社会简单生存的措施相比，密切关注个人权利或应得是无关紧要的。第二个假设涉及社会关系的性质。原始社会是小而紧密的，他们的成员彼此都很熟悉，并且能够感受到亲属之间关系的紧密联系。这样的社会几乎是一个大家庭。相比之下，在市场社会中，家庭和朋友圈之外的社会关系是比较冷淡的、相对客观的；因此，个体之间的交易（例如雇佣者和雇员之间的交易）是脱离了个人感情的，是参照客观的规则来解决的。

关于等级社会，米勒转向了西欧的封建社会，他并不认为这是典型的等级社会。相反，米勒在讨论结束时指出，种姓制度被学者视为"最纯粹的等级社会"❶，而种姓制度可能与封建制度有不同的正义观。米勒之所以选择西欧的封建主义，是因为他对此相对比较熟悉，而且西欧的封建主义得到了广泛的研究。我们应该记住，米勒的目的不是做一个详尽的调查，而是与现代市场社会形成对比。

封建主义的社会结构是下级和上级之间的互惠义务。附属者向

---

❶ *Social Justice*, 286.

他的领主提供服务以换取保护以及拥有一块土地的权利。不平等被视为理所当然。封建主义的法律重习惯而轻成文，即强调既存的实践的同时却允许一定的灵活性。封建主义的社会观念源于基督教的传统，但这一传统本身适应社会结构：人人自由平等、大地被赐给他们以供共同使用的自然法概念，服从于维护社会有机体的需要。人们认为正义主要是为了遵守法律，因为法律强调惯例，而正义首先是对既定权利的保护。然而，在基督教的古老传统中保留了一种次要的正义特征，即对救济的关注。尽管平等和共有权规则已然付诸东流，但是私人财产权仍由必需与过剩之间的差异性所支配：必需品，即为维持一个人的地位所必需的东西，可以完全由拥有者支配；过剩的就是额外的东西，拥有者有义务使用这些东西来满足穷人的需要。正如我们在第6章中所看到的，神学家认为这是正义美德的一部分。封建制度中有一个显著的概念是，领主的职责是对他的附属物和农奴负责，从而加强了上下级之间个人关系的力量。

米勒补充说，在封建的正义观念中很少或根本没有提到应得。在中世纪的神学和封建法律中，买卖商品的公正价格得到了一定的重视，但它只是基于传统或现行的做法，而不是对生产商品所付出的努力的补偿。米勒承认，人们认识到，生产者的努力使他获得了利润，但并不能决定利润的数额。在我看来，承认这一权利似乎是对应得的承认，尽管它没有延伸到计算的程度。通过参照传统或惯例来确定公正价格的数额可以在一定程度上与习惯的地位权利相比较，但这并不意味着公正价格概念的整体性质是相同的。

为了解释他在原始社会和封建社会之间所发现的差异,米勒指出,封建社会不受物资匮乏和饥饿的困扰;封建社会主要关注的是在独立领主的潜在竞争中保持秩序。强调既定权利将有助于维护现有结构。

然而,救助虽然次要,但仍然有十分重要的作用,这是由于传统的基督教教义,而不是社会结构。社会结构决定了救济所采取的形式。要求个别领主帮助他们的个别附庸或农奴确实加强了既定秩序中的忠诚关系,但是,从先于封建主义社会结构的宗教传统来看,真正的义务需要救济,并认为这是正义的责任。

米勒告诉我们,正是在市场社会中,正义的应得元素才会出现。他用"市场社会"一词来指西欧和美国早期资本主义的主要特征,但由于这些主要特征并不是全部,且米勒的描述是一种抽象的,而不是对现实社会的精确描述,社会学家将其称为理想类型。它描述了商人、店主和其他一些自谋职业者(如农民和独立工匠)的中产阶级;贵族地主的情况并非如此,而工人阶级(即受雇于他人的体力劳动者)则在某种程度上是如此。然而,米勒会说,这给了我们社会的普遍精神。社会结构是一个自由和平等的、个人相互进行交流和契约交易的结构。他们的社会义务来自这种自由承担的约定。与原始社会或封建社会的成员不同,市场社会中的人的自由不受亲属或地位义务的限制。他们可以随心所欲地进行他们的活动,他们的一贯动机是希望自己更好。这些特点使米勒称市场社会为个人主义者的社会。由于交易的每一方都是因为认为交易符合其利益而进行的,通常情况下,结果是互惠互利的,市场过程的全部活动有助于达到道德目的，即最大程度的幸福。每个人的成败在很大程度上是由于他自己的努力或技巧，因此不管是成功还是失败都是应得的，应得的结果构成了正义。

然而，人们认识到，成功或失败并不完全是个人努力的结果：命运的打击可能压倒勤奋，就像它变化无常的赏赐可能会嘲弄人们的努力一样。因此，市场社会的伦理道德区分了贫困人口和非贫困人口，但由于个人的努力和技能是成功的主要因素，应得在解决贫困问题上仍然处于优先地位。你可能会认为，减轻贫困，无论是否是应得的，都是基于需要，但米勒认为并非如此。至少在英国，有证据表明，在减轻贫困方面，需要服从于应得，要么将援助局限于应得到援助的穷人，要么将其与济贫制度联系起来。这并不是说人们不承担任何满足需要的义务；而是说，他们会接受家庭的而不是别处的私人道德。但这确实表明，他们在社会道德的公共领域对它不屑一顾，也不认为它是一种正义的义务。

米勒告诉我们，工人阶级处于一个模棱两可的境地。工人阶级在一定程度上受到中产阶级精神的影响，因为工人阶级也在契约的基础上执行其工作，尽管在实践中工人阶级的成员很少有真正的选择。但工人阶级也受到了工会和合作社的合作的影响，这种倾向不利于个人主义，并倾向于以需求为中心的正义概念。当市场社会被改造成后来的资本主义形式——米勒称为有组织的资本主义时，这第二种态度得到了强化。

此种变化来自于各种因素的增长：大型企业；非市场机构，如政府官僚机构和其他公共或半公共行政机构；就职人数；工会运动的范围和权力。所有这些发展削弱了个人主义的力量，取代了为有组织社区服务的观念，成了工作的动力。米勒说，尽管人们的判断不同，而且对需求的要求已经恢复，就社会正义而言，应得仍然是主要的因素。

应得的区别是这样的，在市场社会的个人主义思想中，应得是一件简单的事情：每个人都是生产商品或提供服务的独立代理人，他从市场运作中获得的收益构成了他回报性应得。在有组织的资本主义中，商品和服务是由一群人提供的；个人的应得不能从单独分配给他的产品或服务的价值来评估。对应得的评估分为两个阶段：首先，对职位价值进行分级，在一个组织中，通过判断其对最终产生的结果的贡献，并根据其价值确定每个职位的薪酬；其次，通过某种评估其工作能力的甄选程序，任命人员担任分级职位。因此，每个人的报酬都是双重的，即获得该职位的报酬，以及获得在该职位上对所生产的商品或服务的贡献作为报酬。

至于恢复"需要"的主张，米勒提出了一个似乎有争议的观点。他告诉我们，机构的发展使服务社会成为工作的主要动机。现在他解释了为什么。拥有高薪职位的人比其他人得到更多的报酬，是因为他对社会福利作出了更大的贡献。

但是，社会福利最终必须分解为个人福利，个人福利的主要成分是满足需求。因此，富人可以通过满足那些有需求的人的服务来证明他们的回报是公正的。这里很重要的一点是，有需求的人对他人创造的利益有正义的要求，否则"服务"的概念就会退化为家长

式的慈善。❶

为什么较富裕的人必须把需求视为正当的要求？他们的所得被认为是公平的，因为他们在前两阶段的评估中被认为是应得的。诚然，赋予工作价值的社会福利是由个人利益构成的，利益包括满足需求，米勒称为福利的"主要组成部分"（"基本组成部分"可能更贴切）。考虑到这一切，幸福（或"利益"或"满足"）的价值构成了生产者中应得的基础；既然应得无疑是一项公正的原则，生产者就不必去想所谓的"正义诉求"，以表明他们的回报是公正的。至于"家长式的慈善"，那些报酬丰厚的生产者并不会免费提供利益给需要的人。产品是按价格提供给有需要的人和不需要的人。

毫无疑问，对需求的关注在有组织的资本主义中比在市场社会中更为突出或广泛，但米勒并没有表明这是由于社会结构的差异所致。米勒认为，在市场社会中，对需求的关注在正义的思想中起着次要的作用，而这种关注并不局限于工人阶级。很多医生在治疗贫穷人士时，都愿意减收费用，认为他们的工作是一项公共服务，而不只是一项收入来源。因此，一个信奉个人主义的店主或工匠，可能真的认为他的工作是一项为顾客服务的服务，而不单单是他自己的生计来源。在有组织的资本主义阶段，工会力量的增强肯定有助于促进这样一种观点，即正义要求所有工人都有一份体面的工资。总的来说，它会引起一些社会主义道德的同情；但还不清楚的是，组织发展中的其他因素是否也有类似的效果。米勒本

---

❶ *Social Justice*, 309.

人列举的大量证据表明，大多数商人认为公司的利益是他们的主要目标，接受社会责任则是次要目标，因为他们认为，履行社会责任有助于企业成功。

不管是什么原因，现在人们普遍认为需要的要求是正义的一个要素。米勒回顾了他早期的论点，即应得和需要相互冲突，他指出，在平等问题上存在着一种潜在的道德冲突。应得的报酬以接受不平等为前提，报酬的不平等与技能和能力的不平等联系在一起；另一方面，认为需要的要求是正义的，前提是某种意义上的人类平等。米勒转向了平等主义社区，平等主义社区全力追求社会正义的需要概念。他指出，这些社区与原始社会不同，尽管它们的共同特点是优先考虑需求。正如米勒早先解释的那样，在原始社会中，对需求的关心不是正义的原则；而在平等主义社区中，这是其本质。对这些社区的社会学研究表明，他们的平等主义是由社会连带主义者（社会连带主义者认为社会成员之间的相互依存关系是构成利害一致的社会组织的基础）组成的紧密和谐的社会结构所维持的，这种社会结构的紧密结合将是一种同志情谊的态度；如果这种态度让位于一种松散的合作，仅仅是为了互利而采取联合行动，那么正义的概念就会变得更加传统，包括回报性应得。在这种类型的社会中，正义的概念似乎依赖于社会结构来维持。

当然，这并不意味着平等主义者最初对正义概念的采纳取决于社会结构，而这一事实与米勒的书的最终反映有关。米勒问道，他的社会学处理结果是否给政治理论，特别是规范的政治理论留出了空间。米勒主要考虑到，罗尔斯试图从理论上达到一个可以用来评价社会政策的特定正义概念。米勒认为，他自己的研究表明，政治理论可以分析不同的正义概念，但它本身不能超越其运作的文化。现在赋予正义的三项原则中的每一项原则都可以与一种特定的社会形式联系起来，但这并不能使我们主张一项原则高于另一项原则。当冲突发生时，不同的人对分配优先级有不同的看法。政治理论可以帮助他们澄清他们的想法，但没有特殊的立场来决定他们之间的关系。

第18章 约翰·罗尔斯

约翰·罗尔斯的《正义论》❶一书受到了极大的关注，可能比任何其他20世纪的政治哲学著作受到的关注都要多。虽然我还没有遇到任何知识渊博的学者是已经准备好接受罗尔斯的结论作为正义观的，但他们都同意《正义论》是一本重要的著作。因为《正义论》使用了一种新颖的方法，以新的视角呈现主题，这在哲学上永远是一种美德。

新颖性并不在于该方法的基本特征，即假设的契约，而在于它的应用。社会契约的概念在政治哲学中是熟悉的和古老的，它被用来解释和证明政治义务，以及公民遵守国家法律的义务。罗尔斯的创新在于将这个观念转化为解释正义的概念。的确，最早使用这个观点的哲学文献是柏拉图的《理想国》，其最初的主题是"正义"，正义在广义上是正确的，也许这暗示了罗尔斯有可能以一种新的方

---

❶ John Rawls,*A Theory of Justice*（Cambridge, Mass.:Harvard University Press,1971；Oxford:Clarendon Press,1972）.

式采纳这个观点。❶ 尽管如此，他的方法的新颖之处仍然引人注目，令人振奋。

这并不是把罗尔斯的书评价为重要著作的唯一原因。这是一项漫长而复杂的工作，涵盖的不仅仅是名义上的正义主题。在集中讨论这一主题的同时，《正义论》往往相当详细，同时它也是一本关于一般道德和社会哲学的专著，也尤其关注经济学和道德心理学的相关性。《正义论》经常会延伸到什么是正当的理论中，因为这需要考虑正当与善的关系，罗尔斯也给了我们他对善的看法。他在这些更为普遍的问题上所说的话总是有趣的，但在这里，我几乎完全将自己局限于他的正义观。这并不是很容易孤立的，因为正如我所说的，罗尔斯对正义的讨论往往会延伸到正当理论之中，有时候还不确定他想到的是两个问题中的哪一个。❷

似乎罗尔斯最初是由于他对功利主义作为一般伦理学理论的不满而开始审视正义的概念。罗尔斯认为，功利主义的主要缺陷是不能适应正义的要求，他决定在社会契约的观念中找到更健全的正义观。他首先在一篇名为《作为公平的正义》(*Justice as Fairness*, 1958）的文章中阐述了这一正义观。《正义论》(*A Theory of Justice*,

---

❶ 罗尔斯的契约正义论首现于《作为公平的正义》一文［*philosophical Review*,67（1958）］，该文原注8指出柏拉图的《理想国》第2卷中,格劳孔指出正义是社会契约的后果。注8在《作为公平的正义》的修订版［Peter Laslett and W.C. Runciman（eds.）,*Philosophy，Politics and Society*,and 2nd ser.（Oxford:Blackwell, 1962）］中删去了，但仍存于首版的重印收录文集之中［Louis P. Pojman（ed.）, *Classics of Philosophy*（New York:Oxford University Press,1998），1252］。本书第4章指明"*dikaiosyne*"存在于格劳孔在宽泛意义上对社会契约论述中，在一般意义上，这是一个法律与道德理论，关于作为整个法律体系之意义的正义理论。

❷ Cf. Joel Feinberg, 'Rawls and Intuitionism', in Norman Daniels（ed.）, *Reading Rawls*（Oxford；Blackwell,1975）,108–109.

1971)的第一章有相同的标题，在整个作品中，罗尔斯用这个短语来指代他独特的正义概念。你可能会认为这句话本身并没有什么特别之处："公平"这个词肯定只是正义的一个同义词，或者更确切地说，是正义的一个主要部分。罗尔斯很清楚这一点，正如他在原文的开头所说的：

> 乍一看来，正义和公平的概念是一样的，没有理由去区分它们，也没有理由说一个比另一个更重要。在本文中，我希望证明正义观的基本理念是公平；我希望从这个角度对正义概念进行分析……因此我认为，功利主义在古典形式下是无法解释的，而且如果从社会契约的观点来思考的话，甚至是误导性的。

罗尔斯将"公平"一词应用于他的概念内容和实现方法。这种方法是一种社会契约的形式，这就是为什么他说公平是由社会契约的观念来表达的。他设想人们在一起考虑他们应该为社会制度的秩序达成什么样的基本原则。在《作为公平的正义》中，罗尔斯只是要求我们假设他们从理性的利己主义的角度来看待这个任务，他的目的是找到一种替代简单直觉的判断形式，而这种判断不太可能产生一致的观点。在《正义论》中，罗尔斯阐述了假设：他要求我们把这些人想象成一个"原初状态"，即剥夺了将偏见引入他们的思想的属性。参与者了解心理学和社会科学的一般规律，但对他们自身和他们生活的社会都一无所知。他们被认为是自私自利和理性的（也就是说，他们倾向于选择最有效的手段来达到预定的目的，这里的相关目的是他们自己的最大优势）。为了共同形成一个社会，他们必须就分配利益和负担的原则达成一致。罗尔斯把以上这些称为"无知之幕"。

这些人所同意的原则是什么呢？罗尔斯认为，他们会首先坚持一种平等的形式。其次他们要求任何偏离平等的行为都应该有利于每个人，尤其是那些最少受惠者。在介绍这一概念时，罗尔斯说，第一个原则"要求平等分配基本权利和义务"❶。后来他认为自由是最基本的权利，就更具体地把第一条原则限制在自由之上。❷ 在其他地方，他把对这两个原则的陈述描述为一个普遍意义上的正义观的特例，它将两者以更一般的方式结合起来："所有的社会价值——自由与机会、收入和财富，以及自尊的基础都应平等分配，除非这些价值的不平等分配对每个人都有利。"❸

在后面的讨论中，这个一般概念有了一些变化："一切社会价值"变成"一切社会基本善"，但不平等分配的条件变成"最不受欢迎的优势"，而不是"每个人的优势"。❹ 罗尔斯补充道，这个特殊的概念与一般的概念不同，因为它两个原则按照顺序排列起来。❺ 我们很快就会看到，这种排序分配了一种特殊的优先权。

罗尔斯指出，每个假定的立约人都会认为，这两项原则的结合提供了获得最大利益的最佳机会。每个人都对特定的事实一无所知，因此不知道他与他的同伴相比，他是被赋予了好的条件还是被赋予了不好的条件。就他所知，他可能是最少受惠者之一。因此，罗尔

---

❶ *A Theory of Justice*, 14.
❷ Ibid., esp. 60, 302.
❸ Ibid. 62.
❹ Ibid. 303.
❺ Ibid. 541.

斯将选择一项计划，旨在为每个人，特别是对最少受惠者提供最大的利益。这样的计划不一定是、实际上也不太可能是完全平等的；因为一个非平等主义的计划使得 X+1 单位的好处给了最少受惠者，而平等主义的计划给每个人都带来了 X 个单位的好处。这就是为什么第二个原则被加到严格的平等主义的第一原则中。

罗尔斯认为，他的两个原则的内容通常被认为是公平的。他还声称，实现这些目标的方法是公平的，因为它使每个人都有平等的机会参与和影响结果。因为该方法是公平的，并且同意公平，它可以而且应该继续被用于适合这两项原则的具体领域的行动。然而，这之后的过程不能在无知之幕下进行，因为这一过程将分阶段相应地出现。

正如我所说，罗尔斯的目标之一是为功利主义提供一种替代方案。他说，历史上最受欢迎的另一种选择是直觉主义。他用这个术语来表示认为存在多种正确行为的基本原则的所有理论。直觉主义有两个缺陷。第一，它无法解释为什么要遵循它的原则：它们必须是基本的道德"直觉"。第二，当两个或更多的原则指向一个特定情况下相互冲突的行为时，它没有给出任何决定性的指引：这里又简单地说，我们必须通过道德直觉来判断哪个选项有更大的要求。这些都是人们熟悉的反对意见。大多数功利主义者（除了西季威克和"理想功利主义者"，还有拉什达尔和摩尔）都将道德行为的原则建立在人类心理因素（欲望和情感）的基础上，而不是直觉的基础上；大多数功利主义者（西季威克又一次例外）提出了效用原则作为一种基本原则，它构成了次要原则的理由，因此是解决任何特定情况下次要原则之间冲突的标准。但是由于功利主义有其自身的困难,是否还有其他方式来应对直觉主义的反对意见?

罗尔斯的独创性在于对这个问题给出了一个新的答案。在罗尔斯的书的序言中,他否认了独创性,认为他的理论"非常具有康德性质",但这是虚假的谦虚。事实上,他非常谦虚,特别乐于听取批评者的意见。所有的哲学学生都声称自己准备好从批评中学习,但几乎没有人能在实践中谦虚或灵活地做到这一点。从他早期的文章到《正义论》,再到后来的著作《政治自由主义》(Political Liberalism),罗尔斯已经修改了他的理论的各种细节,以应对批评。这有时会导致明显的不确定性甚至不一致,但人们不得不佩服符合这一原则的哲学家。

罗尔斯通过提出契约假设来处理直觉主义的第一个缺陷,即在不依赖于直觉的情况下,作为一种到达正义原则的方法。如果能成功地做到这一点,那将是一项巨大的收获。它不仅解释了直觉主义留下了什么无法解释的地方,而且还解决了实质性的分歧。因为就像大多数其他常见的道德原则一样,它对正义原则的实质内容没有达成共识。事情是这样的,一大群人坚持认为正义需要按功绩分配,而另一大群体则坚持另一种(或附加的)分配原则——有时认为这种分配原则是基于简单的平等,有时是基于需要。罗尔斯与第二组一致认为他的契约假设导致了这一结论。这个假设是为了避免依赖直觉,因为它依赖于审慎而不是道德的判断。

这个假设并没有说明正义或公平的含义。当普通人说某件事是公正或公平的时候,他显然并不认为这是符合理性人选择的原则。

在他们知道许多一般真理但不了解具体事实的情况下,他们为了最大化个人利益而制定社会契约。罗尔斯不这么认为。他告诉我们,在假设的情况下,怎样才是审慎的。他的观点是,这与我们通常认为是公正的东西是一致的。他说他给出的这种说法是一种"解释",而不是对道德环境中通常使用的术语"正当"的含义的分析。❶ 我认为他会把这句话运用到"公平"和"正当"上,因为他后来在同一页上谈到"正义即公平,或更广泛地说正当即公平"。但他接着说,这个解释是一个"合理的分析"或"定义",因为它提供了一个令人满意的替代方式,从而使我们能够不再如此论述了。我认为这和我上面所说的是一致的。罗尔斯的解释并没有告诉我们什么是公正的,但如果我们感到困惑的话,我们可以说,在罗尔斯契约的假设情况下,审慎是向我们推荐的另一种方法,使我们对同一概念感到满意。

由于其中一种情况(特别是关于特定事实的"无知之幕")使每个人都有了同样的选择,所以谨慎的判断具有普遍性和客观性的特点,我们通常不把它与谨慎联系在一起。这就是为什么它可以代替公正、公平的判断,许多哲学家试图用审慎判断来代替一种道德判断。一个简单的替代是不能令人满意的,因为这两件事显然是不同的。休谟指出了一个本质的区别:道德的概念及其语言不同于"自爱的语言",这是一个普遍的观点。❷ 罗尔斯的假设是一种赋予人们对审慎前景的普遍看法的手段。

---

❶ *A Theory of Justice*,111.

❷ David Hume,*Enquiry concerning the Principles of Morals*,IX.i(ed.Beauchamp,pp.74-75,§§5-6;ed.Selby-Bigger,§§221-222).

罗尔斯思想的原创性又一次显示出来，但在处理直觉主义的第二个缺陷时，它在解决原则冲突方面的含糊不清是不太有说服力的。罗尔斯把这称为优先问题，即在冲突的情况下决定哪个道德原则应该优先考虑的问题。直觉主义的弱点在这里尤其突出，因为它所诉求的直觉与原则的直觉不同。与对先验真理的理解相比较，原则的直觉通常被认为是对必要的和普遍的事物的理性理解；与对经验问题的替代解决方案的相对权重的判断相比较，在某一特定情况下的原则冲突的解决被认为是对优势的"权重"或"严格性"的直觉。如果说直觉是无益的，那么用同样的术语来形容两种不同的判断方式是双重的。

功利主义认为，解决首要问题的理性方法是将效用原则作为最高原则：当共同的道德准则在特定情况下规定相互冲突的行动方针时，正确的行为似乎最有助于普遍的幸福。根据功利主义，这是唯一合理的方法，因为共同的道德规则都取决于更普遍的效用原则；例如，因为被称为功绩的行为通常是有用的，同时奖励、激励这种行为也是有用的，因此奖励功绩的正义规则应该很好地保持。

功利主义解决方案的主要困难在于，一些道德原则，尤其是某些方面的正义，似乎并不依赖于功利主义。当这种原则与另一种原则发生冲突时，那么对效用的诉求可能看起来无关紧要。事实上，一些最令人困惑的冲突是效用原则本身与正义的一个方面之间的冲突。这可以在功利主义的理论中加以说明。这个理论实际上包含两个原则，一个是最大限度地增加幸福的总和，另一个是把幸福分配给尽可能多的人。这两个原则可能会发生冲突。在特定的情况下，个人，或者更现实地说，一组立法者，可能面临两种替代政策。第一种看起来可能比第二种增加更多的国家财富，但第二种似乎可以得到更多的认同。哪一种政策更可取？功利主义没有给我们答案。

某些理论通过构建一个压倒一切的原则，声称要比古典功利主义做得更好，至少在口头上是这样的。因此，例如"善学论"认为单一的原则是为了实现（而不是产生）最大的善；那么，平等或广泛的幸福分配，不少于幸福手段的产生，就可以称为"善的实现"。在实践中，这当然是没有帮助的，因为我们仍然必须决定如何衡量广泛分配的"善"和增加总体幸福的"善"。我们从决定哪个是"正当"的问题开始，最后只被告知，仅是我们在语言上从"正当"变为"更好"。问题本身仍然存在。

罗尔斯提出了一个新的主张，即我们应该避免寻找一个单一的首要原则，而应该把道德原则按照"词汇"或"序列"的顺序排列。他的意思是，先把原则 A 放在首位，直到完全被满足为止（或者除非它不适用），然后才允许我们继续执行原则 B，原则 B 必须得到充分的满足，然后才能继续执行 C 原则，等等。在第一次介绍这个想法的时候，罗尔斯承认它看起来并不是很有前景，他希望只以一种有限的方式使用它。尽管如此，这是一个有趣的观点，人们期待着在书中看到其得到进一步的发展。

最后，这个问题并没有得到解决。罗尔斯的观点是，他的第一个正义原则（平等自由原则）应该排在第一位，他的第二个正义原则（强调需求的主张）应该排在第二位，而效用原则应该排在第三位。如果我们认真对待他的看法，这就意味着：(a) 在平等自由与需求之间的任何冲突中，自由主张应该占上风；（b）在需求与效用之间的任何冲突中，以需求主张为准；（c）自由与效用之间的任何冲突应以自由主张为准。罗尔斯本人关于其第一优先原则的陈述至少证实了其中的第一项主张："正义原则要按照词典式序列排列，因此只有为了自由才能限制自由。"❶

让我们现在批判性地考虑罗尔斯正义论的两个新特征。首要的特征是假定的社会契约。立约人的结论首先以公平的"一般观念"给出，然后以"特殊观念"给出。其中有两个差别：第一个差别是，一般观念要求在"基本权利和义务"或"所有社会价值"（或"所有社会基本善"）中平等；而特殊观念要求最大自由平等。第二，如果不平等能给每个人带来额外的利益，一般观念就允许不平等；而特殊观念又认为，增加的福利必须"是对于社会最少受惠者"而言的，并且对于处于不同地位的人必须有平等的机会。

在这些差别之中的第二个意在坚持尽可能地维持平等——即使不平等是为了全体成员的利益而被允许的，这显然是平等机会要求的真正意义。对处于最少受惠者的附加利益的要求并没有真正改变一般概念对每个人的附加利益的要求；但在罗尔斯写的一些关于特殊概念的陈述中，只谈到为处于最少受惠者增加利益，并没有说所有人都必须增加利益；也许这是他的最终观点，因为他的优先规则意味着需求优先于一般效用。

首要的差别从"权利和义务"或"所有社会价值"转向自由的

---

❶ *A Theory of Justice*, 302.

单一权利（或价值），这需要解释。罗尔斯并没有为优先规则给出任何明确的理由，但这似乎也是因为罗尔斯认为，一般概念和特殊概念之间的本质区别在于，特殊概念将正义原则按顺序排列：自由是优先的，任何为了更大利益而偏离平等的行为只能适用于自由以外的权利或价值观。

很明显，我们要问一问，为何自由会被赋予这种特殊的优先地位。为什么我们要假设，原初状态下假定的立约人会认为自由是最基本的权利或价值，而不是为了其他的理由而加以限制呢？一种看法倾向于认为一些人（而不是所有人）会这样认为，与人们（比如在俄罗斯或非洲的不发达国家）可能提出的对自由的态度相反，罗尔斯毫无理由地将一个在美国或现代西欧长大的人的态度适用于所有人。那么，我们可以试着从教育的影响中抽象化吗？罗尔斯的立约人应该对他们的社会所达到的文明阶段一无所知。他们所知道的就是，他们可能会发现自己生活在现代美国的富足之中，或者在约瑟时代埃及的饥荒中。在后一种情况下，他们会把面包放在自由之前（参见创世纪 47：19）。如果他们选择成为立约人，要为一切可能发生的情况做好准备，难道他们不应该把维持生计的手段作为他们的基本利益吗？

然而，我们从书末尾的一些简短的段落中得知，对自由的优先考虑并不适用于社会的所有阶段。罗尔斯告诉我们，与其他善相比，自由的价值随着文明的进步而上升。"从某种意义上说，从最初的立场到为了更大的物质手段和便利的办公环境承认更少的自由，是不合理的。"❶ 这如何有助于表明如前所述，自由在词典式排序中被赋予优先权？词典式优先权意味着，在其他的善被满足之前，对自由的要求应尽可能充分地满足。罗尔斯现在说的是，某些其他善已经达到某种程度，而自由则更倾向于这些善的进一步增加。这一点在下一页可以很清楚地看出来。"在个人的基本需求得到满足之前，他们对自由的兴趣的相对紧迫性不能事先确定……但在有利的情况下，决定我们的生活计划的根本利益最终会得到优先考虑。"❷ 换句话说，自由并不先于"基本需求"的满足；只有当这些基本需求得到满足时，自由才会显现出来。

罗尔斯在他后来的著作《政治自由主义》中更公开地承认了这一点："涵盖平等基本权利和自由的第一条原则可能很容易出现在词汇先验原则之前，并要求公民的基本需求得到满足，至少在他们被满足的情况下，公民有必要理解并能够有效地行使这些权利和自由。"❸ 这一让步还远远不够。生活中的简单事实表明，原先的首要原则应该是先于基本需求的词典式优先原则，而不是"可能"是先于基本需求的词典式优先原则。罗尔斯在这句引文中的进一步限定意味着他想要使新的优先原则依赖于旧的原则：只有基本需求是理解和行使基本权利和自由的必要条件时，才能优先考虑基本需求。但是，如果立约人要从自身利益角度思考，他们会优先考虑基本需求，因为这是维持生存的必要条件。

---

❶ *A Theory of Justice*, 542.

❷ Ibid.543.

❸ John Rawls, *Political Liberalism*（New York: Columbia University Press, 1993）,7.

尽管对原则的词典式优先进行了修改，将基本需求放在了第一位，但我们仍然可能会问，在满足基本需求后，处于原处状态的立约人如何知道应该给予自由绝对优先权？罗尔斯对卢梭和康德是十分敬仰的，他认为这两人是契约理论的导师。卢梭是一名社会契约理论家，他也提出了将自由视为人性本质的有力论据。我不清楚为什么罗尔斯把康德归类为社会契约理论家，但康德继续并阐述了卢梭关于自由的论题。罗尔斯在第一本书的第40页中解释了为什么他认为他的正义理论是康德的：他遵循康德的自治原则，将选择和行动的自由作为一个人的重要组成部分。

卢梭和康德在这一问题上的争论无疑对大多数哲学读者来说都具有真理性。因此，我们是否可以假设，罗尔斯所说的从自身利益的角度考虑社会制度的假定立约人会赞同并突出自由对于人格的核心作用？已故的赫伯特·哈特教授的一篇文章仔细研究了罗尔斯对自由的优先分配。❶ 哈特批评了罗尔斯关于自由可能仅仅为了自由而受到限制的观点。哈特指出，人们普遍接受对自由的限制——例如限制诽谤、侵犯隐私以及无限使用私人财产（例如机动车辆中的危险超速驾驶），其目的是为了防止伤害或痛苦，而不是在其他方面加强自由。他还指出，罗尔斯认为假定的立约人从自身利益的立场出发，不会为了增加物质上的享受而牺牲一些自由，但罗尔斯却没有给出合理的理由。自由的优先地位是在满足基本需求时生效，这表明生活水平仍然相对简朴。那些利己主义的立约人在坚持罗尔斯

---

❶ H.L.A.Hart,'Rawls on Liberty and its Priority',*University of Chicago Law Review*,40/3（Spring,1973）;repr. in Daniels（ed.）, *Reading Rawls*.

所规定的自由——如选举权和政治权利、良心自由和财产权之前，是否有可能寻求更大的物质上的享受？

在《政治自由主义》中，罗尔斯对第二种批评的回应是修改了他早期著作的预设。罗尔斯提出，"基本自由及其优先地位的理由可以建立在公民作为自由和平等的人的概念之上"，因此"建立在一个被承认为自由的人的概念之上，而不是像哈特所认为的那样，仅仅基于理性利益的考虑"。❶ 这是对正义理论的一种彻底改变，它旨在通过巧妙运用理性的利己主义来解释正义的观念。《政治自由主义》要求我们把这两项原则看作是"自由主义的平等形式"❷。自由主义当然会将自由视为其首要的政治原则，这就是自由主义的含义。平等主义形式的自由主义当然会增加平等。同义反复是早期尝试启发性解释的一个拙劣的替代品。

我现在想问，为什么要将政治的自由原则视为正义原则？这一问题与《正义论》的原始观点以及后面这本书的修订的观点都是相关的。虽然这一解释无意赋予"正义"的含义，但我们被告知，其内容应符合普遍接受的观点；在《政治自由主义》中，我们被告知，契约各方"必须在道德和政治哲学传统提供的备选方案清单上同意某些正义原则"❸。传统的正义原则涉及平等和应得，有些方面则倾向于增加对需要的救济。在《政治自由主义》中，罗尔斯的立论允许他有选择性，他的选择包括平等和需要，排除了应得。传统的清

---

❶ *Political Liberalism*, 290.
❷ Ibid. 6.
❸ Ibid. 305.

单不包括自由。如果你愿意，自由当然是政治的首要原则，但并非所有这些原则都被视为正义的要素。罗尔斯社会契约的当事人被设定去列举出社会秩序的原则，由此他们就有足够的合法理由将自由包括在内；但如果他们的结论符合传统的正义观念，那么这一职权范围就太广了。

在此之后，我们应该问罗尔斯为什么选择将应得排除在他的正义概念之外。罗尔斯在《正义论》第 48 节中简要地讨论了这个问题。关于排除，他有两个理由：一是在实践中，奖励是为了效用而分配的，而不是为了道德价值而分配的。二是道德价值的概念依赖于正义原则的先验存在，因而不能由社会契约各方选择这些原则。我将依次处理这些问题。

关于现实活动的争论是大家都很熟悉的。罗尔斯主要考虑的是经济生活。在经济生活中，人们可以谈论公平或公正的工资，这些工资是由效用而不是道德价值决定的。效用的权重来自于接受者的贡献，但是该贡献的价值是由供给和需求来评估的。由于同样的原因，稀缺的人才会得到额外的奖励，而且在任何情况下，拥有人才都是财富的问题，而不是道德上的功绩。唯一能真正宣称道德价值的是努力。但即便如此，根据罗尔斯的说法，这在很大程度上取决于天生的能力，而能否拥有这种能力，人们并不能做出保证。那些认为所有这些都是不公平的，并且认为正义要求在可行的情况下得到道德价值的回报的人，将奖赏与惩罚、分配正义与报复正义联系起来。罗尔斯认为，这是一个错误；报复正义，即刑法，旨在"维护基本的自然义务"，而分配正义则为社会效用服务。

罗尔斯对刑法的借鉴是片面的，也是不完善的。不幸的是，罗尔斯故意把他的著作局限于社会正义，而忽略了正义在法律中的巨大作用。在他的书的开头，他区分了"严格遵从理论"和"部分遵从理论"。第一个问题涉及"公正原则"，这些原则将规范一个秩序良好的社会，在这个社会中，"每个人都被认为是公正的，并在维护公正的制度方面尽了自己的一份力量"。第二个问题"研究我们如何处理不公的原则"❶。罗尔斯选择单独处理第一个问题。

　　我同意罗尔斯的看法，即在实践中，奖励在很大程度上（我不完全说）是以功利为基础的；但我认为，他对刑法的忽视使他看不清正义概念的一个基本特征，即坚持将非应得作为刑事制裁的必要条件，从而保护无辜的人免受社会效用的要求。除此之外，罗尔斯没有理由否认奖赏和惩罚之间的联系。奖励和惩罚的概念，就像赞扬和责备的概念一样，实际上是对立的，尽管它们的实际应用在很大程度上与功利有关（如功利主义理论所证明的），但这一点仍然是正确的。我们不需要说，这意味着分配正义与报复正义的错误联系；对回报性应得，以及对非应得的惩罚，都可以归于报复正义。过去，"报应"和"报应的"这两个词都带有两种含义，就像"回报"这个词现在仍然是这样。现代哲学家 E.F. 卡里特（E.F.Carritt）将惩罚和回报都包括在报复正义下，并将分配正义局限于平等概念。❷ 然而，最重要，也是最强烈反对功利主义的一点是，正义保护无辜的个人不受公众利益的要求。

---

❶ *A Theory of Justice*, 8.

❷ E.F.Carritt, *Ethical and Political Thinking*（Oxford:Clarendon Press,1947）, 97-101.

关于第二个论点，罗尔斯显然认为这是至关重要的，那就是"道德价值的概念……在引入公正原则、自然义务原则和义务原则之前，是不可能实行的"❶。我想他的意思是说，道德价值或道德应得的概念带有这种价值，并预先假定了要求公正的奖励的想法，因此，"在原初状态中，这样的原则不会被选择"❷。但罗尔斯似乎忘记了，处于原初状态的立约人应该从自身利益的角度来考虑，而不是从公正的角度出发，通过一种间接的途径来看待正义的内容。通过那条路线，他们很容易就能得出应得原则。

让我们回到罗尔斯所说的他们会选择的两个原则。我批评了第一个原则，即平等自由的原则，但还没有质疑第二个原则，即差别原则，因为它给出了允许差别的理由，背离了平等。它强调对处境最不利者的关注，目的是为那些在社会中地位最低的人带来最大的利益。罗尔斯称这个目标为最大值。一个理性、审慎的立约人会考虑到他可能处于最不利的地位，所以他应确保最大限度的利益。这一论点取决于这样一种假设：为最坏的情况做准备是谨慎的一部分，罗尔斯实际上就是这样假设的。但是，我们也可能会问，为什么一定要谨慎行事，而不是赌一把呢？❸ 罗尔斯认为，一个理性的人，在利己主义的驱使下，在不知道自己是幸运还是不幸的时候，宁愿把后者的利益最大化，而不是为前者提供丰厚的奖励。但是，一种福利国家的中间路线又如何呢？在这种国家里，不幸的人只能维持

---

❶ *A Theory of Justice*, 312.

❷ Ibid. 310.

❸ Cf. Michael Lessnoff, 'John Rawls' Theory of Justice, *Political Studies*, 9 (1971), 76.

基本的生计，而幸运的人却可以获得不那么耀眼、但仍然很有吸引力的奖励。抛开这一点合理吗？毕竟，一个人最终可能会成为幸运的人；即使没有，正如亚当·斯密所说，考虑到"富人和伟人"带来的快乐，也有一种替代的满足感，尤其是因为罗尔斯的立约人应该缺乏嫉妒。

有看法认为理性的立约人肯定更喜欢这样的制度，这种看法不仅是可能的，而且是有道理的。福利国家制度包括一种旨在改善个人地位的自然激励：高于最低生活保障线的奖励可能最初取决于运气，但可以通过努力改善，这就引入了一种奖励的概念——不是从公正的道德原则出发，而仅是一种有效的利己主义政策。然而，就像罗尔斯的原则一样，它在内容上与正义的要素是一致的，在这种情况下，价值的概念并不取决于博弈的运气，而是取决于一个人在某种环境下尽其所能的努力。与其他人相比，最初的立约人不知道他自己的个人能力和情况如何。他确实知道（这是他对所有一般原则的认识的一部分），每个人都同样有权充分利用或不充分利用他所拥有的能力和机会。因为这不是取决于偶然，而是取决于他自己的选择，一个理性的人会选择一种根据优势分配利益的制度。

罗尔斯的假设并没有提供一种在相互对立的正义概念之间做出决定的方法。它是为适应其中的一种而量身定做的，但可以延伸到覆盖另一个；而且我们也没有理由说明为什么它不应该有不同的量身定做。罗尔斯主张公平主义和按需分配的正义观。他拒绝按应得分配的原则，并认为他的假设导致了他自己的观念。但是，正如我们所看到的，罗尔斯的理性的立约人完全有可能选择一个包含应得的系统。然后，罗尔斯再次在他的假设中增加了一个附加条件，那就是初始的立约人不会嫉妒。这是为了避免他们选择一种严格的平等主义制度。在这种制度中，善的水平，无论对每个人，还是对所有人来说，都比可能的要少。罗尔斯愿意接受不平等，只要它能使包括最穷的人在内的所有群体都能获得更多的利益。与其他道德原则相比，认为正义坚持严格平等的人仍然可以使用罗尔斯的假设，但不会剥夺立约人的嫉妒，在这种情况下，他们可以去追求一种赤裸裸的平等主义。

尽管如此，罗尔斯的社会契约假说确实告诉了我们一些我们通常看不到的公平。公平是在生命的早期阶段就会获得的一种观念：小孩子很快就会抱怨，歧视一个孩子或一个群体的行为是不公平的，他们并没有将这个抱怨局限于自身利益的考虑，而是随时准备为别人的要求说话。这似乎是一种令人惊讶的利他主义的表现，在这个阶段，孩子的关注点仍然主要集中在他自己身上。当罗尔斯解释为什么他的假设契约是一种公平的方法时，他提出了公平和私利之间的联系。这一点在罗尔斯早期的著作《作为公平的正义》中尤为明显：

正义是一种实践的美德，在这种实践中，假定存在着相互竞争的利益和相互冲突的要求。人们认为，在某些情况下，每个人都有各自的权利，这就是引起正义问题的原因。如果有圣徒协会这样一个团体，那么在这样的团体中，关于正义的争论就不会发生，因为他们都会无私地为一个目的而工作。

最后一句话让我们想起了休谟的观点，即分配正义的需要源于资源稀缺和有限的仁爱。罗尔斯在《正义论》中提到了休谟，并强调了物质匮乏这一因素。❶ 休谟的叙述确实包含了自利的作用，但罗尔斯的贡献增加了一种见解，即认同每个人的自利目标是我们所说的公平的一个重要部分。

罗尔斯的方法的第二个创新——词典式优先，不如假定的契约。如果第一个原则具有词典式优先权，那么如何才能实现第二个公正原则呢？第一个原则要求人人享有最大的平等自由。第二个原则认为，只有所有位置的人都受益，尤其是处于最不利地位的人也能受益时，不平等才是合理的。现在，如果第一个原则具有词典式优先，这意味着，如果不完全满足第一个原则，即人人享有最大的平等自由，那么即使是为了造福穷人或整个社会，也不可能考虑不平等问题。最大限度的自由等同于对所有人平等地限制自由。罗尔斯认为，对一个人的自由的限制，仅仅是作为对他人的自由的保护的必要手段；因此，在最大限度自由的情况下，所有限制都是保护最大自由所必需的。那么，如果在一个阶段里减轻对自由的限制，这就必然会在另一个阶段增加自由的障碍。换言之，一个人或群体的任何自由的增加，都会导致某个其他个人或群体的自由的减少；这必定会涉及以前存在的最大的平等权利的下降。因此，最大平等自由的词典式优先权意味着不平等的自由可能永远不会被考虑。

此外，其他一些不平等，如财富的不平等和权力的不平等，都涉及不平等的自由。财富增加了人们想要拥有的财产的自由度，并享受人们想要追求的活动；权力、权威增加了让其他人做自己想做

---

❶ *A Theory of Justice*, 127–130.

的事情的自由；因此财富、权力或权威的不平等包括自由的不平等。最大平等自由的词典式优先意味着，这种不平等也可能永远不会被考虑。

罗尔斯在书的中间部分阐述了他的优先规则。但他却不为这一规则提供任何论据，直到最后，只限于为自由的优先权提出一个例子。与其他善相比，自由的价值随着文明的进步而上升。正如我们所看到的，这意味着在第一阶段，自由并不先于满足"基本需求"。关于自由的词典式优先权的最初概念已经消失了。

尽管这一论点并不令人满意，但至少在最后还是有一种观点认为罗尔斯的第一条正义原则是优先的。说到诸善中的优先地位，他就不那么随和了。罗尔斯将基本善定义为"每个理性人都想要的东西"❶，并将自然初级善，如健康和智力，与社会初级善区分开来。他说，社会初级善是自由和机会、收入和财富以及自尊。把收入和财富同自由、机会和自尊相提并论似乎有些奇怪。一般来说，人们把收入和财富看成是基本善，而不是善本身；由于社会有各种形式（其中一些是高度理性的），收入和财富并不存在于占主导地位的财产中，因此有人认为，将收入和财富视为"所有理性的人都想要的东西"是有理由的。争论永远不会到来。罗尔斯确实解释了为什么他认为要高度重视自由和自尊，但就社会善的整体而言，他只是说他不会为这件事辩解，因为他们的主张似乎足够明显了。❷

最后，我对罗尔斯的假定契约进行了更富有成效的创新。严格

---

❶ *A Theory of Justice*, 62.

❷ Ibid.434.

地说，这个假设前后并不一致。假设人们可能知道心理学和社会科学的一般规律，却不了解任何关于他们自身能力和社会特征的事实，这是没有道理的。有关的科学是经验性的，不像纯数学那样是先验的，因此，对它们的理解取决于对一般规律所依据的个别事实的了解；如果假定的人被剥夺了关于自己的能力和社会的经验知识，他就无法获得任何人的能力或任何社会的经验或派生知识。即使这一反对意见无效，罗尔斯所假定的一般知识也是如此之少，以致于毫无用处。由于立约人不了解他们社会的文明阶段，他们所知道的心理学、经济学和政治学的"法则"，就像适用于工业社会一样适用于部落。社会形态的差异往往意味着心理和社会制度的差异，而适用于整个社会的心理和经济"法则"几乎不会告诉人们任何可预测的行为。

然而，坚持严格的一致性可能是错误的。如果细节被压制，幻想的故事同样是不连贯的；但我们可以从表现作者意图的作品表面理解它，并且可以看到它的观点。像罗尔斯这样的哲学假说，诚然是奇妙的，但却是可以理解的，也是有道理的。有一处，罗尔斯将他的假设与"代表制宪会议，以及理想的立法者和选民"这一更为现实的情况进行了比较，❶后者适用的是类似但不那么严格的限制。立法者必须依靠对一般事实的了解来制定未来的政策，而不必知道每个人的具体情况。我们可以回顾边沁所阐述的古典功利主义理论。它代表了立法者的动机，尽管在私人生活中的行为很大程度上是出于自身利益的动机。这是一种理想化的状态，就像罗尔斯所说的"理

---

❶ *A Theory of Justice*, 449.

想"立法者，但这并不是一种幻想，而是一种观点，即正如功利主义者所理解的那样，正确行动的标准与立法者纯粹出于仁慈而做出的选择是一致的。就像罗尔斯试图做的那样，它通过描述一个假设的事实来解释对正义的判断。

更重要的是，罗尔斯的假设是否达到了消除直觉的目的。假设的细节被操纵，从而产生一种先入为主的观点，即一种特定的道德直觉；即便如此，该假说也不一定会推导出罗尔斯的结论，从而再次表明它依赖于直觉。罗尔斯非常清楚地知道，有一种替代的方法来试图摆脱直觉，这种方法被经验主义的道德哲学家所遵循，包括一些主要的功利主义者。它是以道德和社会心理因素，特别是同情为基础的道德判断。为此，罗尔斯拒绝了非中立的旁观者的概念。罗尔斯认为这是一种功利主义的理论，这种理论把社会利益当作一个人的利益来思考，他认为功利主义的问题在于"它不重视人与人之间的区别"❶。人们可以合理地抱怨功利主义，认为它没有足够重视这一区别，但不是基于罗尔斯所说的理由。古典理论家所使用的中立的旁观者的概念并没有模糊人与人之间的区别，甚至对休谟来说也是如此，他发现同情是有用的。更明显的是亚当·斯密，为了反对功利主义和支持经验主义的自然法理论，他提出了中立的旁观者的概念。

我在讨论开始时提到，契约假设是否适用于整个道德判断，还是只适用于分配正义的判断，尚不清楚。罗尔斯在介绍时说，他的

---

❶ *A Theory of Justice*，27,187.

契约理论只适用于正义，❶ 如果发现这是成功的，人们可能（至少在这本书中不会）继续考虑这一观点是否可以扩展到更普遍的正当概念，也许还可以扩展到更广泛的所有道德关系的概念。然而后来，罗尔斯经常这样写道，好像他的理论确实适用于一般意义上的正当概念。事实上，如果不是这样的话，罗尔斯就不会将功利主义作为一种替代。对功利主义的主要反对意见是，我们的直觉信念往往反对正义而非功利，并且有时将正义置于优先地位。非功利主义的正义观可以解释反对意见，但不能解释优先性。为了以后的目的，我们需要一种正确的理论。功利主义认为，正确的行动（无论是何时）总是最有用的行动。如果我们想否认这一点，如果我们想说，有时正当的行动（也是一种公正的行动）不是最有用的，我们需要证明什么是正当的标准。这不可能与正义的标准相同，因为有时我们认为，正当的行动是最有用的，尽管它也不是一种公正的行动，而且确实可能是正义行动的另一种选择。我在第9章中举了一个例子：在战争时期，挑选士兵服兵役或复员的最有用的方法不是最公平的方法，而我们通常认为这是公平的；因为大多数人会同意，在这种情况下，国家利益压倒公平是正确的。

罗尔斯可能会指出，他的理论允许在这样一种情况下遵循效用的决定，只要最后的结果将使所有人，特别是最需要帮助的人受益。如果是这样的话，他认为他的理论是正当的，而不是一般人所理解的公正或公平。不幸的是，罗尔斯的理论并没有给我们一个标准来

---

❶ *A Theory of Justice*, 17.

决定什么时候效用应该战胜公平、什么时候不应该；我们不得不回到他想要消除的直觉的道德判断。

然而，对于罗尔斯契约理论的失望并没有降低他所说的关于公平观的价值。我不认为它涵盖了整个情况，因为一种逐渐形成的公平观可能是相当无私的，但罗尔斯关于相互的利己主义的解释，对于这种思想的起源来说，是一个有启发性的建议。如果没有对社会契约思想的思考，罗尔斯就不会想到这一点。

第 19 章　罗伯特·诺齐克

实际上，罗伯特·诺齐克的著作《无政府、国家与乌托邦》[1]，已经显现出了他的正义观。这部著作的主要观点是主张约翰·洛克的"最低限度的国家"（minimal state）理论，即国家仅仅具有保护权利的职能。诺齐克反对"福利国家"（welfare state）理论，即不赞成对弱势群体进行收入再分配和财富再分配的这种将国家职能扩大化的观点。因此，分配正义作为批判"福利国家"的理论依据，在此书的论述中占据很大篇幅。

"权利"是诺齐克关于正义概念的阐释之一。实质上，这被大卫·米勒称为正义的权力观，但诺齐克的阐述则更具显性特征。首先，权利是一种"持有"（holding）。持有中的正义是历史的，而持有可以通过两种方式实现：一是持有人直接获取；二是通过自愿交换或以礼物的形式从其他人处转让。无论是哪种情况，持有人的权利都来自过去的行为。其次，并非所有的"持有"都是权利。比如，通过盗窃或欺骗，甚至违背原始持有人的意愿采取强制手段所获得

---

[1] Robert Nozick, *Anarchy, State and Utopia*（New York: Basic Books; Oxford: Blackwell,1974）.

的"持有"都是不正义的。人们只有符合正义的获取原则和转让原则，才会拥有"持有"的权利。最后，如果已经产生了不公正的"持有"，则这种"持有"很有可能会被矫正（之所以是"可能"而不是"一定"，是因为会存在抵消的原因，即随着时间的流逝使得这种不公正的"持有"会保持一种良好的状态）。因此，由于过去的不正义的存在，提出了正义的第三个原则，即矫正原则。总之，正义的获取原则、转让原则和矫正原则都具有历史性的特征。诺齐克通过对正义的历史性特征的论述，又提出了正义的另一特征：非历史性特征。

正义的即时原则（current time-slice principles）认为，一种分配的正义决定于事物现在是如何分配的——而这种分配方式又是由某种或某些结构性的正义分配原则来判断的。例如，一个功利主义者判断任何两种分配的标准是看哪种分配产生较大的功利总额，如果总额持平就采用某种固定的平等标准来选择较平等的分配。在此，他是持一种即时的正义原则。同样，试图在平等与幸福总额之间走平衡路线的人也是持这种原则。按照即时原则，没有必要把重心放在过去已经发生的事情上。所有这些问题都是一般效用的程度，有时也是分配本身中的平等倾向。诺齐克指出，福利经济学就是这种即时正义原则的理论。

他强调，若用一般的意义来理解分配概念显然过于狭隘。几乎每个人都认同，过去的一些提法也是与此有关联的。根据刑法，监禁的正义性取决于被监禁的人所做的事，而他理应受到惩罚，他应该被剥夺其他人都享有的利益。同样，所有社会主义者（尽管他们主张平等的结构原则）会说，过去的行为是决定正义的决定因素，因为他有权享受劳动成果。

诺齐克随后扩展了他的非历史的正义思想，其基础是分配的结构原则。它们不必局限于"即时"，而是可以接受一种时间系列。例如，采用平等原则作为其结构原则的人，不一定说正义现在就要求人人享有平等的利益。他可能认为，过去福利份额低于平均水平的个人应得到大于平均份额的福利，以弥补过去的损失。提及过去似乎意味着这种观点不应被称为非历史原则。但诺齐克无疑会说，它的本质特征是依赖于公平分配的结构原则，这种原则适用于整个历史，而不是目前存在的一段时间。为了适用于更广泛的概念，诺齐克将"即时原则"替换为"结果原则"或"目的原则"（end-result or end-state principles）。

他接下来在正义的历史原则中做出了不同的区分，将权利原则与"模式化"的原则进行了对比。模式化的原则要求根据某些"自然维度"（或自然维度的组合）的变化进行分配，例如"道德价值"（moral merit）或"社会的有用性或需求"（usefulness to society or needs）。目前还不清楚为什么这些特征应该被称为"自然"。我想它们之所以被称为"维度"，是因为其承认"阶层"（degrees）。它们是历史性的，因为差别分配的基础是由过去的行为（有价值的或有用的行为）或过去的被动（如剥夺导致需要）组成的。他提出的几乎所有分配正义的原则都是模式化的：他们声称利益分配应该遵循一种模式，应该符合人类生活一般特征的变化。另一方面，权利原则（entitlement principles）不是模式化的：它们将过去的某些行动称为"持有正义"的基础。

诺齐克认为，仅仅指物品分配的"分配正义"具有误导性，因为它意味着持有是国家当局有意或有计划地进行分配的结果，而实际上它是由个人或群体的无意识行为的积聚引起的。如果你认为正如许多理论家的观点，正义只是一种填补公式中的空白，即"按照每个人的（ ）给予每个人"（to each according to his…）和"按照每个人的（ ）从每个人那里给出"（from each according to his…），则是把生产和分配看作两个分离和独立的问题。无论是谁生产出了什么东西，只要他是通过购买或与所有其他有资源用于这一过程的人签约而生产出来的东西，他就对这一东西拥有权利。"这种情况并不是一种生产出了某个东西，然后必须问谁将得到这个东西的情况。物品是带着人们对它们的种种权利进入世界的"。如果你坚持用流行的公式来描述正义，那么这个选择应该填补空白："按照每个人所选择的从每个人那里给出，按照每个人的下列情况给予每个人，即被给予者本人正致力于此（也许有别人的契约援助），别人也愿意对他做这件事，愿意给他们以前一直（按这一公式）给予他的、而现在又尚未用掉或转让的东西。"❶

诺齐克通过一个生动的假设例子说明了选择的不相容性，并阐释了正义。假设在一个社会中，分配正义的模式化原则已经生效，并且它严格地实行平等原则，这样每个人都可以得到相同数量的金钱。威尔特·张伯伦（Wilt Chamberlain）是一名篮球队非常想要的明星选手，非常受到观众的欢迎。他和一个球队签下了这样一个契约：

---

❶ Nozick, *Anarchy, State and Utopia*, 160.

规定在国内的每场比赛中,他将从每张售票的票价里分到25美分。赛季开始了,人们兴高采烈地观看他所参加的队的比赛,他们买票时每次都把从入场券分出的25美分投入到一个写有张伯伦的名字的专门箱子里。在赛季结束时,张伯伦在国内的比赛总共售出一百万张票,而张伯伦已经得到了25万美元,这是一个比平均收入大得多的数字,甚至是最多的收入。这严重影响了刚开始实施的公平分配。那么这一新的分配不公平吗?每个人都为此感到高兴,这是自愿选择的结果,没有人因此沮丧。如果人们不被允许选择他们用他们的钱做什么,那么他们被赋予的首要权利是什么呢?自由选择行动对正义至关重要,而这种自由会破坏分配正义的任何模式化原则。

这个例子证明了什么?诺齐克用这样一句话来进行阐述:"现在还不清楚那些持有分配正义替代概念的人,如何能够拒绝持有公正的权利概念。"❶但是为什么他们不应该同时持有?诺齐克说,这表明,如果不去不断地干扰人们的生活,就不可能持续地实现任何模式化的正义原则。❷但除了极端共产主义理论家之外,没有人会认为他们最喜欢的模式可以或应该完全实现,更不用说持续下去了。通常的目标是减轻被视为不公正的现象,而不是彻底和永远地消除它。诺齐克主张最低限度的国家,反对福利国家。福利国家的理念在贝弗里奇勋爵(Lord Beveridge)关于社会保障(Social Insurance)和盟国服务(Allied Services)的报告中也有描述。它设想国家提供帮助,以满足人们维持生计的适度水平,鼓励人们通过自己的努力

---

❶ Nozick, *Anarchy, State and Utopia*, 160.

❷ Ibid.163.

达到这一水平。如果有人认为这是一种正义感,那么这种感觉既包括满足需求的共同责任,也包括改善个人状况的个人责任。第二个因素与诺齐克选择的行动自由不同,但它以这样的自由为前提,即任何闲散的人都不能指望得到国家的进一步帮助。

诺齐克并没有明确表示真正的正义仅限于他的权利原则和矫正原则,但这似乎又属于他的观点。他会因此给出什么理由?他也许会提醒我们,权利原则和任何模式化的原则是不相容的,威尔特·张伯伦的故事就证明了这一点。他可能会说,一个引导社会生活的概念必须是自洽的。毫无疑问,这是可取的。但是,对一个概念的真实描述必须与相关依据相一致,而相关依据是概念的实际使用方式。正义是一个复杂的概念,我们前面指出,价值分配原则和需要分配原则可能会相互冲突。因此,我们可以知道它们中的任何一个,或任何分配正义的原则,都可能与正义权利概念的某一方面相冲突。实际上,这是隐晦地认识到我对保守正义的权利的论述,可以通过改良的正义来进行修正。这种冲突并不意味着我们认为这些相互冲突的概念中有某些就不是真正的正义。如果两者都被用正义来描述,我们应该接受。

在价值原则和需求原则之间存在矛盾的情况下,有可能在正义的范围内首先对需求原则发出质疑,因为需求原则的产生相对较晚,并且其在表述上没有获得广泛的认可。这并不意味着质疑需求原则所主张的真正的德性(ethical character)。诺齐克认为,救助(relief of need)是一种善举,在这个意义上是一种德性,尽管他会对将其归入正义范畴提出质疑。我们经常面临着表面上的责任冲突,并且必须决定哪一个是最重要的。这是救助有需要的人和尊重既定权利（诺齐克称为权利）之间的矛盾。这种情况的基本特征是相同的，不论是否是出于善或正义才履行减少需要的义务，尽管将其归因为正义可能意味着更强程度的义务。不同的道德主张之间潜在的不相容性是人们生活的常见特征，没有理由说它不能发生在单一的道德概念范围内，也没有理由说它不能发生在两个（或更多）的概念之间。两个不同的善的观点或两个不同的正义的观点之间都会有冲突。权利原则与"模式化"原则之间的不相容并不是否认任何一种正义的有效性的理由。

诺齐克的主要关注点是为最低限度的国家提供一个方案。他只是考察了正义的概念，因为他认为社会正义的"模式化"原则被用来作为扩大国家职能的基础了。因此，他倾向于只考虑与国家有关的"模式化"正义，似乎忘记了公平观念被用于各种群体中的人们之间的关系。例如，若在家庭、学校或孩子自己的聚会中，分配好东西时歧视或者偏袒他人，孩子会抱怨不公平待遇。

诺齐克在某一时刻简要地提到了家庭。他说，社会正义"模式化"原则的激进主义者对待家庭有着矛盾的态度：一方面家庭的友爱联系被看作是一种应当模仿和扩展到整个社会的模式；另一方面它又被指责为是一种需要打碎的令人窒息的制度和一种妨碍达到激进目的的狭隘关心。

诺齐克强调，把在一个家庭中恰当和自愿承担的友爱和关心的联系，强行扩展到一个较大的社会中是不恰当的。爱是另一种也是历史的联系的有趣例子，它（如同正义）也依赖于实际发生过的事情。

需要说明的是，罗尔斯的差别原则在一个充满爱心的家庭中是不适用的，因为它会特别对待最不富裕（least well-off）和最没有天赋（least talented）的孩子，而忽略其他孩子。❶

上述论证也许在无意中表明，在充满爱的家庭里不会出现"模式化"正义。父母的爱的确会推翻分配正义的价值原则，从而更趋向于平等原则的范畴。事实上，父母的爱会受到正义的平等原则的修正。有时候一对父母爱一个孩子胜过爱另一个，就像雅各布（Jacob）爱约瑟夫（Joseph）胜过爱约瑟夫的其他所有兄弟一样，毫无疑问，在平等原则的范畴内从父母的偏爱中反映出来的正义的权利是居于次要地位的。正如罗尔斯的差别原则（difference principle），这是正义的需求观念的一种形式。一个充满爱心的家庭肯定会认为，最不富裕和最没有天赋的孩子的特殊需求会需要一定的偏袒。但我认为，如果这种偏袒阻碍到其他孩子，或者（诺齐克的阐述）他们毕生致力于以"最大化他们最不幸的兄弟姐妹的地位"为条件，那么这是不公正的。若同意这样做是不公正的，那么，如果他们有冲突的话，判定其他儿童的权利比判定处境不利的儿童的需求权利更重要。这并不意味着需求原则没有任何效用。

这就要求父母要采用一种适用于在群体中处于核心或权威地位的人的"模式化"正义。他或她希望平等地分配利益：这就是说，无论是价值还是特殊需求，平等原则没有任何理由进行歧视，并且平等原则的出现正是为了消除歧视。

---

❶ Nozick, *Anarchy, State and Utopia*, 167–168.

这种要求也许来源于诺齐克的大学老师：他有责任公正地处理他的学生们之间的关系，尤其是对学生的论文和考试授予分数或成绩时，首要的任务是必须遵守"按功绩分配"（to each according to his or her merit）的原则。他可能会说这种责任的产生是来自于他每个学生之间心照不宣的关系，而不是来自于正义的某个原则。但是，作为学生的主考人在授予学生分数或成绩时不能忽视这种相似的责任，即他没有特别地教某个学生或与某个学生有特殊的联系。

简言之，如果我们想要理解正义的概念，不应该把焦点仅仅放在国家的范畴之内。诺齐克没有理由限制正义的权利，也没有理由驳回除了"模式化"原则之外的任何东西。然而，诺齐克的论证的积极贡献在于，他澄清了我们所认为的正义的权利的特征：它具有历史性并且能够自由选择。

第 20 章　布莱恩·巴里

约翰·罗尔斯（John Rawls）的著作《正义论》（*Theory of Justice*）问世时，布莱恩·巴里（Brian Barry）成为其忠实的读者。当其他学者对《正义论》就两三个观点撰写文章或短评时，布莱恩·巴里写了一整本书，叫作《自由正义理论》（*The Liberal Theory of Justice*），这本书对罗尔斯的正义理论体系进行了清晰的梳理。然而，虽然布莱恩·巴里的观点大多都是具有批判性的，但是他也认可罗尔斯在《正义论》中阐释的关于正义的有价值的和重要的观点。从那时起，巴里潜心研究和思考他自己的理论并且在几年内完成了《社会正义论》（*Treatise on Social Justice*）。在此，他再次表明了对罗尔斯的称赞（比以往更甚）并且认为自己是罗尔斯的追随者，❶ 因为他认同正义的内涵就在于所有参与者在假设合同中达成一致。

当我在写作这篇文章之时，巴里出版了两部著作：第一部是1989 年出版的《正义诸理论》（*Theories of Justice*），第二部是1995年出版的《作为公正的正义》（*Justice as Impartiality*）。并且他即将出

---

❶ Brian Barry, *Justice as Impartiality*（Oxford:Clarendon Press,1995）,7.

版第三部即《正义原则》（*Principles of Justice*）和以收集整理个人随笔为主的第四部著作。巴里关于正义的核心观点的论述集中体现在第二部著作当中，我引用的一些观点主要来自他的第一部著作《正义诸理论》。然而这样的引用却不够充分，因为巴里出版的第三部著作在第二部的基础上针对一些简要的观点又做了更为详细的论述。事实上，巴里对其理论的积极阐述在第二部著作当中是相当有限的。到目前为止，第二部著作当中最好的部分是巴里进行了选择性的批判，即他反对作为公正的正义的观点。但是，自从巴里对公正进行阐释并且写了第一部著作之后，若仅从我对其的分析就忽视巴里的观点是不恰当的，更何况他的观点浩瀚不容忽视。但并不是规模越大越能体现其理论的本质，有时候精简的表述反而会更加易懂和更加具有说服力。

巴里的第一部著作《正义诸理论》并没有论述太多的理论。他主要论述了两个方面的内容，一是作为互利性（mutual advantage）的正义，二是作为公正的正义。它们二者的关系就像是为了获得认可而进行激烈竞争的竞争者。巴里认为互利的正义理论最开始是被柏拉图《理想国》当中的色拉叙马霍斯和格劳孔提出来的，霍布斯对此作了进一步的阐释，现代思想家休谟和大卫·高蒂尔（David Gauthier）也同样对此作了详细的阐释。巴里本人对此并不认同，而是以正义的另一种观点来看待公正。

把柏拉图《理想国》中的色拉叙马霍斯和格劳孔的立场描述为正义理论是有误导性的：我在第4章中解释过，他们的论点是关于一般正义和道德的更广泛的假设。用同样的话语来描述霍布斯也同样具有误导性：霍布斯确实最有力地恢复了色拉叙马霍斯和格劳孔的地位，但这一次是关于国家权威的一般假设。霍布斯对正义的具体概念也有明确的看法，我在第7章中已经讨论过，这与他的总体政治理论没有多少关系。和罗尔斯一样，巴里并不总是明确区分正义和更广义的正义概念。

巴里所讨论的两种正义理论，乍一看似乎与之不相称。第一种观点认为，互利是正义的目的，因此也是产生正义的动机。所谓的竞争对手——公正——自然被看作是一种不同的东西，即正义的主导原则。事实上，作为公正的正义的概念似乎根本不是一种理论，而只是一个显而易见的词语，除非它旨在将正义局限于这一特征。几乎没有人，即使是在互利理论的支持者当中，也不会否认正义需要公正，至少在法庭上是这样，也许大多数人都愿意同意公正是司法关注的焦点。巴里把大卫·高蒂尔称为"当代互利正义的捍卫者"（the contemporary champion of justice as mutual advantage）❶，实际上是将他的复杂的互利理论应用于整个道德，他认为道德的内容特别是正义的内容，是公正的和理所当然的。他显然不认为公正是互利的对抗者。

然而，事实证明，巴里给"公正"这一术语赋予了一种特殊的意义，当他将正义描述为公正时：他用它来描述任何符合罗尔斯提出的假设合同或协议类型的某种形式的公正理论。巴里自己的合同版本源自T.M.斯坎伦（T.M. Scanlon），他去掉了罗尔斯的"耻辱面纱"

---

❶ *Justice as Impartiality*, 42.Gauthier presents his theory in *Morals by Agreement* (Oxford:Clarendon Press,1986).

（veil of ignorance），并假设参与者的动机是"对合理协议的渴望"（the desire for reasonable agreement）❶。斯坎伦使用它作为一种工具来判断某一行为是否错误。巴里用"不公正"来代替"错误"，并认为这没有太大的区别。他介绍了他在早期阶段作为公正的正义对"公正"一词的独特用法：

一个正义的理论，使其变成合理的协议条款，我称为作为公正的正义的理论。满足其条件的正义原则是公正的，因为它们体现了某种平等：所有受影响的人都必须能够感觉到他们做得尽善尽美。因此，正义原则与在其他人不愿意接受的基础上提出的特权要求具有不相容性。这是因为，比如说虽然你会从建立的一种肤色原则中享受特权并从中受益，但你不能合理地期望这会被那些因实施这样一项原则而蒙受损失的人所接受。❷

引文的第一句晦涩地论述了巴里为什么要把正义当作公正，而不是把正义当作互利。这两种理论都为正义提供了依据。有人说，这一概念及其规则体系产生于所有人（或几乎所有人）都希望找到一种互惠互利的权宜之计。另一种说法是，它们至少可以产生并建立在所有将受到影响的人的"合理"协议的基础上。引文第二句使用"公正"一词，它旨在证明在第一句中给出的这种理论的名称是合理的。

在早期的第一部著作中，巴里更明确地解释了这两种理论在动机上的并列性。他们给出了另一个问题的答案，即"为什么是公正

---

❶ *Justice as Impartiality*，67.quoting Scanlon.

❷ Ibid.7-8.

的"?一种主张认为动机是个人利益,另一种主张则认为这是一种不求个人利益就能为自己和他人辩护的行为的愿望(这是一种纯粹消极的声明)。这部分引文还告诉我们:"由于正义的实质性,正义的动机理论必须同时成为何为正义的理论。"❶ 后来,巴里对第二种理论做出了积极的解释:因为它抛开了个人优势,这是一种"从公正的角度来看能被认可的东西的吸引力"(an appeal to what can be approved of from an impartial standpoint)❷。当巴里对斯坎伦修改罗尔斯的"原初状态"进行论述时,动机在作为公正的正义中得到了回应:契约的参与者"完全是由一种动机驱动的,这种动机在某种程度上对我们几乎所有人都有力量,即希望以能够为他人辩护的方式行事"❸。

为什么一个基于这种动机的契约理论应该被称为作为公正的正义理论呢?我刚才谈及,引文的第二句使用了"公正"一词,这是符合常理的,目的是证明第一句中给理论的命名是正确的。这样命名真的合理吗?第一句论述道,巴里使用"作为公正的正义"的名称,是指"一种理论(假设是任何一种理论),使其取决于合理协议的条款"。那么,互利理论就可以满足这个定义:格劳孔和霍布斯描述的社会契约为了相互利益而得到所有参与者的同意,并且正因为如此,才被称为"合理的"协议。我曾提及,格劳孔假说的主题比正义更广泛,但它当然包括正义。虽然霍布斯的社会契约不是关于正义的

---

❶ *Theories of Justice*(Hemel Hempstead:Harvester-Wheatsheaf;Berkeley and Los Angeles:University of California Press,1989),359.

❷ Ibid.362.

❸ Ibid.10.

共识,但巴里认为它是互利理论中最令人印象深刻的模型。当巴里分析霍布斯的作为公道的正义时,他引用霍布斯自己关于动机的合理性质的论述:"霍布斯的下一步行动是,通过听取法律意见,人们可以希望为自己做得更好。'理性主张和平的便利条款,人们可以在此基础上达成协议'。"❶

当然,我早些时候对巴里的观点的引用表明,他需要的不仅仅是公正的理论:他特别需要"某种平等",在接下来的论述中强调了"对所有人平等的坚定承诺"(a fundamental commitment to the equality of all human beings)。但是,协议只有在承认平等的情况下才是合理的,这就赋予了"合理"一词某种特殊的含义(借鉴巴里所论述的公正的特质)。当然,公正的待遇意味着平等待遇,但基于道德的相关的例外情况除外,不过这并不是唯一一种合理的做法。与逻辑的规则相比较,平等主义的正义原则通常被认为是合理的,但谨慎地追求自身利益也通常被称为合理的。

巴里在长篇引文中指出,受协议影响的所有人"必须能够感觉到他们已经做得和他们合理希望的一样好"(have to be able to feel that they have done as well as they could reasonably hope to),并且"你无法合理地期待[特权]被那些承受失败的人接受"。这就假定了对平等的承认。那么,格劳孔的社会契约的参与者并不期望或要求平等。但是,实力较弱的兄弟们接受了更大的权力,让少数人"觉得他们已经做得和他们合理希望的一样好",因为如果没有协议,

---

❶ *Justice as Impartiality*, 31.

他们的困境会更糟。霍布斯的社会契约承认了一种基本的事实平等——即能力——这意味着没有人可以被保证通过自己的努力获得支配地位,因此,达成一项授权即一个主权力量得到所有人支持和服从的协议是非常合理的。霍布斯还写到了一种规范的平等待遇,即"公平",这是由自然法规定的,并将"自然"义务强加给了主权者。霍布斯认为这适用于法律判决。在其他方面的政府行为显然没有受到影响,政府应该是君主制、寡头政治还是民主制,对霍布斯来说这是一个务实的问题,他认为君主制无疑最有可能成功地行使职能。君主制和寡头政治都包含特权,但既然最重要的问题是成功的政府所提供的安全,我们必须假设,霍布斯的社会契约的参与者(就像格劳孔的一样),会"感觉到这件事做得和他们合理希望的一样好"。

因此,社会契约可以是一种合理的进步,但不包括对平等的承认。在巴里后期的著作中,他提到了一个显而易见的事实,即正义作为互利的理论是基于社会契约的基础之上的,尽管他没有考虑到这样一个事实,即契约可以被恰当地称为一种合理的协议。他认为,作为公正的正义和互利正义,这两种理论都需要一个假设性的协议。

两者之间的分歧是这一协议的基础。就公平互利而言,这些条款应该反映双方之间的权力平衡,使每一方都有望从没有达成一致的预期中获得收益。就作为公正的正义而言,在权力关系不参与谈判的情况下,这些条款应值得自由接受。❶

---

❶ *Justice as Impartiality*, 210.

巴里的合理协议（reasonable agreement）的译本，阐述了一种亦被称为公正理论的契约理论，其有两项特殊要求：一是参与者应有品质保证；二是权力关系不应在谈判中发挥任何作用。这些特殊要求，尤其是第一个要求，是将公正性纳入诉讼程序的原因。那么如果是的话，社会契约又有何必要呢？既然参与者必须已经致力于平等，为什么他们需要订立契约才能将这一承诺纳入他们的正义概念？巴里的理论中的契约要素，无疑将在他随后对正义原则的阐述中发挥作用，但公正这基本的概念并不需要它。当他用"公正"来阐述该理论的契约性时，与其描述正义的基本原则形成了显著的冲突，但他掩盖了这种现象。

当巴里用"一级"（first-order）和"二级"（second-order）的公正性来区分他的两种公正意识时，这种晦涩的表达方式就变得更加复杂了，他没有解释为什么会使用这种表达方式。他对它们进行了简述：

作为公正的正义理论的要求是，能够在合理条件下寻求人与人之间形成自由协议的基础原则和规则。如果我们在这种情况下称公正为二级公正，我们可以将其与一级公正相比较，这是将公正行为纳入某条准则的要求。粗略地说，这里的公正行为意味着不受个人意愿的驱使。有一种情况往往是被称为公平的，即在类似情境下，你不能为一个人做你不会为其他任何人做的事情——但如果你是这个人而不是其他人的朋友或亲戚，就会被排除在相关的区别之外。❶

---

❶ *Justice as Impartiality*, 11.

巴里接着提到了公正的"两个层次"（而不是两种意义），并抱怨说，批判者常常把它们混为一谈，并认为"任何能够实现公正合理的原则必然是强制要求普遍公正的原则"。他在书中详细阐述了他的批判，并将其与威廉·戈德温（William Godwin）臭名昭著的论点联系起来：如果你只能从一座燃烧的建筑中救出一个人，你必须在菲内隆大主教（Archbishop Fénelon）和他的女仆碰巧是你的母亲（或者他的仆人是你的父亲或兄弟）之间做出选择，因为菲内隆对人类更有价值，因此你必须选择菲内隆。戈德温对"正义"（他指的是精神权利 moral rightness）持一种功利主义的观点，重点是他否认将亲属关系的特殊要求置于社会效用的一般要求之上的道德。巴里指出，公正的批判者错误地认为，正义的概念类似于戈德温的观点，其谴责了亲属关系或友谊的特殊主张，而不是公正的一般道德主张。我对那些持这种观点的批判者没有任何意见（虽然我不认为巴里所引用的所有评论实际上都是在批判作为公正的正义的概念）；但巴里对两种"等级"或"层次"的不公正的区分并不是纠正他们错误的有效方法。

我们想知道的是，巴里是如何在背离了平等的相关主张下论及公正的。亲属关系和友谊的特殊道德主张不属于一般的正义诉求。与之相反，有些道德主张属于正义的范畴，但却与平等相背离。应得就是一个明显的例子：一些人会增加需求，而其他人则不会。尽管方式不同，但两者都可能与平等有关，不过其所要求的即时行为是与平等背离的。

让我们首先回顾亲属关系和友谊的特殊主张。巴里告诉我们，公正意味着"不受个人意愿的驱使"（强调补充），朋友或亲戚并不是偏离一般规则的"相关区别"(relevant difference)。这意味着,当一个人以法官、公务员或教师的身份行事时,必须遵守公正的一般规则。巴里本人以法官的作用为主要例子,他说,偏袒"是将个人意愿纳入应以公开理由做出的判决"❶。然而,他意识到,当我们想到有关俱乐部成员资格的限制性规则或做法时,问题并不明确:这是公共的还是私人的?巴里还指出,父母在对待子女时应表现出公正,尽管他们不必因此而压制对某一特定儿童的特殊感情的每一个痕迹:养育子女是一种公共活动还是一种私人活动?无论如何,父母都是与道德相关的,因为他们在与孩子相处时,通常要从公正的态度出发。一个人对自己的孩子和其他近亲和朋友负有特殊的道德义务。这些并不是特殊关系的唯一义务:专业人员对病人或客户或学生负有义务,有对特殊帮助或利益的感激义务,有对与之密切相关的机构的忠诚义务。所有这些都与正义无关。如果它们中的任何一个与正义要求发生冲突,就必须做出优先判断,就像在任何道德要求的冲突中一样。

与这些特殊关系的义务不同,应得的道德主张作为不平等待遇的相关基础,并不违背正义的要求。巴里是公正地把它包括在内,还是把它看作是一项单独的公正原则?有些人会把需求放在同一位置上,而另一些人则不会。想必这些问题将在巴里的第三部著作《正义原则》中进行探讨。然而,令人惊讶的是,一本专门讨论作为公正的正义的著作尽管提到了造成不平等的相关因素,但是竟

---

❶ *Justice as Impartiality*, 13.

然对"应得"这个概念只字未提。巴里曾在一处简略地论述过罗尔斯的"差别原则",特别是对"最少受惠者"的考虑,并告诉我们,他将在第三部著作中阐述他自己的观点,将与罗尔斯的原则相当接近。❶

正如他自己所说的那样,巴里的"一级"公正性是该术语的常识概念。他的创新之处在于增加了二级用法。这是一个完全不同的含义,因此令人困惑。它代表一种特定形式的社会契约,在这种契约中,参与者必须对平等有事先的承诺。我曾说过,这种承诺意味着他们已经接受了履行"一级"公正的义务,那么为什么他们要以社会契约为基础展开论述呢?巴里自己也或多或少提出了相同的反对意见。

可以说,在我使用它的方式中,斯坎伦主义的阐释不过是一个讨论什么是公平的工具,而不是一个基本上平等的公平的概念。我不认为这是一种颠覆性的批判。我并不是假装什么都没有得到:你得到的是你投入的东西。然而,运用斯坎伦主义的阐释有两个原因:其一,"这公平吗?"这句话被解释为"它能被合理地拒绝吗?"其二,斯坎伦主义的方法展现了我所提出的关于公正的情境的观点。❷

第二个原因涉及一个我将在短期内讨论的话题,巴里对正义与善的关系的看法。那么关于他的第一个原因呢?第一个原因对公平概念给予一些启发当然是有帮助的。我们所有人,包括很小的孩子,都明白"这公平吗?"(还有"这不公平""这公平"之类的说法),

---

❶ *Justice as Impartiality*, 95 n.

❷ Ibid.113.

但我们发现很难准确地说出这个小词的含义。但是问题真的被巴里的新措辞所阐释清楚了吗？我不认为是这样。在我看来，改写后的版本所涵盖的范围似乎比原来的更广，相当于"它在这个意义上可以接受吗？""它值得接受吗？"公平是接受（或谢绝、拒绝）建议的行动方针的一个好理由，但不是唯一的理由。另一个很好的理由是有益的后果（或者没有不利的后果，或者是好与坏的整体平衡）。重新措辞的版本没有理解公平的具体概念，这一概念必须与所提出的实践效果相关联，通常是对受影响的人之间的比较，而不是提及这些人对建议的反应。在第18章中，我认为罗尔斯阐明了公平的概念，因为他表示同意接受每个人相互竞争的自利目标是公平意义的重要组成部分。正如我所指出的那样，罗尔斯的这种见解是指效果和比较，而巴里的阐述中没有。

现在我来谈谈正义和善之间的关系。在《作为公正的正义》的开篇，巴里写了本书的两个主题。一是厘清"两个不同角色"的概念，二是"作为公正的正义的一项关键任务是在相互冲突的善的概念之间进行调解"❶。这两个主题是巴里正义理论的独特的基本特征。我之前的讨论涉及这两个主题中的第一个主题，其中"一级"公正是对"常识理念"的一种非争议性描述，而"二级"公正则是该术语的新用法。我的结论是，这种新用法是无益和具有误导性的。第二个主题在序言中被描述为"极具争议性的特征：声称（正义）在某种意义上在不同的善概念之间是中立的，从而为持有不同的善概

---

❶ *Justice as Impartiality*, 11,12.

念的人之间达成协议提供了公平的基础"❶。

在当代的思想家中,尤其是精通实际政治(down-to-earth politics)的思想家中,发现多少有些过时的术语"善"有点令人惊讶。人们会认为"善"的概念,必须是指一些人对事物本身或他们认为最有价值的事物的看法。巴里在某处写道,他把某件事情看作是"美好生活的重要组成部分"❷,但更常见的是,他用"兴趣和关注"来代替"善"。他告诉我们,公正的概念是"不特别重视代理人的利益或关切,而是以同样的方式对待所有利益或关切的概念",而不公正概念"则更重视代理人或与他有联系的人的利益和关切,而不是其他人的利益和关切"。他补充道,"公正论"不必局限于人类的利益和关注。它可以是以人类为中心的,局限于人类的善,以动物为中心,涵盖所有动物的善,或以生态为中心的,赋予自然整体的价值,无生命的和有生命的。❸

关于某些善的概念的冲突,巴里认为,正义作为公正的目的是为了找到他们之间的某种方式来进行裁决,而这种方式可以被公认为是公平的吗?❹巴里主张中立的理由如下:作为公正的正义在于"人们渴望与他人达成协议,但却没有人能够合理地拒绝"。因为所有这些概念都具有内在的不确定性,所以其并没有善的概念。❺因此,我们必须让每个人自由地遵循他所喜欢的善的概念。

---

❶ *Justice as Impartiality*,p.ix.
❷ Ibid.82.
❸ Ibid.20–21.
❹ Ibid.82.
❺ Ibid.168–169.

巴里以宗教崇拜的自由为例阐述了这一问题，然后又为双方自愿的性关系进一步添加了例子，尤其是考虑给予同性恋者与异性恋者平等的自由。他把这两个例子结合在一起，因为他认为宗教信仰自由（包括拒绝宗教信仰的自由）和性关系的自由在大多数人的美好生活观念中都是至关重要的。在过去的政治思想中，人们在宽容的基础上讨论了宗教的例子，也就是说，不管它是否被批准，它都可以自由地进行活动。在有关同性恋关系的讨论中，确实也有类似的问题。

为什么巴里认为这两个例子都是正义的问题？这是因为平等自由的有利解决方案对各方都是公平的。确实如此，但这没有抓住要点。其主要关注的是自由，而不是公平。自由的参与对形成美好生活至关重要，对于人的个性的发展至关重要。贫困群体知道他们缺少的是什么，而这正是让他们感到不安的原因。与更幸运的人比较确实会增加他们的怨恨，但这并不是造成他们不满的核心因素。假设一个统治机构通过禁止所有人的宗教活动来消除不公平，我们会认为这充分考虑到了构建美好生活中的一个关键因素吗？公平的确出现在巴里的例子中，但这并不是首要的考虑因素。所谓"作为公正的正义其目标是找到某种方式来进行评判"，在对善的相互冲突的概念之间进行裁决是贬低了正义的作用，并败坏了这个理论。无论如何，所谓的裁决并不难找到。这显然是对所有案件的简单判决："毫无异议，所有对善的概念都是不确定的：让它们都继续下去——并继续处于冲突之中。"巴里讨论的第二个主题是零散琐碎的：

山峰呻吟着生产，却诞生了荒谬的老鼠。（Parturient montes, nascetur ridiculus mus.）

在我看来，巴里的正义理论没有达到预期，因为他把注意力集中在动机上。他并没有说对相互冲突的善的概念的裁决是正义的唯一目标，尽管他似乎认为这是最重要的。他还描述了作为公正的正义的起源："我努力解释，作为公正的正义的概念是如何成为一个难以解决的问题的解决方案的——这个问题……是由无法合理解决的善的冲突造成的。"❶ 这让我想起了我在一开始的时候对巴里的看法，即将作为公正的正义与作为互利性的正义相并列：他认为每一种性质都源于它的起源。

在他的第一部著作《正义诸理论》的末尾，巴里对正义理论进行了有效的批判，他问道，除了把自身利益作为公正行事的唯一理由之外，还有什么可以替代的呢？他的回答是这样的："正义被第二种（不感兴趣的）方法所理解，这本身就是做这件事的一个很好的理由。动机的目的是想要公正行事（the motive is the desire to act justly）……"这是无可非议的，但也是不具启发性的，巴里试图使动机更加明确。

> 动机的目的是想要公正行事：希望自己的行为方式能够得到公正的辩护……我的意思是，希望能够公正地为我们的行为辩护，这是人性的一项原始原则，也是在人类正常生活条件下发展的一项原则。❷

这仍然是毋庸置疑的，但可以理解的是，在普遍的观点认为动机必须是自利的情况下，巴里希望它变得更加清晰。几页之后，他

---

❶ *Theories of Justice*, 111.

❷ Ibid.363-364.

又提出了一个新的想法:"假设他们(合同双方)在理想的假设条件下,寻求一种原则去达成协议就没有人能合理拒绝"❶。这一观念留到了《作为公正的正义》中;如果我没有看错,原本干巴巴的论点"动机就是践行正义的欲望"并没有论及,尽管毫无疑问这还需要加以理解才行。在本书前文与本章前面的引注中已经出现的一种替代方案是认为相关的动机就是"有捍卫他人行为的欲望",而动机就是说"在一定程度上对我们绝大部分人都产生作用"。❷

在我看来,这种观点是错误的。动机是促使一个人采取行动的欲望或想法。如果你要问一个对他人行使权力的人(或以类似的立场),为什么他或她的目标是公正,答案很可能就像巴里最初的论述,"因为它是公正的"。现在假设你继续追问下一个问题:"那么,你的动机是想按照商定的原则行事,而没有人能合理地拒绝吗?"(或者"你的动机是,想要采取可以为他人辩护的方式吗?")这个问题肯定会遭到令人惊讶的抗议,比如,"这和它有什么关系?我从来没有过这样的想法"。如果这个想法从来没有在他或她的脑海中闪现过,它就不可能是动机——除非巴里向我们灌输弗洛伊德关于无意识动机的概念;但这将使他或她的假设协议毫无意义,这也会削弱他对对方理论的批判,即动机总是自利的。

我并不是要否认公正的行动实际上可能符合巴里的公式。我的论点是,这些公式并不代表代理人的动机。巴里关于公正的描述的问题在于,它是根据代理人的动机而不是为被代理人决定影响的人

---

❶ *Theories of Justice*,370.

❷ Cf.n.7 above.

的预期结果而制定的。我认为这是因为巴里对罗尔斯的社会契约印象深刻,但对其具体形式做出了批判,取代了另一种形式,同时保留了合同或协议的总体思路。因此,他把普遍协议作为其著作(所谓的"第二级")的本质,且不是单纯地关注公正的常识概念("第一级"),而是关注通过公正的行动所给予的待遇。

第21章　公平

从我的历史研究中能够得出什么？当然，这种研究是有限制的，需要谨慎对待。我从一开始就说明了，这将是有选择性的，并且这种选择性一定程度上取决于我对已发生事件的兴趣。植根于犹太基督教和希腊文化中的西方文明，也会对其加以限制。对其他传统的关注或许会揭露正义与其相关概念的区别。就像我在伊斯兰刑罚程序传统中提及的那部分人，在过去，我已经读过有关氏族社会的人类学书籍，无论是在伊斯兰、部落思想还是西方传统中，正义的概念都具一定相似性。因此，在我研究正义概念时，忽略对伊斯兰和部落思想的研究并不算是重大失误。然而，我无法忍受关于佛教或其他亚洲宗教的类似的安慰性假设，因为我对此主题一无所知。到目前为止，关于西方传统主要特征的记载在国际法中获得近似普遍的认同；如果我们企图从过去了解未来走向，西方传统无疑是一个好地方。

另一个警告来自具体的思想家的预言，除了第1—3章和第6章以外，本书一直关注某些哲学家的思想。他们得出结论之前，竭力叙述普遍的正义观念，而其他人只是宣传他们的个体信念。我们不认为系统理论的显著变化能反映民众理解的变化；但是，如果这是一个影响了几个理论家的变化，那么它很可能会在适当的时候发挥更大的影响力。

正义是一种特殊的概念，与一般的道德相区别，显然，这始于作为法律的指导原则。因此，它与希腊早期思想中的稳定秩序有关。正义似乎与违反法律的惩罚有特殊联系，即扰乱公共秩序。惩罚的心理根源在于，人们故意伤害他人时，自然产生的怨恨和报复冲动。但是，这丝毫不能证明下面这个观点是正当的，即通常由满足刑罚正义而做出的控告只不过是复仇欲的表达而已。相反，刑事司法制度以一种非人格、冷酷、痛苦的经历，取代了个体报复，从而制止了混乱。

惩罚的理念与奖赏相匹配，但在法庭的活动中（如果可以）却很少有奖赏。赏罚有着心理上的渊源：感激受到的恩惠是对伤害造成的怨恨的天然模拟。与冲动报复相伴随的怨恨，显然与直接获益不匹配，相反，感激之情产生了一种渴望在未来报答的责任感。惩罚与奖赏非常相似，因而被归于道德思想的应得标题之下，这是一个关于正义和公道的指导原则。这也许是历史上的第一条原则，而公平原则紧随其后，与其并驾齐驱，因为取代个体报复的法律程序，意味着以公正取代党派。在早期《圣经》中，宣称追求正义，禁止偏袒。

然而，公道与平等并不是同一的。避免偏袒，即忽视不相关的不平等，也就是说，除了应得不平等之外的不平等：一个人决不应尊重富人和伟人的财富和权力，决不能同情穷人和弱者的需要和脆弱；尊重和同情存在被认可的行动动机，但不能称为公道。公道不考虑不平等（除了应得），所以平等地对待同等的事物和不同等的事物是一样的，但至少从表面上看，他们在一般意义上并不具有同等的价值。

在正义方面，强调平等似乎始于亚里士多德。就我目前所掌握的《圣经》来看，我没有发现任何与平等的正义（Justice with equality）相关的概念。在埃斯库罗斯的《奥瑞斯提亚》❶ 中，涉及过一些关于民主投票的正义，因此，正义或许具有普遍性，但没有明确的平等性。在亚里士多德看来，正义与平等的关系是牢固且突出的。他建立在这样一个事实上：希腊人用他们语言中的"平等"来表达"公平"的概念，这表明他们看到了正义与平等之间的联系。亚里士多德夸大了矫正正义❷中所谓牢固的平等，即违法者的获得与受害者的损失之间。在他关于分配正义❸的叙述中，他又扩展了平等的概念，将依照不同价值进行的不平等❹分配包括在内，称为"比例平等"❺，因为利益的差异与价值的差异成"比例"。然而，他的确在观察民主的正义理念时表现出洞察力，这一理念与贵族政治和寡头政治不同，它与真实的平等(他称为算术比例)联系在一起。此外，这一观察证实，

---

❶ [古希腊]《古希腊悲剧喜剧全集——埃斯库罗斯悲剧》，译林出版社，张竹明、王焕生译，2007年版。埃斯库罗斯的三联剧《奥瑞斯提亚》，由《阿伽门农》(*Agamenmnom*)、《奠酒人》(*Choephori*)和《报仇神》(*Eumenides*)组成。——译者注

❷ 文中 corrective justice，同 rectifying justice，本书原文第5章第49页，"corrective justice"一词拉丁文为"diorthotikos"，意"扳直"，出自亚里士多德。中译本《尼各马科伦理学》译"矫正的公正"；《牛津法律大辞典》和博登海默《法理学——法哲学及其方法》译"平均的正义"；波斯纳《法理学问题》译"校正正义"；夏勇《人权概念起源》一书中有"纠正的正义""补偿的正义"的提法。——译者注

❸ 古希腊哲学家亚里士多德将正义分为分配正义、矫正正义（compensatory justice）和回报正义。分配正义涉及财富、荣誉、权利等有价值的东西的分配，在该领域，对不同的人给予不同对待，对相同的人给予相同对待，即为正义。——译者注

❹ 作者在此强调"不平等"。——译者注

❺ 比例平等原则，是处理不平等情况的具体原则要求，体现了价值的总原则。——译者注

正义或公平的概念并不一定对所有受影响的人产生同等信仰价值。我们可能还记得，在陪审团制度中，受到与自己地位相同的人的审判，曾经意味着贵族（地位高的人）和平民有不同的程序。正如佩雷尔曼所说，正义所要求的平等待遇，是所有成员在一种"必要范畴"内。

当然，把人类看作是一个类别是有可能的，在这个过程中，这一类别与人的权利，即后来被称为人权的概念联系在一起。正是由于埃莉诺·罗斯福（Eleanor Roosevelt）❶担任联合国人权委员会主席，负责恢复人权并使其生效，名称得以改变。来自一个愚昧国家的代表相信，所谓人的权利意味着男人的权利，而不是女人，而罗斯福夫人马上就把那个想法推翻了。现在，人权被视为国际法的一个关键概念，也是向各国提出要求的基础。当然，自由权和平等权在人权中是突出的，正如18世纪人权概念中所强调的那样；既然国际法是宣传国际正义的工具，我们当然可以说，现在法的概念意味着尊重人类平等。

亚里士多德的发现之一与此相关。这进一步说明了他关于民主投票意见的想法，尽管他倾向于贵族政治。但是，将平等和友谊等同于正义是敏锐的。他说，正义和友谊取决于双方之间的平等感，奴隶主的极度不平等并不排除这种关系，虽然人与人之间是简单的平等，因此，主人可以是奴隶的朋友，而奴隶只有摆脱奴隶身份时，才能成为主人的朋友。然后，他补充说："只有公民在平等的条件下

---

❶ 指美国第32任总统富兰克林·德拉诺·罗斯福的妻子——安娜·埃莉诺·罗斯福。——译者注

具有许多共同点,民主国家才能存在很大的友谊和正义空间。"❶

最初,正义观念包含两个要素,即应得的要求和公道的实践。经过相当长的一段时间后,思想家们补充了第三个因素,但遭到质疑,并且未被普遍接受。当然每个人都认同,并且总是认同,救助❷是一种强大的道德义务;意见分歧仅存在于,在正义标题下对这一义务的分类上。这样做的人们,毫不犹豫地认为,资源分配的"公平"包括对需求者的特殊帮助。但是,他们中一些人将公平、正义的特殊性质部分标记出来,将其归于"社会公正"。该术语的使用不仅将道德与法律正义区别开来,而且还承认道德正义的传统概念不包括救助:它最好划分为慈善的义务或善行。

19世纪社会正义的发展,"各取所需"并不是全新概念:这是斐洛❸学说、奥古斯丁、彼得·隆巴德和阿奎那学说的复兴,即帮助穷人和有需要的人是正义的要求,这种学说也许基于以赛亚❹和耶利米❺的单独陈述。尽管一般《圣经》的先知强调帮助有需要的人的义务时并未提出正义。事实上,这种复兴并不需要等到19世纪。里德于18世纪提出这个观点,他的论点立足于神学。里德把家庭、人类与家庭类比为上帝的家庭,提出既然正义要求家庭满足不能为自己谋生的成员的需求,那么"正义与慈善"同样要求"上帝的大

---

❶ Cf.Ch.5 above.

❷ the relief of need 译者翻译为救助。——译者注

❸ 斐洛·尤迪尼斯生于公元前30—40年,亚历山大里亚学派犹太人宗教哲学家。——译者注

❹ 以赛亚(Isaiah),《圣经·旧约》中的人物,是《以赛亚书》的作者。生活在公元前8世纪。在其生活的年代以先知的身份侍奉上帝(耶和华)。——译者注

❺ 耶利米(Jeremiah):《圣经》中的人物,公元前7和6世纪时希伯来先知。——译者注

家庭"❶。在这个论点中使用"正义"一词是值得怀疑的:人们自然不会说,家庭对无助者存在义务是正义的问题,它们的义务关系具有特殊性,正因为如此,它不能等同于对人类的一般义务,因为特殊性会消除其地位。里德认为,对有需要的人的帮助是一项严格的责任义务,而不是一种自由裁量权。我们应该记得,克鲁泡特金持有相同的观点,他认为需求来自普遍人性而不是正义。就像里德一样,论及此方面正义的人,毫无疑问地,试图表明与慈善相关的自由裁量权与严格义务之间的对比。我认为作为形容词"社会的"也有相似因素:离开自由裁量权的帮助不足以满足需要,因此,必须将义务分配给整个社会。这就是克鲁泡特金在其对未来的展望中提到的。

为了宣布救助是一项严格的义务而转向正义概念,这是不必要的。与里德不同,大多数人在承认特殊关系的严格义务时不讲正义,如对家庭、朋友和亲密的同事的义务,或者保持信心、承诺、合同,避免欺骗的义务。我们并不是说这些事情是因为公正、公平和义务,而是他们通过自己的特殊本性来传达义务感。为什么我们不应该考虑帮助穷人的同样的义务呢?所谓公正、公平的关键点是什么?

是否能准确定义公平,以便理解为什么它已被运用于救助?"公平"是什么?界定公平的外延是很容易的,人们或许会用这些词来描述公平:回报性应得;公道(包括完全不考虑歧视理由的平等对待)。然而,令人不解的是对穷人的特别帮助。这就是我在本章中描述的内容。但是,这个词的内涵❷是什么?它作为一个概念的含义

---

❶ *Active Powers*, V.5 [Thomas Reid, *Essays on the Human Mind*(Edinburgh,1808),iii.432]。
❷ 作者在此强调"内涵"。——译者注

是什么？这能够使我们恰当地将其运用于上述事件，处理这个问题非常困难。

虽然我经常提到"正义"和"公平"，似乎将二者等同一致，但是它们不是同义词。在法律上，正义的概念有别于平等，而相当于公平。"正义"除了被用来指法律制度本身之外，在法律中，还有一个明确的作为用途的正义概念。正义规定了严格的规则，并通过平等来限定。公平❶不是死板的：正如亚里士多德所言，公平像铅一样具有可塑性，可以根据特殊情况调整。道德话语中的正义与公平的关系并不是那么清晰，但也存在一种概念的线索，即正义限制在严格的规则内，而公平则更为自由。这使得公平在法律上似乎更有吸引力；然而，在严肃的问题上，严格的正义比公正更具优势：如果我们把它描述为违反公平或平等，"审判不当"似乎就不那么可恶了。我们说的是正义战争，即符合某些类似法律的标准；这个表达式是阿奎那拉丁语的翻译，而不是母语。但是，如果要用正义战争来替代"公平的战争"，听起来就有些奇怪，甚至很轻率。"情场如战场,任何手段皆可行"❷，显然与被禁令所限的正义战争相悖,在"公平战斗"中打败别人，意味着成功取决于战斗技能而不是借助外力。

"公平战斗"类似于"公平游戏"。我们也谈到了公平竞争和公平领域。在此语境下，用"正义"代替"公平"，将无法抓住两者的细微差别。我认为，因为两者存在差别。公平是为每个人或所有相

---

❶ 公平（equity），麦金泰尔进行了辞源上的考究："èpieikeia"通常被译为"公平"（equity），也有译者翻译为衡平。——译者注

❷ All's fair in love and war，谚语：寓意在某些极端情况下可以不择手段。——译者注

关者提供相同的规定。正义，公平并不总是适用于以下情况：正义的惩罚与罪行相符。你可以这样认为，它可以同罪行和或轻或重的惩罚相对比，但它没必要和同一罪行的惩罚进行对比。如果对比的结果是处理结果不同，我们说这种差别是"不公平的"，我们可以合理地添加或替换"不正义"一词,但这种比较并不需要首先描述惩罚。

正义和公平之间的内涵差异不仅表现在语言使用上，而且对我们的使用感受也有差异。关于公平或不公平情况的判断，当然，表达出来就是赞成或反对，基于思想和感觉的心理状态。在我看来，公平与不公平的感觉有一个细微差别，可以通过这种感觉的差异来判断公正与不公正。此外，判断回报性应得和不考虑歧视理由的平等对待是公平的，就是这一特殊感受。（我说的是诚实独立的判断，而不仅仅是惯例。）我想知道，为什么我们对两种截然不同的情况有同样的反应？当然，人们也可以问同样的问题：帮助穷人的公平性(具有争议）。我认为那些反对把救助列为公平的人，确实经历过不同的感受；无论如何，这是由他们在表达自己的判断时所表现出来的激动情感所暗示的。

这就不难解释为什么要把具有特殊情感的公平的理念运用到救助上。穷人处于弱势，也就是在社会关注的人民大众的幸福感水平之下。既然平等已经被认定为公平的一个因素，那么，明显的不平等似乎是不公平的，减少平等的行为可被认为是针对公平。区别赞成与反对将救助视为正义义务的界限在于，帮助贫困者的主要动机的不同：你可以认为，这是为了减少贫苦劳动之下的明显的不平等，或者可以说是为了减少他们的痛苦。那些专注于不平等的人应该一致认为，通过减少富人的不平等，征收其高于正常的税收，同样也是公平或社会正义的要求。

将救助归类于公平，显而易见，它吸收了公平的平等原则。这就可以解释为何将回报性应得这一旧元素与平等对待相提并论。人们可以理解为什么这两个要素都是道德要求，但为什么被归为同一概念：为什么我们在两个完全不同的事物上体验到同样的公平感（或者两件看起来完全不同的事情）？

这可能是因为他们都回答了传统法律定义的正义，即给予每个人应得（对自己的一个合理的理解），这一定义不区分公平感和不公平感，其具体感受（满意的赞同和不满意的抗议）通常来自正义感。即使我对公平的细微差别的观点存在争议，从法律和道德层面来看定义过宽，因为"给予每个人应得"可适用于司法领域之外的各种道德义务，如尊敬父母、诚实守信。

也可以说，功利主义者认为，回报性应得与平等待人在促进公益上是相同的。因此，在功利主义命题中，除了平等原则之外，所有正常行为原则都是正当的。一个善行可以增加公共利益，虽然不会是全部利益，但是回报性应得得到认可。但这并不能解释它为什么被归类在一个局限于平等待人和救助的特定的概念之下。

密尔没有采取特定的功利路线。正如在第12章中，他因应得与公道、平等之间的关系而感到困扰，提出的建议之一就是将公道作为应得的关于报偿的特殊情况，平等地善待所有应得到平等善待的人。有一种想法是，如果我们对应得的差异一无所知，那么我们应该假定不存在差异。我对这一观点持批判态度，因为这实际上并

不现实，虽然我们理所应当地认为缺乏相关认识的歧视是不公平的，但是，不公平不能停留在我们明知是错误的伪装上。❶

亚当·斯密关于"公平竞争"观点更为有趣。正如他的伦理学一样，旁观者想象自己处于当事人的处境之中，去感受同样的情绪。他说，如果竞争者试图通过能力之外而在相关活动中获取优势，例如，在竞赛中冲撞对手而不是简单依靠跑步能力，观众不会对他自私的动机产生同情。

此人对他们来说，各方面都很好，他们不是自爱❷，因为他爱自己胜过爱他人，且并未伤害到他人。因此，人们很容易因受难者的怨恨而产生同情，罪犯变成仇恨的对象。❸

斯密认为，在这一情况下，不公平的判断是一种非应得（ill desert），并且建立在假定的平等之上。这不能适用于全部的非应得，因为并非所有事例都违反了公平竞争。在合适的地方，应得与平等的结合确实具有说服力。它的另一个优点是，公平的判断并不总是为了利己。在第18章中，我与罗尔斯观点一致：认为将利己视为每个人的目标，是我们所称为公平的内涵，但是，我们最好谨记，这不是事件的全部。正如我当时所言，即使是小孩也会想到公平地对待他人与自己。

亚当·斯密对应得与平等的另一种联系给出了类似的解释：公平要求惩罚与罪行相匹配，因为旁观者的同情应与受难者的怨恨相

---

❶ Cf.Ch.12 above.

❷ 亚当·斯密在《道德情操论》的第三篇《论已经形成的有关赞同本能的各种体系》中，将自爱、理智和情感归为赞同本能的三种不同的根源。——译者注

❸ Adam Smith,TMS II ii.2.1;p.83.Cf.Ch. II above.

对应。他将旁观者与受难者的感情相联系，因为他把所有的道德判断视为旁观者同情的反映。但无法真正解释关于公平的具体道德判断：这能够解释为什么与受难者的怨恨相匹配的惩罚在道德上是正确的，但是无法解释为什么对犯罪的惩罚在匹配意义上和数量平等上就是公平。毕竟，自然感受的愤怒往往会促使受伤的人更加努力地反击。公平、公正的惩罚类似于以牙还牙，这与愤恨驱使的强烈反应和宽容驱使的温和惩罚相区别。

这种特殊的平等或许就是回报性应得与公道之间的联系，以此将两者纳入公平的概念之内。回报性应得的公平是一个人所做善恶的对等报应，即以牙还牙。在实践中，施恩者往往是不受奖赏的，而仅仅是得到赞美；但是，当宽容缓和了正义，那么对罪犯的惩罚就会降低或取消。另一方面，为了对公众加以警示，惩罚或许还会"加重"。但是，这两种行为的基本的公平回应是，当事人受到的对待应与其所作所为对等。这解释了奥瑞斯提亚的公平思想。在亚当·斯密关于正义的讨论中，亚里士多德事实上并未提及回报性应得，❶但是如果亚里士多德注意到这个方面，或许会使用平等，正如他关于正义的其他方面的论述。

以上关于公平的三种理论的共同点表明理论家对某类平等的关注。这也许可以解释古希腊人为什么用"平等"这个词来表达公平的观念，还有罗马人为何继承正义 ❷（衡平法由此产生），所言之中就

---

❶ Cf.Ch.5 above.

❷ aequitas（genitive aequitatis）是拉丁文中的正义、平等、从众、对称或公平的概念。它是英语单词"衡平法"的起源。——译者注

说明了具有公平的独特内涵的正义。我们从亚里士多德的论述中可以看到，他用"平等""公平"来区分道德正义、法律正义。而衡平法❶中的协调原则在古希腊文中用不同的词来描述，否则就是作为适合的一般含义。希伯来《圣经》中除了正义之外并未提到有关公平的任何词汇。与现代语言相比，公平本身（如希腊语 *dikaiosyne*）与广泛的正当道德概念差别不大。后来希伯来人通过改变在"正义"这个词中的元音来创造一个公平的词。在其他现代语言中，法语、德语和意大利语都将"正义"充当"公平"，法语提供了另一种选择：公平（*équitable*），但是公平（*juste*）使用得更为普遍。英语中的公平则不同。根据《牛津英语词典》，这个词的最早记录的例子是美妙的感觉（当然还在使用中）。其他含义由此引申：通常是令人愉快或理想的；明亮的或浅色的；无瑕疵的，没有道德缺陷；更具体地说是没有偏见或不当得利，也就是公道。

"公平"回报性应得层面的平等与平等待人层面的平等是不同的。在同一公平概念下对这两者进行分类是否有实际价值？例如，这是否有助于判断矛盾性义务的相对优势？索取需要与索取应得相矛盾，如果救助被认为是仁慈的要求，那么回报性应得被认为是公平的要求。我们无法一般性去比较这两种要求。如果他们都被归类为公平，我们可以认为是在一般意义上加以比较吗？如果共同元素相等，那么两者是相同的，但事实并非如此；你无法估量善的回报

---

❶ 衡平法（equity），是英国自 14 世纪末开始与普通法平行发展的、适用于民事案件的一种法律。英美法系中法的渊源之一。它以"正义、良心和公正"为基本原则，以实现和体现自然正义为主要任务。同时，衡平法也是为了弥补普通法的一些不足之处而产生的。——译者注

与违背理想平等（救助需求目标下的基本幸福）的恶。将公平划分为两种功能——平等待人和应得，我看不出有什么实际的价值。我只能假设这种并列是历史的结果。两者在法律程序中都有一个明确的点，这个点就是正义概念首先使其自身感受到；当道德正义的概念作为其本身概念出现时，它会保持住并产生联系。这些元素构成法律正义的内容。

第 22 章 不断发展的正义角色

探寻正义的历史渊源有助于我们理解正义角色的发展。我提到过，正义既有保守的一面，又有革新的一面，西季威克将后者描述为使理想的正义概念生效。历史研究表明，理想的概念不是静态的：它在经验的基础上不断扩充，成为伦理思想更普遍发展的部分。其保守的一面也不断发展，不仅在改良的正义中不断被改变，也使它原初任务变得清晰。我从此处开始谈起。

在埃斯库罗斯的《奥瑞斯提亚》中，我们两次听到"谁的行为谁忍受"❶这句格言。首先是在《阿伽门农》的副歌中：它像宙斯的统治那样长久。然后，在《奠酒人》中：它被称为古老的谚语。这是一种事实陈述还是一种规范？我们是否可以理解为：我们所采取的行动是世界运行的方式？或者说这是一种道德需要？前一个是指宙斯的统治，表明它是一个准则，一个神圣的命令，就是我们现在所说的（科学的）"自然法则"的一种表达方式。后一个是指古老的谚语，更容易被理解为人们在经验基础上的事实陈述。或许，我们

---

❶《古希腊悲剧喜剧全集——埃斯库罗斯悲剧》，译林出版社，张竹明、王焕生译，2007 年版，第 398 页。——译者注

不应该在这两种解释之间分清界限：两种场合的合唱都在描述世界上发生的事情，并假定世界上经常发生的事情是由于众神的意志。在三部曲的其余部分，奥瑞斯提亚和复仇女神认为，为被谋杀的亲属复仇是一项义务，这是理所当然的。

报复的冲动自然而然地成为人类心理的构成之一。如果将其付诸实践，它就成为约定俗成（经常发生的事）意义上的"规范"。约定俗成通常是早期法律的主要来源，习俗意义上的规范与道德要求意义上的规范是相同的。在这一方式的引领下，正义的概念表达了维持社会稳定的道德要求。因此，早期的正义所传达的——谁的行为谁忍受，可以理解为：你所做的会反映在你身上，这是应得的。

现在许多哲学家们热衷于休谟的"应当"（ought）不能从"是"（is）中派生出来这一观点。然而，休谟对这一问题的讨论是一节题为"道德的区别不是从理性得来的"的内容，他用来描绘"是"与"应当"用的词是"演绎"（deduction）❶。我想他是故意的。休谟批判了萨缪尔·克拉克❷（以及可能的其他思想家们），他们竟试图从关于"事物的本质"的事实真相中，为基本的道德义务提供演绎性证明。❸ 休谟批判的是，不加任何前提条件地对一个术语进行演绎推理而得出的结论，是绝对错误的。但是，基于暗示因果解释❹意义的事实上的规范的"产生"，休谟并不否认其可靠性。休谟关于道德

---

❶ David Hume, *Treatise of Human Nature*, Ⅲ. i.1, last para.

❷ 萨缪尔·克拉克（Samuel Clarke, 1675—1729）提出宇宙论论证和偶然性论证。——译者注

❸ Cf.Ch.9 above.

❹ 因果性（或因果解释）是我们对事件的有效溯迹。——译者注

从情感中"产生"就是一个因果解释的例子，他的朋友亚当·斯密对此有更为丰富的阐述。

关于正义在初期的角色，我认为其只和有害行为且主要为谋杀有关。"谁的行为谁忍受"，这一名言也适用于有益行为。但由于其通常无须受到法律的保护，不属于正义的原始含义，也不是埃斯库罗斯悲剧中两个合唱所表达的思想。然而，它恢复了一条铁律："己所不欲，勿施于人"，这句名言常被认为是道德行为的整体概括。莱布尼茨❶认为，铁律是正义的基本原则。他错了，但是人们明白他为什么这样想，特别是当我们将铁律与奥瑞斯提亚的"非常古老的故事"进行比较。当合唱团讲老故事，他们想到对有害行为的反击。正义和道德基本关注有害行为而不是有益的行动，这就是为什么像《十戒律》这样的原始法典使禁令突出，为什么铁律首先以消极形式呈现。"不要对他人做你不想要他人对你做的。"❷

积极的铁律与"古老的谚语"语言上的相似性并不会意味着两者有同样的意义。人们可能会说，老故事的真相唤起了负面的铁律：避免有害的报复，制止伤害。但是，这使铁律为利己主义辩护，削减了它的价值。即使是消极的形式，铁律也是一个正当的伦理原则，要求我们考虑别人的意愿，就像我们自己的想法一样。（从康德的道德基本原则谈起）我们"把自己的结局变成了自己的目的"，它与正义共同承担了平等对待人类的使命，尽管它与正义不同。

---

❶ 戈特弗里德·威廉·莱布尼茨（Gottfried Wilhelm Leibniz, 1646—1716），德国哲学家、数学家，历史上少见的通才，被誉为17世纪的亚里士多德。——译者注

❷ Do not do unto others what you would not wish to be done unto you . 出自《圣经》。——译者注

就现有研究成果来看，一些理论家认为正义与权利有着本质的联系。里德与密尔对此有明确的说明，凯姆斯勋爵❶也从产权定义正义方面暗示了这层意思。像莱布尼茨一样，他们的错误可以被理解；错误是因为权利缺位的公平和公平缺位的权利，正如我在第10章中所言，所谓可理解的错误是由于权利与正义之间存在联系。

目前学界将权利分为自由权与请求权，过去我们称为诉讼权和留置权。相比于正义，权利与义务的联系更为紧密，而正义与权利都可以从义务来界定。自由权是做某事的权利（因此我称为诉讼权），这是一种免于义务的自由。所谓的行动权是假设这里有关于行动的挑战或质疑。也就是说，一个人"可能"这样做，或者这样做并没有错。请求权将接受某物作为权利（因此我称为留置权）。这是对群体或个体提供某物的义务。此外，它还可以被定义为由某人授予个体或群体的相关的严格义务。我说的是"严格"的义务，因为并非所有的义务都需要相关的权利：有些义务，如慈善或礼节，是酌情决定的，或是适度严格的，因此，不能视为与权利相联系。

正义与权利的联系主要体现在请求权上，我们通常不会讨论作为正义的权利。当休谟与凯姆斯赋予正义以保护财产权的功能时，无疑，他们打算将请求权和自由权涵盖其中。因为财产所有权包括：能够为所有者使用的并处置财产的专有的自由权，以及反对使用财产和干预所有者的请求权。产权是合法的权利，休谟和凯姆斯在谈

---

❶ 凯姆斯勋爵（Henry Home, Lord Kames）是苏格兰启蒙运动中较年长的一辈，是作家、法官、哲学家、农业改革家，主要从事历史法学、社会学和社会改革方面的研究，他是休谟的堂哥。——译者注

到正义保护产权时，都想到了法律。但是，当我们把正义看作是一种道德观念和精神权利意义上的权利时，我们不可能引用所有权作为相关的例子。我们认为，正义要求每个人都有获得合法财产权益的公平机会（机会均等）；如果我们将公平的机会称为正义的权利，这就是一种请求权，即获得机会平等的权利。我认为所有的自由权利都是这样。由于合法性，他们不依赖于任何正义思想。只要不违反道德，仅仅是人们要做某事的意向就可以为其实施提供保障。只有当不同的人争取做同一件事的同等机会时，公平和正义才会出现，进而涉及关于均等机会的请求权的正义。

那么，我们将范围缩小至请求权。平等是正义的一个方面，显然与权利的概念联系在一起。公职人员的公道的义务与人们享有公道待遇的权利有关。边沁有句名言，每个人仅应为一个人，没有人能多于一个人，这就是说：权利即义务。如果我们转向关于正义的其他方面——应得与需要，我们找不到他们与权利的明确联系。正如我之前所言，将救助视为正义的义务的人们，会对求助者有权寻求帮助存在迟疑，至少帮助者是自愿提供帮助的个体或私人慈善机构时是这样；如果这种援助是福利国家法定方案的一部分，那么它当然是一种合法和道德的权利。至于应得，当善行被奖赏，就会在受益者中产生义务，在施恩者中产生期待。但是，施恩者及一般人都不会想要请求奖励和互惠的权利。在非应得中，人们很少会认同黑格尔关于罪犯有权受到应得惩罚这一观点。尽管许多人认为正义赋予受害者实施惩罚的权利。

另一个不同的观念是，权利概念比正义出现得晚。任何承认私有财产概念的社会都必须包含所有权的概念，即所有权意味着所有者与拥有物的排他性关系，这种关系应该受到其他人的尊重。但是，不一定立刻产生对这一关系的特殊语言表达。从希伯来《圣经》中找不到一个正确的词（在《塔木德》的法证中出现了一个词汇），希腊也没有特定的词。取而代之的是，作为形容词的"正义"被用来为自由权和请求权服务：我有权做某事可以表达为我当然可以这样做（*dikaios* 意味着正义），"获得权利"可以表达为获取正义（*ta dikaia*），正当在拉丁语中是 *ius*，这一词汇具有结合的原始含义，因此趋近法律（在法律体系的意义上）由此派生出秩序（*iustus*）和正义（*iustitia*），所以，当它被用于权利的附加含义时，就与法律和正义联系起来。此外，在希腊语中，权利被定义为正义（*iusta*）。这并不能证明拉丁语像希腊语一样早期就关注正义，但它证实了关于正义的相关概念的出现。

最引人注目的附加元素，是在上一章所讨论的救助。尽管将义务归属于正义这一观点仍然存在争议，但是，在我看来必须承认的是，福利国家的公共行动是正确的：对穷人的国家救济被视为公平和人性的要求。然而，救助不是对正义概念最后的唯一重要补充。另一个是对个体的关心。

据现有资料来看，关于此种正义特征的表述首先出自亚当·斯密，然后密尔、西季威克和拉什达尔等思想家也有论述。斯密是不是这一概念的提出者，这个不得而知。这一概念或许与斯密思想中的强调个体相联系。18世纪前，这种正义特点的论述出现在笛卡尔认识论与霍布斯的道德哲学中。

亚当·斯密不认为正义的主要特征是关心个体。他的论点之一就是对功利主义惩罚观的批判。斯密考虑了刑事诉讼中的受害者。他认为，在犯罪案件中，个体受害者需要有惩罚正义而不是社会利益的思想。我认为斯密的理论有不足之处，法律惩罚罪犯是由于其损害国家利益，要让受害人在民事诉讼程序中得到赔偿。

换言之，作为对我的批判的回复，实施刑法不能满足正义感，最好能为犯罪受害者赔偿。许多早期法律体系对严重罪行（不仅仅是谋杀）有备选惩罚，即死刑和赔偿，也有其他法律体系将惩罚的选择权交给受害者或其家属。无论如何，杀人行为仍然存在于伊斯兰法的某些体系中，毫无疑问，它能满足正义感。然而，这一做法的滥用，似乎是为了报复心而不是正义。不久前，沙特阿拉伯一家法院裁定两名英国护士谋杀了一名澳大利亚同事，按照习俗，是将杀人犯执行死刑还是支付抚恤金应该由受害者的家属决定。判决有罪是有争议的，争议点在于罪名声明的有效性，因为后来可能由被告撤回。然而，澳大利亚的受害者兄弟起初坚持应该执行死刑，然后，受害者的兄弟被劝说选择赔偿时，他要求数额很大的赔款，这与沙特阿拉伯的惯例是完全不符合的。将被害人（或其亲属）的惩罚责任移交给国家是放宽（liberalization）的选择：冷静审判的公共权威机构取代了仇视的愤怒。从这一点来说，变革是从个体到社会主体的转变。

密尔更为关注个体的正义，但是他的叙述类似于斯密在关于受害者和与惩罚有关的思想。密尔有可能继承了斯密的思想，因为在第3章中，他对功利主义中同情的信任表明他对休谟和斯密的伦理学理论都很熟悉。然而，他比斯密更广泛地使用关于个人的概念，把它视为正义的一个永恒的本质特征。他列举了在正义的指导下的六种伦理范畴：法律权利、道德权利、回报性应得、守信、公正和平等。然后他在所有六个类别中寻找两个共同的元素：违反正义会伤害到一个或多个具体的（或指定的）个人，使我们希望看到它受到惩罚。第二种元素，即惩罚的可取性，适用于所有违反道德义务的行为。这是要素之一，即指定个体的关系，这是正义的独特特征。密尔将此观点与关于人权的观点联系起来。最后，他专注于权利，似乎忘记了"指定个体"本身。尽管如此，他提供了研究正义理论的新视角。

西季威克关于个体的论述的参考意义不大。他认为，在法律术语中的"正义"有广义和狭义之分，狭义上的正义涉及个体利益和负担的分配。关于个体和团体：他从整个法律体系中的正义概念的角度，简单地将正义作为独有特征。后来他对比了两个版本的理想正义，称为个人主义和另一种社会主义。前者是自由市场的"阐释"，后者将市场价值视为公正或公平的报酬率，社会主义理想依赖于"开明法官"的预测。"个人主义"的使用仅仅因为市场的运作是以个人利益为基础。与假设的开明法官相比，他们认为社会利益是巨大的。在自由市场中有合理报酬的个体，对促进正义角色的转变没有任何特殊的意义。

哈斯廷斯·拉什达尔的论述更为认真，尽管他只在正义观中的功利主义提到了个体问题。他的主要关注点是在平等与功绩之下调和善。他不认为这些关于正义的主张完全集中于个人："他描述了对不幸少数（身心虚弱、生病、跛子、残疾）牺牲的深切感受，以及普遍人性都会谴责的事情。"他说："找到一个公正和仁慈的共同标准，这是生死存亡问题。❶ 但他确实认识到，正义的诉求往往是'同情和怜悯个人或关心个人利益'的问题。正义感体现了对个人的关心，而不是关心总体利益。做善事就会得到善，正义维护人的价值。"二者可结合为"最终的善一定是个人的好处"，然而，"对于个人来说，重大的牺牲是不公平的，即使它可能由最大利益原则决定"。个人认为，拉什达尔并未真正解决这一问题。但是，其思想也有可取之处，即个人对正义的关注明确定位功利主义的困境。

我对这一问题的看法源于对报应理论的反思。报应理论表面似乎仅表达了一种坚定而保守的报应要求，因此，在预防、威慑和改革方面，功利主义理论似乎是更容易被接受。但是，有人认为纯粹的功利主义理论允许在某些情况下惩罚无辜的人。此后，正义的概念呼之欲出，坚持只有在有罪时才允许处罚：一旦罪责成立，惩罚可能被强加，这并不是说它应该这样。我认为，一旦允许惩罚，功利主义的考虑应该决定是否强制实施。作恶者应该受到惩罚，但这并不一定意味着相关机构必须强加给他。我认为一个合理的报应理论比应得理论的命名更好，因为应得是惩罚的必要条件，但不是充分条件。我在1951发表的《正义与自由》❷ 一文中对此进行阐述，认为道德思想现在只不过是出于报复而已。正义起着保护无辜者的作

---

❶ Cf.Ch.14 above.

❷ *Proceedings of the Aristotelian Society* Ns 51（1950-1951）;repr. in. D.D. Raphael *Justice and Liberty*（London: Athlone Press,1980）,essay 3.The discussion of punishment is in §iii and the passage quoted is on p.41 of the book.

用,"道德愚昧会给无辜者增加痛苦"。这种保护当然不局限于个体,它同样适用于被指控犯有不当行为的无辜群体;但是,刑法中的指控通常指对付"卑鄙无耻"的人(密尔用语)。虽然,法人团体偶尔不被视为合法的"人"。因此,正义具有保护无辜者的作用是合理的。

古老的正义原则,认为做错事的人应该承受后果,意味着只有作恶者应该得到惩罚,无罪之人免于惩罚,惩罚无辜的人,就像他们犯了错一样,这就必然与正义要求相悖了。然而,这一思想在早期的正义概念中并未出现。在我看来,任何对正义的明确认识都是无辜者的保护者和捍卫者。我认为这是因为建立刑事司法体系更关心社会秩序的稳定性。后来,它发展成一个特殊的问题,以避免被告的压迫:这一点在陪审团审理程序和布莱克斯通❶格言中得到了说明,即"十个有罪的人逃脱比一个无辜的人受罚好"。

除了一个人(西季威克)以外的所有学者都把正义归咎于个人,这一直是功利主义伦理学的一个难题。功利主义是一种进步主义,总的说来是成功的。在寻求正确行动的标准时,它敦促我们去展望未来而不是过去,以改进的标准和好的结果进行判断,并通过解释日常生活的原则来理解任务。这是值得称赞的,它使某些传统观点中的无意识偏见受到批评。功利主义非常成功地将伦理、法律和政治融为一体。但是,不计代价的坚持这种单纯的观点,就会造成削足适履,而且无法适用于全部情况。正如密尔和拉什达尔意识到的一样,最严重的困难来自正义的概念。无论功利主义是否坚称"最

---

❶ 威廉·布莱克斯通爵士(Sir William Blackstone,1723—1780),英国法学家、法官。生于伦敦的哲普赛德。——译者注

大幸福标准"或"最大的内在善标准",还是"最大偏好标准",看上去都只有一个目的,而且它并不没有充分考虑欲望、选择经验汇于一身的芸芸众生(persons)。当拉什达尔认为仁慈宣扬善的价值时,他过于简单地强调了这一点。正义维护人的价值。这句格言太粗俗了,正如拉什达尔后来所说的那样。"善终究是个人的善",然而,功利主义所使用的标准并不是集中在"终极"事实上,而是允许牺牲个人来实现更大的总善。正如我所说,功利主义是一种进步主义,但它类似于早期的正义观,集中于整个社会的利益。它的进步性和综合性使倡导者认为它可以解释伦理、政治和法律的一切。这激起了人们对正义的影响和扩大其作用的更敏锐的认识。作为社会秩序的盾牌的概念已经成为个人免受社会权威侵犯的盾牌。